선물론

서울대클래식

선물론
태고사회에서의 교환의 형태와 이유

초판 1쇄 발행 2024년 12월 10일

지은이 마르셀 모스
해설·옮김 오명석

펴낸곳 서울대학교출판문화원
주소 08826 서울 관악구 관악로 1
도서주문 02-889-4424, 02-880-7995
홈페이지 www.snupress.com
페이스북 @snupress1947
인스타그램 @snupress
이메일 snubook@snu.ac.kr
출판등록 제15-3호

ISBN 978-89-521-3734-0 04300
978-89-521-3030-3 (세트)

서울대 클래식

선물론

태고사회에서의 교환의 형태와 이유

마르셀 모스 지음
오명석 해설·옮김

서울대학교출판문화원

머리말

마르셀 모스(Marcel Mauss)의 《선물론(Essai sur le don)》은 한국 사회에서 그다지 널리 알려진 책은 아니다. 2000년대 초에 이 책이 처음 우리말로 번역된 이후 관련 저서들이 다수 번역되고 국내학자들에 의한 이론적 논의가 본격적으로 진행되면서 서서히 《선물론》에 대한 인지도가 높아지는 중이라고 할 수 있다. 하지만 해외의 상황은 이와 크게 다르다. 1980-2000년대 서구 학계에서는 가히 모스의 르네상스라고 할 만한 현상이 나타났는데, 특히 《선물론》이 그 중심에 자리했다. 신자유주의의 헤게모니적 지위가 강화되던 당시의 시대적 상황에 비판적이었던 인문사회과학자들이 《선물론》에 주목하고, 이 책이 오늘날의 현실에 던지는 시사점을 다양한 방식으로 해석하는 작업에 적극적으로 참여했다. 그 과정 속에서 《선물론》은 현대의 고전으로 자리잡게 되었다고 할 수 있다.

이 해설서를 준비하면서, 내가 가장 염두에 둔 점은《선물론》을 어떻게 읽을 것이냐였다. 이 책은 난해한 철학적 용어로 쓰이지 않았음에도 읽기가 만만치 않다. 가장 큰 이유는 우리에게 낯설고 생소한, 소위 원시사회의 수많은 선물 관행과 종교적 관념들, 고대 로마법, 힌두법, 게르만 법의 생경한 용어들을 끊임없이 만나게 되기 때문이다. 또한 일반 상식을 뒤집는 모스의 혁신적 관점은 무척 흥미로우면서도 이해하는 데 어려움을 더해 주기도 한다.

이러한 난관을 극복하는 좋은 방안 중 하나는,《선물론》에서 명시적으로 또는 충분하게 밝히지 않은 모스의 연구 관심과 문제의식을 체계적으로 제시하는 것이라고 생각했다. 이를 위해 나는《선물론》을 모스의 다른 저작과의 관계 속에 위치시키고, 학자·교육자·사회운동가로서의 모스의 삶과 연계시키는 방식으로 작업을 진행했으며, 그 결과가 2장 '《선물론》은 어떻게 쓰였는가?'의 내용을 구성한다. 그런 점에서 2장은 이 해설서의 가장 핵심적인 부분이라고 할 수 있다. 이어서 모스 선물이론의 핵심 개념들을 텍스트에 충실하게 재현하고(3장),《선물론》이 촉발한 대표적인 선물이론들을 검토함으로써(4장), 현 시점에서《선물론》을 풍부하게 해석할 수 있는 길을 제시하고자 했다. 물론 이 해설서는《선물론》해석에 대한 교과서적인 정답이 결코 아니며, 독자들이 《선물론》을 깊게 독해하는 데 요긴한 길잡이가 되길 바랄 뿐이다.

해설 다음에 수록된 《선물론》의 번역은 완역도 아니지만 발췌 요약도 아니다. 본문의 약 2/3 정도를 번역했으며, 본문의 논지 전개를 최대한 자연스럽게 살리고자 노력했다. 거의 본문의 양에 해당하는 각주는 번역에서 제외했다.

우리는 일상에서 선물이 너무 익숙하기 때문에 쉽게 지나치거나 당연하게 간주한다. 그런데 나는 《선물론》을 읽으면서 이런 선물에 대해 새로운 질문을 던지고 성찰하고자 하는 지적 자극을 경험했다. 독자들도 나와 비슷한 경험을 하게 될 것이라고 믿는다. 레비스트로스는 《선물론》을 사회과학의 새로운 시대를 연 혁명적 작품이라고 높게 평가했는데, 나 역시 우리가 도전해 볼 만한 충분한 가치와 재미를 동시에 가진 책이라고 생각한다.

2024년 11월

오명석

차례

《선물론》 읽기

《선물론》 해설

I. 서론:
현대 고전으로서의《선물론》

1. 왜《선물론》을 읽어야 할까?

"선물에 대한 논의를 불러일으킨 책을 하나 꼽으라고 한다면, 그것은 마르셀 모스의《선물론》이다."[1]《선물의 수수께끼와 희생의례》라는 비교적 최근에 발간된 책의 편집자인 철학자가 서문에서 밝힌 평가이다.《선물론》은 이 책을 필수 교재처럼 여겨 온 인류학자들은 말할 것도 없고, 선물이라는 주제에 관심을 가진 사회학자, 철학자, 종교학자, 문학비평가들도 거의 한결같이 이론적 논의의 시발점으로 간주하는 저서이다. 이러한 평가의 이유는《선물론》의 첫 영문판 서문에 영국의 사회인류학자 에반스-프리차드가 쓴 다음과 같은 언급에서 그 단초를 읽을 수 있다. "이 책은 널리 퍼져 있는 관습인 선물교환에 대한 최초의 체계적이고 비교론적인 연구이다."[2] 여기서 체계적 연구라는 의미는 선물을 사회학적 관점에서 분석했다는 것이고, 비교론적 연구라는 의미는 '원시사회'에 대한 민족지 자료와 고대사회의 문헌을 활용해서 선물을 비교문화적으로 분석했다는 것이다. 1925년에 프랑스어로 출간된 《선물론》 이전에도 철학자, 윤리학자, 신학자 등이 선물과 자선에 대한 글을 써왔지만,[3] 《선물론》은 이 주제를 사회과학적 관점과 방법론으로 분석한 최초의 저서라고 평가해도 결코 과장이 아니다. 그런 점에서 《선물론》은 선물을 그 이전의 윤리적·신학적 관점과는 전혀 다른 각도에서 설명하는 획기적 변화의 계기가 되었으며, 선물에 대한 이후의 이론적 논의의 성격과 방향을 규정한 현대의 고전, 다소 과장해서 표현하면 모스를 추종하는 학자들에게 '경전'과 같은 반열에 올랐다. 400개가 넘는 각주를 제외하면 본문이 100페이지에도 못 미치는 짧은 책이 그런 평가를 받게 되었다는 사실이 놀랍기까지 하다.

그런데 왜 선물인가? 지금 이 시점에서 선물에 관심을 가져야 할 이유와 필요는 무엇인가? 현대사회에서도 선물은 우리의 일상적 삶의 일부이긴 하지만, 거의 모든 재화와 서비스가 시장과 국가에 의해 제공되는 오늘날의 현실에서 선물 관행은 단지 "골동품상의 호기심이나 끌 수 있는 흥미로운 과거의 자취에 불과한 것" 아닌가?[4] 현대사회에서 선물이 공적 영역에서는 배제되고 주로 가족, 친척, 친구, 연인과 같은 사적 영역에 국한되는 특징을 보이기 때문에, 현대사회를 이해하는 데 주변적 위치에 머무를 수밖에 없는 주제가 되지 않았는가? 만약 현대사회에서 선물이 사적 영역에서 어쩌다 행해지는 과거 관행의 잔재에 불과하다면, 지금 이 시점에서 선물에 관심을 기울일 필요, 나아가 모스의 《선물론》을 읽어야 할 필요를 논하기가 무척 힘들어질 것이다. 하지만 이러한 비관적 전망과 평가에 대한 강력한 반론이 존재한다.

고붓은 현대사회에서도 선물은 어디에서나 존재하며, 사회적 삶 전체에 영향을 미치는 위치를 점한다고 주장한다.[5] 선물은 단지 사적인 친밀한 관계에서만 존재하는 것이 아니고, 헌혈이나 장기기증과 같이 낯선 사람과의 관계에서도 존재하며, 시장과 국가와 경쟁하기도 하고 보완하기도 하는 적극적 역할을 수행한다. 이러한 점을 인식하는 일은 현대사회에 작동하는 '선물의 망각'과 대항하는 것이다. 경제적 자유주의 관점으로 시장경제의 발전을 설명하는 지배적 담론에서 선물은 아무런 위치도 부여받지 못하고 망각의 대상이 된다.[6] 또한 현대사회에서 선물은 주로 여성에 의해 수행되는 사적 활동이라는 이유로 남성중심적 학문에서 경시되어 왔다.[7] 여성의 돌봄 노동이 남성중심적 학문에서 경시되어 왔던 것과 동일한 맥락이다. 현대사회에서 선물이 실제보다 잘 보이지 않고, 제대로 인지되지도 인정받지도 못하는 이유는 이러한 선물에 대한 망각이 의식적 또는 무의식적으로 작동하기 때문이다.

1990년대에 서구 학계에서 선물에 대한 논의가 그 어느 때보다 활발하게 이루어졌고, 그 논의에서 모스의 《선물론》이 크게 주목받는 양상이 나타났다. 이 시기에 모스에 대한 국제 학술회의가 빈번하게 열렸는데, 그때 선물은 항상 가장 중요한 주제 중 하나로 다루어졌다.[8] 이러한 현상이 발생한 이유는 무엇일까? 그 이유는 1980년대 이후 신자유주의적 지구화가 빠르게 진행되고, 유럽의 복지국가 제도가 위기에 처하면서 사회복지 정책을 떠받치던 기본 원칙들에 대한 보수 진영의 공격이 전개되고, 개인주의적 공리주의에 기초한 경제학 모델이 경제 영역을 넘어서 사회현상 전반을 설명하는 일반이론으로 학문적 헤게모니를 장악해 가는 시대 상황에 위기를 느낀 인문사회과학자들이 긴박하게 반응한 것이었다고 볼 수 있다.[9] 이들은 모스의 《선물론》에 특히 주목했으며, 이 책의 학문적·실천적 의미를 현대 상황에 비추어 새롭게 소환하는 작업에 몰두했다.[10]

《선물론》은 이러한 시대적 요구에 잘 부합하는 측면을 그 내부에 갖추고 있다. 선물에 대한 현재의 논의에서는 공리주의와의 대결이 중요한 한 축을 차지하는데, 모스가 《선물론》을 쓰게 된 배경에도 당시 강력한 사회적 이념으로 부상하던 영국의 공리주의를 비판하려는 의도가 깔려 있었다. 《선물론》은 "당시의 정치 이론에 대한 [프랑스 지식인들의] 조직적 공격의 일부였으며, 공리주의에 대항하는 플랫폼의 한 발판이었다".[11] 또한 프랑스 사회주의자이자 협동조합 운동가로서 모스가 가장 활발하게 정치적 활동을 펼쳤던 시기에 "《볼셰비즘에 대한 사회학적 평가》와 《선물론》을 1925년에 함께 출간했다는 사실은 결코 우연이 아니다".[12] 두 글은 당시의 자본주의 사회와 공산주의 사회에 대한 대안을 모색한다는 동일한 목적을 갖고 이를 서로 다른 방식으로 접근한 것이라고 할 수 있기 때문이다. 《선물론》에서 시도한 '선물의 고고학적 탐구'는 단지 과거를 회상하는 것이 아니라, '태곳적 선물'[13]의 연구로부터 얻게 되는 새로운 빛에 따라 그 원리를 현재화하는 작업, 즉 지금 여기로의 궁극적 회귀가 목적이다.[14] 공리주의와 자본주의에 대한 비판과 선물도덕의 현대적 실천이라는 모스의 문제의식은 현재의 시대적 상황에서 그 적실성을 더욱 인정받으면서 《선물론》에 대한 관심을 증폭시켰다고 할 수 있다.

1980-2000년대는 모스의 선물이론의 르네상스라고 평가할 만하다.[15] 이 시기에 영미와 프랑스 학자가 집필한 선물에 대한 이론적 저서와 민족지가 쏟아져 나왔다. 그중 대표적인 저서를 예시하면, 그레고리의 《선물과 상품》(1982), 문의 《가와(Gawa)[16]의 명성》(1986), 스트래선의 《젠더의 선물》(1988), 와이너의 《양도할 수 없는 소유물》(1992), 고붓의 《선물의 영혼》(1992),[17] 카르상티의 《마르셀 모스, 총체적인 사회적 사실》(1994), 고들리에의 《선물의 수수께끼》(1996), 까이에의 《선물의 인류학》(2000), 에나프의 《진리의 가격》(2002)을 들 수 있다. 이들은 모스의 선물이론을 계승하거나 대결하는 방식으로 이론적 논의를 전개하고, 새로운 민족지 사례를 통해 《선물론》에서 모스가 활용했던 자료의 한계를 훨씬 넘어서는 방법론적 도약을 성취했다. 한편 모스를 추종하는 일군의 프랑스 사회과학자들, 특히 까이에가 주축이 되어 1981년에 '사회과학의 반공리주의운동(MAUSS: Mouvement Anti-Utilitariste dans les Sciences Sociales)'이라는 단체를 설립하고, '선물 패러다임(gift paradigm)'을 공리주의적 일반경제학 모델에 대한 대안적인 이론 모델로 정립하려는 시도를 하고 있다.[18]

《선물론》은 단지 선물에 대한 연구에 그치는 것이 아

니라, 사회구조의 원리를 새롭게 해석하려는 이론적 작업이기도 하다. 모스가 사망한 직후 그의 주요 작품들을 편집해 묶은《사회학과 인류학》(1950)에 실린 유명한 서문에서, 레비스트로스는《선물론》이 갖는 이러한 이론적 의미를 포착해 "사회과학의 새로운 시대를 여는" 작품이라고 높게 평가했다.[19] 모스가 처음으로 사회체계의 본질을 교환에서 찾았으며, 선물교환의 구조적 원리인 호혜의 원칙에 의해 다양한 사회현상의 심층적 실체를 설명하는 새로운 길을 열었다는 것이 그 이유였다. 레비스트로스의 이 해석은《선물론》이 남겨 놓은 이론적 유산에 대한 "독창적 해법의 시발점"을 이루며, 사회적 상호작용과 교환 행위에 주목하는 다양한 사회이론들에 의해 창조적으로 계승되었다.[20]

반면, 한국 학계에서는 2000년대 이전까지 모스의 선물이론에 대한 학술적 논의가 거의 없었다. 2002년에《증여론》[21]이라는 제목으로 모스 저서의 최초 한글 번역본이 출간된 것이 변화의 중요한 촉매제가 되었으며, 그 뒤를 이어 카르상티의《마르셀 모스, 총체적인 사회적 사실》(2009), 고들리에의《증여의 수수께끼》(2011), 살린스의《석기시대의 경제학》(2014), 푸르니에의《프랑스 인류학의 아버지, 마르셀 모스》(2016), 에나프의《진리의 가격》(2018), 레비스트로스의 《마르셀 모스 저작집 서문》(2023)과 같은 관련 서적들이 번역되었다. 이러한 번역 작업과 더불어, 국내 학자들에 의해 모스의 선물이론에 대한 학문적 연구가 2000년대 중후반 이후 본격적으로 시작되었다. 이 연구는 주로 인류학자와 사회학자가 주도했는데, 인류학자로는 김성례(2005), 오명석(2010), 박세진(2016; 2020; 2021), 정헌목(2018), 이승철(2019), 이경묵(2020), 이길호(2020), 정헌목 외(2022), 사회학자로는 박정호(2009; 2018), 이재혁(2011), 김왕배(2011), 김주환(2018) 등이 있다. 국내에서 이러한 연구가 촉발된 것은 1980-2000년대에 서구 학계에서 이루어진 모스의 선물이론에 대한 새로운 연구들로부터 크게 영향을 받았기 때문이라고 할 수 있다. 2000년대 이후 한국의 인류학계와 사회학계에서 이론적 논의가 활발하게 전개되고 있는 연구 분야 중 하나가 선물교환이라고 해도 지나친 평가는 아닐 것이다.[22]

《선물론》이 출간된 지 이제 거의 100년이 지났다. 모스 자신이 책 제목을 《선물에 대한 에세이》라고 붙였듯이 실험적 성격의 짧은 책이 수많은 이론적 논의와 선물에 대한 경험적 연구를 촉발했다는 것은 놀랄 만한 결과이다. 책 속에 담겨 있는 원시사회의 선물에 대한 풍부한 사례들은 그 자체로 흥미롭고, 이에 대한 모스의 통찰력 있는 해석은 우리의 사고 지평을 새롭게 열어주는 지적 자극을 제공한다. 또한 현재의 우리 삶에 대한 비판적 성찰을 담고 있다는 점에서 실천적 의미도 갖추고 있다. 어떤 점에서는 난해할 수 있는《선물론》은 한번 도전해 볼 만한 가치를 충분히 갖고 있다.

2. 학자·교육자·사회운동가로서의 모스

《선물론》을 이해하기 위한 배경지식으로 학자, 교육자, 사회운동가로서의 모스의 삶을 간략하게 살펴보도록 하자. 모스(1872-1950)는 프랑스 유대인이 집중적으로 거주하는 알자스 로렌 지방에 위치한 에피날에서 태어났다. 모스의 가족은 섬유업에 종사하는 신앙심 깊은 유대인 가정이었다. 모스는 뒤르켐의 외조카로 두 사람의 관계는 스승과 제자이면서, 연구와 학술활동을 함께 하는 학문적 동반자이기도 했다. 모스는 뒤르켐과 함께 프랑스 사회학의 토대를 마련하는 데 결정적 역할을 했으며, 또한 프랑스 인류학의 아버지로 불린다.

모스는 뒤르켐이 가르치던 보르도 대학과 고등연구원(Ecole Pratique des Hautes Etudes)에서 철학, 종교사, 산스크리트어를 전공했고, 1901년에 고등연구원의 종교과학 분과에서 개설하는 '비문명 민족들의 종교' 강좌의 책임자가 되어 그 보직을 1940년까지 맡았다. 1931년에는 명망 높은 콜레주 드 프랑스(Collège de France)의 최초 사회학 교수로 선출되었다. 모스는 고등연구원에서 북아메리카 인디언, 호주 원주민, 멜라네시아와 폴리네시아, 아프리카, 시베리아의 소위 '원시종교'에 집중해 강의했다.[23] 뒤르켐이 주도해서 1898년에 창간한 《사회학연보(Année Sociologique)》에서 모스는 공동편집자로 핵심적인 역할을 수행했는데, 특히 종교사회학 분야의 편집 책임을 맡아 이 분야에서 새로 출간되는 책에 대한 방대한 서평 작업을 도맡아 했다. 모스의 학문적 저술 작업은 거의 전적으로 《사회학연보》와 연계되어 있다. 모스의 주요 저작인 《희생의례》(1899, 위베르 공저), 《원시적 분류》(1903, 뒤르켐 공저), 《주술의 일반이론》(1904, 위베르 공저), 《에스키모 사회의 계절적 변이》(1906, 뵈샤 공저) 모두 《사회학연보》에 실렸던 것이며, 《선물론》(1925)은 제1차 세계대전으로 중단되었던 《사회학연보》를 복간한 첫 호에 실렸다. 《사회학연보》는 뒤르켐이 주창한 사회학적 방법론과 이념에 동조하는 학자들이 그 주위에 집단을 형성하는 몸통으로,[24] 프랑스 사회학이 태동하는 모체와 같은 존재였다. 뒤르켐이 제1차 세계대전 중에 사망하면서 모스는 뒤르켐의 사상과 방법론의 수탁자 같은 역할을 수행해야 했는데, 《사회학연보》의 복간 작업과 《선물론》의 집필은 이와 깊은 관련이 있다.

원시종교에 대해 모스가 가졌던 집중적인 관심은 당시 영국과 미국에서 발전하던 인류학과 긴밀하게 연결되는 계기가 되었다. 인류학에 관심이 많던 모스가 주도적으로 노력한 결과, 정부 예산으로 운영하는 민족학연구소(Institut d'Ethnologie)가 1925년에 설립되었다. 모스는 민족학연구소의 운영 책임을 맡아, 이 연구소를 프랑스 내 인류학 교육과 연구의 거점으로 발전시켰다. 민족학연구소는 전문적인 인류학자를 양성하는 것이 주요 목표였지만, 프랑스 식민지에 거주하게 될 행정관이나 선교사를 교육하려는 실용적인 목표도 갖고 있었다. 모스의 제자인 그리올, 메트로, 레리스, 레엔아르트 등은 1930년대부터 프랑스 인류학을 이끄는 신진 학자로 성장했으며, 바타유와 레비스트로스[25]도 모스로부터 직접 학문적 영향을 받았음을 인정했다.[26] 그런 점에서 모스를 프랑스 인류학의 아버지라고 부르는 것은 결코 과장이 아니다. 인류학에서 모스의 영향은 프랑스를 넘어 영국에도 깊이 침투했다. 영국 사회인류학의 거목인 에반스-프리차드는 스스로 자신의 학문 정체성을 '사회학연보 학파'라고 표명했으며,[27] 모스의 학술저서 대부분을 영어로 번역하는 프로젝트를 1950년대에 시작하고 직접 관장했다.[28] 《선물론》 영문판에 대한 서평에서 리치는 영국에서 사회인류학을 공부하는 모든 학생들에게 《선물론》은 의무적으로 읽어야 할 책으로 간주되고 있다고 언급했다.[29]

모스는 학자로서 활동하는 것 못지않게 사회운동가로서도 적극적으로 활동했다. 모스는 프랑스 사회주의 운동에 깊이 참여했으며, 자기 자신을 "프랑스 협동조합 운동의 지도자 중 한 명"이라고 자부했다.[30] 모스는 1905년에 프랑스 사회주의 정당 연합으로 '국제노동자협회 프랑스지회'가 창설되었을 때 그 즉시 가입했으며, 프랑스 사회주의 운동을 이끈 장 조레스의 열렬한 지지자였다. 모스는 《사회주의 운동》이라는 잡지의 창간자이며, 사회주의 정당 기관지인 《유마니테(L'Humanité)》와 《민중(Le Populaire)》에 정기적으로 기고했다. 또한 영국의 '로치데일선구자(Rochdale Pioneers)' 조합이 시작한 소비자 협동조합의 취지에 크게 공감해 프랑스에도 그와 유사한 성격의 협동조합 운동을 도입하는 데 앞장섰다. 모스는 1900년에 개최된 제1회 사회주의 협동조합 국제총회에 대한 보고서 작성을 담당해 사회주의와 협동조합 운동이 결합할 필요가 있다고 주장했으며,[31] 제1차 세계대전 이후에는 협동조합 운동의 이념과 실천 방안을 개발하고 교육하는 데 매우 활발한 활동을 펼쳤다.

《선물론》은 원시종교에 집중적 관심을 가져왔던 사회학자이면서 인류학자로서의 삶과 사회주의와 협동조합 운동에 적극적으로 참여해 왔던 사회운동가로서의 삶이 만나는 지점에서 피어난 꽃과 같다. 앞서 언급했듯이 이 책은《선물론》을 모스의 삶과 연구 저서들 속에 위치시켜 맥락적으로 이해해 보려는 시도이다. 그 방식이《선물론》의 내용과 의미를 깊이 이해하는 데 적절하며 필요하다고 생각하기 때문이다. 2장에서《선물론》에 깔려 있는 모스의 연구방법과 연구 질문을 재구성하는 작업을 시도한 것이 이에 해당한다. 3장에서는《선물론》의 핵심 개념을 텍스트에 충실하게 정리하고, 4장에서는《선물론》이 촉발한 다양한 선물이론의 대표적 사례를 검토해서 모스의 선물이론에 대한 풍부한 사고와 상상의 가능성을 짚어 보고, 5장 결론에서는 현대사회에서의 선물에 대해《선물론》이 갖는 한계와 적실성을 검토한다.

II. 《선물론》은 어떻게 쓰였는가?

> [《선물론》이] 후대에 미친 이처럼 괄목할 만한 영향은 독자를 놀라게 한다. 왜냐하면 독자는 처음 이 책을 접하게 될 때 구불구불하고 자주 혼돈스런 전개와 마주하기 때문이다. 하나의 동일한 주제를 중심으로 한 고찰들이 외관상 무질서하게 계속되면서 이 주제를 굴절시키고 이를테면 망설이고 있는 듯한 인상을 주는 것이다.[32]

독자가 《선물론》을 처음 읽을 때 느끼는 당혹감에 대한 카르상티의 이 진술은 내 경험과도 잘 맞아떨어진다. 사실은 이 책을 처음 읽을 때뿐 아니라 서너 번 다시 읽을 때까지도 따라다니는 감정이었다고 하는 게 보다 정확할 것이다. 하지만 이러한 당혹감이 다소 혼란스러워 보이는 논리 전개 때문만이라기보다는, 모스가 이 책에서 폭넓게 활용하는 민족지 자료와 고대법 자료가 주는 낯설음과 생소함, 그리고 우리의 일반 상식을 뒤집는 모스의 독특한 견해와 해석을 끊임없이 접하게 되기 때문이라고 생각한다. 하지만 바로 그 점이 이 책이 갖는 매력이기도 하다.

2장은《선물론》이 어떻게 쓰였는가에 초점을 맞출 것이다.《선물론》에 깔려 있는 모스의 연구 구상과 연구방법을 먼저 파악하는 것이 이 책을 이해하는 데 도움이 될 뿐 아니라,《선물론》에 대한 이후의 논쟁을 평가하는 데에도 반드시 필요하다고 생각하기 때문이다. 이를 위해《선물론》의 텍스트적 구조를 먼저 살펴보고, 모스가 간략하게 언급하고 지나가 버린 연구방법과 연구 질문을 성찰적으로 재구성하는 작업을 시도할 것이다. 이러한 성찰적 재구성을 위해 모스의 다른 저작과《선물론》의 관계, 학자·교육자·사회운동가로서 모스의 삶과《선물론》의 관계, 프랑스 사회학연보 학파의 집단 지성과《선물론》의 관계를 고려할 것이다.

1.《선물론》의 텍스트 구조와 글쓰기 스타일

《선물론》의 텍스트 구조는 비교적 단순하다. 본문에 해당하는 1-3장은 지역별 구분에 기초한다. 1장은 폴리네시아의 사모아섬과 뉴질랜드 마오리족의 사례를 중심으로 기술되고, 2장은 멜라네시아와 북서부 아메리카 인디언의 사례를 중심으로 기술되며, 3장은 고대 로마법, 게르만법, 힌두법의 사례를 중심으로 기술된다. 하지만 이러한 지역별 장 구성은 단순히 해당 지역의 선물 관행을 병렬적으로 소개하는 것이 아니라,《선물론》의 이론적 주제를 변주곡처럼 제시하는 전략과 의도를 반영한다. 서문에서 이론적 주제로 제시한 선물교환의 호혜적 의무(줄 의무, 받을 의무, 되갚을 의무)와 '총체적 사회적 사실'로서의 선물교환이 1-3장에서 내용과 강조점을 달리하면서 동일한 주제의 변주 형태로 제시되는 것이다.

1장에서는 마오리족의 '하우(hau: 영)'라는 관념을 통해 분석한 '물건의 영적 힘'이 집중적으로 다루어진다. 받은 선물에 담겨 있는 '물건의 영적 힘'은 태곳적 선물의 성격에 대한 모스의 해석에서 기본 세포에 해당하는 개념이다. 모스는 이 개념을 통해 받은 선물에 대해 되갚을 의무를 설명하고, 또한 태곳적 선물의 특징인 '총체적 선물'[33]의 성격을 설명한다.《선물론》에서 가장 긴 2장에서는 멜라네시아의 쿨라(kula)[34]와 북서부 아메리카 인디언의 포틀래치(potlatch)[35]를 총체적 선물의 경쟁적 형태로 규정하면서, 총체적 선물이 보다 발전되고 복잡한 방식으로 구현되는 사례로 제시했다. 2장에서 모스는 쿨라와 포틀래치에 대한 인류학자들의 민족지 연구를 적극 활용하면서, 이 관행들을 매우 구체적이고 자세하게 기술한다. 이러한 기술 방식은 쿨라와 포틀래치가 경제적·종교적·정치적·법적 측면이 복잡하게 얽혀 있는 '총체적 사회적 사실'임을 생생하게 독자에게 전달하려는 의도를 담고 있다.

3장에서는 고대 로마법, 힌두법, 게르만법에서 사람에 대한 법과 물건에 대한 법이 분화되기 이전의 법 관념 사례를 중점적으로 다룬다. 모스는 법적 미분화 상태, 즉 물건과 사람이 서로 뒤섞이고 결합되었다고 보는 법 관념을 태곳적 선물의 잔존으로 해석했다.

결론에 해당하는 4장에서는 태곳적 선물에 대한 이러한 '고고학적 탐구'가 현대사회에 대해 갖는 도덕적·경제사회학적·정치경제학적·일반사회학적 함의와 시사점을 제시한다. 모스는 선물도덕을 인간 사회의 반석으로 간주하면서, 이를 통해 "오래되었으면서도 항상 새로운 문제를 다시 한번 새로운 방식으로 질문한다."(모스, 이 책: 185)라는 것에서 《선물론》의 실천적 의미를 찾는다.

《선물론》 전체에서 '물건의 영적 힘'은 반복적으로 등장하는 주제, 즉 라이트모티프에 해당한다. 1장에서 마오리족의 하우에 대한 설명뿐 아니라, 2장에서 쿨라 교환의 귀중품인 조개목걸이와 조개팔찌, 포틀래치에서 교환되거나 파괴되는 귀중품(구리판, 담요, 직물)에 대한 설명, 3장에서 고대 로마법의 파밀리아(familia: 가족 재산)와 넥숨(nexum: 채무 계약), 게르만법의 바디움(wadium: 담보), 힌두법에서 브라만에게 주는 선물을 뜻하는 다나(dana)에 대한 설명에서 '물건의 영적 힘'이 반복해 등장한다. 《선물론》에서 가장 큰 논란을 불러일으킨 개념이 하우라고 할 수 있는데, 하우에 대한 모스의 설명이 적합했는지 여부를 떠나서 '물건의 영적 힘'이 《선물론》에서 핵심적인 위상을 차지한다는 점은 부인할 수 없다. 그 개념이 책 전체에서 주제 선율처럼 반복적으로 등장하기 때문만이 아니라, 호혜적 의무로서의 선물교환, 총체적 사회적 사실로서의 선물교환이라는 이론적 논의와 톱니바퀴처럼 서로 맞물려 있기 때문이다.

'물건의 영적 힘'이 정신과 물질을 엄격하게 분리하는 서구의 근대적 이원론을 부정하는 개념이라면, 모스는 선물교환의 다른 측면에 대해서도 이와 유사하게 "대조적인 이중성의 결합"을 즐겨 사용한다.[36] 선물교환의 성격을 자발적이면서 의무적인 것으로, 무사무욕이면서 이해타산적인 것으로, 우호적이면서 적대적인 것으로 규정하는, 즉 선물의 이중성에 주목하는 방식이 모스의 선물이론의 특징적 측면이다.[37] 《선물론》이 모순적이고 혼돈스럽게 전개된다고 읽히는 중요한 이유가 여기에 있다. 《선물론》이 선물교환을 명확하게 밝힌 것이 아니라, 더 수수께끼처럼 만들었다는 평가도 여기에서 기인한다. 하지만 모스의 견해에 따르면 선물의 이중성은 원시사회의 관점에서 보면 자연스러운 것이며, 근대적 사고의 관점에서 볼 때 그것이 모순적으로 인식되었을 뿐이다. 따라서 《선물론》 읽기는 우리에게 일반 상식을 뒤집는 실험적 사고를 요구한다. 또는 《선물론》은 숱한 민족지 자료와 고대법 문헌자료를 대상으로 모스가 수행한 실험적 사고의 결과물이라고 할 수 있다. 《선물론》의 원제목은 《선물에 대한 에세이(essai): 태고사회에서의 교환의 형태와 이유》이다. 모스 자신이 이 책을 선물교환에 대한 완성된 저서가 아니며, 앞으로의 연구 방향을 제시하는 글에 불과하다고 밝히고 있다(모스, 이 책: 289). 프랑스어로 에세(essai)는 '실험'이라는 의미를 담고 있다.[38] 《선물론》의 에세이적 성격은 거의 본문 분량에 달하는 각주가 제공되어 있다는 측면에서도 드러난다. 엄청난 분량의 각주는 모스가 수많은 문헌을 섭렵했다는 사실을 보여 주는 징표지만, 동시에 각주에서 보여 준 모스의 통찰이 본문에 충분히 녹아들지 못하고 있으며《선물론》이 미완성의 저서라는 점을 보여주는 증거이기도 하다.

앞서 언급한《사회학과 인류학》(1950)의 서문에서 레비스트로스는《선물론》의 글쓰기 스타일을 다음과 같이 묘사한다.

> 아직 초고 단계에 있는 것처럼 보이는《선물론》의 잘 정리되지 않은 페이지들이 갖는 이 특별한 힘의 원천은 무엇인가? 이 글은 아메리카 인디언, 인도인, 켈트족, 그리스인, 오세아니아인의 자료들을 마치 닥치는 대로, 하지만 항상 동시에 꿰뚫어 보듯이 날카롭게 끌어다 모으는 영감 어린 박학함과 모호한 인상적 표기법의 매우 기묘한 병치로 이루어져 있다.[39]

《선물론》은 결코 난해한 철학적 용어로 쓰이지 않았으며, 오히려 일상 단어들이 주로 사용된다. 그럼에도 책 속의 문장들은 때로 암호처럼 그 의미를 바로 읽어 내기 힘들며, 마치 문학작품처럼 다중적인 상징적 의미를 담고 있다고 느껴지기도 한다. 레비스트로스가 지적하듯이, 박학한 지식으로부터 추출한 영감 어린 통찰이 자세한 설명 없이 간결하게 인상적 표현으로 기술된 문장을《선물론》

의 곳곳에서 만나게 된다. 《선물론》을 다시 읽을 때마다 전에 깨닫지 못했던 의미를 새롭게 발견하는 재미를 맛볼 수 있는 것은 아마도 이러한 글쓰기 스타일에 어느 정도 비롯한다고 할 수 있다.

2. 모스의 연구방법

《선물론》은 매우 오랜 기간에 걸친 연구가 축적된 결과이다. 모스가 그 과정에서 수행한 연구방법을 이해하는 일은 《선물론》이 어떻게 쓰였는가를 파악하는 데 매우 유용하며, 《선물론》을 어떻게 읽을 것인가에 대한 길잡이가 될 수 있다. 모스가 명시적으로 밝히고 있진 않지만, 《선물론》에 깔려 있는 연구방법을 크게 비교방법론, 포스트 진화론적 방법, 사회학적 방법이라는 세 측면에서 살펴보겠다. 이 논의는 연구방법에 관한 것일 뿐 아니라, 모스가 자료를 분석하고 해석하는 관점과 이론틀에 대한 것이기도 하다.

1) 비교방법론

모스는 《선물론》이 채택한 연구방법에 대해 매우 간략

히 설명한 부분에서 비교방법만을 언급하며, 자신이 그것을 어떤 방식으로 수행했는지 요점만 제시했다. 선물이라는 연구 주제를 탐구하기 위해, 몇 개의 지역과 약간의 주요 법전만을 선택해 이를 대상으로 제한적인 비교연구를 수행했음을 명시하고 있다(모스, 이 책: 185). 모스가 선택한 지역은 폴리네시아, 멜라네시아, 북서부 아메리카 인디언 사회이며, 주요 법전은 고대 로마법, 게르만법, 힌두법과 관련된 것이다. 폴리네시아, 멜라네시아, 북서부 아메리카 인디언 사회에 대한 자료는 이 지역의 현재 원주민 사회를 조사한 연구 결과물인 민족지[40]인데 반해, 고대 로마법, 게르만법, 힌두법에 대한 자료는 과거에 기록된 역사적 문헌들로 양자는 자료의 성격에서 큰 차이가 있다. 하지만 모스는 이 차이에 대해 크게 주목하지 않으며, 해당 사회 자체의 의식에 접근하는 것이 가능할 정도로 풍부한 자료가 존재하는가를 연구 대상 지역 선정의 중요한 기준으로 삼는다.

민족지 자료가 풍부한 몇 개의 지역과 주요 법전을 선택해서 비교연구를 수행하는 이러한 방식은 《선물론》에서 새롭게 시도한 연구방법이 아니다. 모스가 그 이전의 연구에서도 즐겨 사용했던 익숙한 방식이라고 할 수 있다. 모스의 첫 저작인 《희생의례》에서는 유대법과 힌두법을 비교연구했으며, 토테미즘을 분석한 《원시적 분류》에서는 호주 원주민 사회와 북미 인디언 사회에 대한 민족지 자료를 비교연구했고, 《주술의 일반이론》에서는 멜라네시아, 북미 인디언, 호주 원주민, 말레이시아에 대한 민족지 자료와 인도, 그리스, 라틴, 중세 유럽에 대한 역사적 문헌을 비교연구했다. 모스가 비교연구를 위해 민족지 자료와 고대 법전을 폭넓게 활용할 수 있었던 것은 모스 개인의 학문적 경력과 당시 학계의 전반적 동향과 밀접한 관련이 있다. 특히 모스의 연구에서 힌두법 관련 문헌이 중요하게 다루어질 수 있었던 것은, 고등연구원에서의 수학 시절에 '두 번째 삼촌'이라고 부를 만큼 모스에게 학문적으로 큰 영향을 준 실뱅 레비로부터 산스크리트어 힌두 법전에 대해 집중적으로 학습했기 때문이다.[41] 또한 이 시기에 모스는 인류학을 접하게 되었는데, 19세기 말-20세기 초는 신생 학문으로서 인류학이 본격적으로 발전하던 시기로 소위 원시사회에 대한 현지조사에 기초한 민족지 자료들이 쏟아져 나오기 시작했다. 이 시기의 민족지 연구들이 북미 인디언 사회, 호주 원주민 사회, 폴리네시아와 멜라네시아 사회에 집중하는 경향을 보였기 때문에, 모스의 연구에 이들 지역에 대한 민족지 자료가 주로 활용된 것은 이러한 학계의 동향이 반영된 것이라고 할 수 있다. 한편, 모스는《사회학연보》에서 핵심적 비중을 차지하는 서평을 쓰는 작업에서 중추적 역할을 맡아 700편이 넘는 서평을 작성했다.[42]《사회학연보》에서의 이런 역할 덕분에 모스는 당시 새롭게 출간되는 방대한 민족지 문헌들을 섭렵하는 기회를 가졌으며, 그 작업이 모스의 저작 활동에 토대를 제공했다.

모스가 비교연구를 수행하는 핵심 전략은, 일반적인 연구 주제의 원리를 설명하는 데 적합한 특정 지역의 관행 또는 관념을 선택해 이와 유사한 사회현상이 발견되는 몇 지역을 비교한 후 이를 토대로 일반이론을 정립하는 것이다.《원시적 분류체계》에서는 북미 인디언 사회의 토템(totem) 신앙이,《주술의 일반이론》에서는 멜라네시아의 마나(mana: 영적 힘)에 대한 믿음이,《선물론》에서는 북서부 아메리카 인디언 사회의 포틀래치가 각각 토테미즘, 주술, 선물교환에 대한 일반이론을 정립하는 데 필요한 비교연구의 준거가 되는 관행 또는 관념으로 채택되었다.

모스가 포틀래치에 대해 관심을 가진 것은《선물론》을 집필하기 훨씬 전인 1900년대 중반으로 거슬러 올라간다. 이때부터 제1차 세계대전이 발발하기 이전까지 고등연구원에서 진행했던 '비문명 민족들의 종교'라는 강의에서 북서부 아메리카 인디언 사회의 포틀래치를 주기적으로 다루었다. 또한 미국 인류학자인 스완턴과 보아스의 포틀래치 조사 보고서에 대한 서평을 《사회학연보》에 게재하기도 했다.[43] 모스는 포틀래치가 이들 부족사회의 모든 측면을 지배하고 영향을 미친다는 점에 주목했으며, 포틀래치를 종교적·법적·경제적·정치적 성격을 동시에 갖는 선물교환으로 해석했다. 이러한 해석으로부터 총체적 선물, 또는 총체적 사회적 사실로서의 선물이라는 이론적 개념을 발전시켜 《선물론》에서 태곳적 선물의 기본 원리로 삼게 된다.

포틀래치의 성격을 선물교환으로 포착한 모스의 해석은 독특한 발상이었다. 원주민 용어로 포틀래치는 '식사를 제공한다', '소비한다'는 뜻을 가지고 있으며, 인류학자, 선교사, 식민지 관리들은 일반적으로 포틀래치를 과시적 또는 낭비적 소비의 축제로 간주했기 때문이다. 이에 반해 모스는 포틀래치에서 씨족 또는 부족 사이에 재화뿐 아니라 향연, 예의를 갖춘 말과 행동, 종교적 의례, 춤, 축제가 선물의 형태로 교환되는 것에 주목했다. 각 씨족 또는 부족 집단은 포틀래치를 개최할 의무가 있고(선물을 줄 의무), 초대에 응할 의무가 있으며(선물을 받을 의무), 그 답례로 또 다른 포틀래치를 개최할 의무(선물을 되갚을 의무)가 있다는 점에서 포틀래치는 호혜적 선물교환의 방식으로 수행된다고 해석했다. 또한 포틀래치에 참여하는 씨족이나 부족 또는 이를 대표하는 추장의 명예와 위세가 달려 있는 경쟁적 선물교환의 성격을 갖는다는 점에서 포틀래치를 총체적 선물의 경쟁적 형태로 규정했다.

모스는 포틀래치를 단지 북서부 아메리카 인디언 사회에서 발견되는 민족지적 흥밋거리 정도로 보지 않고, 이를 넘어서서 원시사회의 교환체계 원리를 밝혀 줄 수 있는 제도로 간주했다. 그런 관점에서 포틀래치와 유사한 제도가 다른 지역에서도 존재하는지에 대한 탐구를 시작했는데, 모스가 이미 익숙해 있던 멜라네시아 자료로부터 그 작업을 진행했다. 제1차 세계대전이 발발하기 직전인 1912-1913년에 고등연구원의 종교 강의에서 '뉴기니의 집단적 계약과 교환의 원시적 형태'라는 주제를 다루었고,[44] 1913년에는 《사회학연보》에 뉴기니에 대한 셀리그먼, 네후하우스, 윌리엄슨의 최근 민족지들을 평가한 서평을 게재하면서 뉴기니의 부족사회에 포틀래치가 존재하는 것이 분명하다고 주장했다.[45] 전쟁이 끝난 후에는 멜라네시아의 민족지 자료들에 대한 강의와 연구를 재개해 뉴기니뿐 아니라 멜라네시아 지역 전체에서 포틀래치가 발견된다는 결론에 이르렀다. 특히 1922년에 출간된 말리노브스키의 《서태평양의 항해자》는 포틀래치를 멜라네시아에 적용할 수 있다는 자신의 가설을 뒷받침해 주는 결정적인 민족지 자료라고 평가했다. 모스는 말리노브스키가 치밀하게 기술한 트로브리안드(Trobriand)군도의 쿨라가 '진정한 포틀래치'에 속한다고 확인했다.[46] 《선물론》의 2장은 쿨라와 북미의 포틀래치 관행을 다양한 측면에서 매우 자세하게 기술하고 비교함으로써, 모스가 북미 인디언 사회와 멜라네시아 원주민 사회를 대상으로 수행해 온 비교연구의 결실을 가장 명백하게 보여 준다. 또한 그 기술 방식은 모스가 추구했던 '엄밀한 비교'의 방법, 즉 어떤 관행을 비교할 때 먼저 그 관행의 전체 모습을 체계적으로 포착해야 하며 지역적 색채와 맛을 잃어버려서는 안 된다는 관점을 반영한 것이기도 하다(모스, 이 책: 186).

한편 모스는 인도유럽어족 세계에서 포틀래치 유형의 제도를 찾는 작업에도 착수했다. 「트라키아인의 계약의 고대적 형태」(1921)라는 논문에서 그리스 고전 문헌을 통해 발칸반도의 에게해 북동해안 지역인 트라키아(Thracia)에서 포틀래치의 주요 요소들을 포함한 총체적 선물 형태의 제도를 발견할 수 있었으며, 켈트족과 게르만족의 고대사회에서도 이와 유사한 증거를 찾을 수 있을 것이라는 기대를 내비쳤다.[47] 고대 인도유럽어족 세계에서 총체적 선물체계의 잔존을 발견하려는 모스의 의도는 《선물론》

의 3장에서 고대 로마법, 게르만법, 힌두법의 법전을 분석하는 방식으로 부분적으로 실현되었다. 3장에서 모스의 관심은 총체적 선물체계의 기본 속성 중 하나인 물건과 사람의 결합이 이들 법전에 존속하는 양상을 분석하는 데 집중한다. 물건에 관한 법과 사람에 관한 법을 명확하게 구분하는 현대의 법 체계가 등장하기 이전에, 고대 인도유럽어족의 계약법은 총체적 선물의 원리를 부분적이지만 유지하고 있음을 보여 주려고 한 것이다.

2) 포스트 진화론적 방법론

《선물론》에서 연구방법으로 진화론을 명시하지 않았으나, 장의 구성과 자료의 해석에 사회진화에 대한 모스의 관점이 뚜렷하게 반영되어 있다. 폴리네시아, 멜라네시아, 북서부 아메리카 인디언 사회의 민족지 자료를 다룬 1장과 2장은 원시사회 또는 태고사회의 선물교환에 대해 기술하고 있고, 고대 로마법, 게르만법, 힌두법을 다룬 3장은 태고사회와 현대사회 사이의 이행기에 해당하는 고대사회의 선물에 대해 기술하고 있으며, 결론에 해당하는 4장은 현대 서구사회에서 선물도덕이 갖는 시사점을 다루고 있다. 즉《선물론》의 장 구성은 지역별 분류가 사회진화의 단계 분류라는 더 큰 틀 속에 위치하는 방식으로 짜여 있다. 모스는 사회진화론자들이 '원시적(primitive)'이라는 명칭 아래 실제로는 매우 다양한 사회들을 뭉뚱그려 다루는 오류를 지적하면서도(모스, 이 책: 186), 원시사회라는 용어의 사용을 포기하거나 기피하지 않았다. 오히려 《선물론》의 서문에서 이 책은 원시사회에 대한 연구 결과임을 분명하게 밝힌다. 원시사회는 진화론적 인류학자들이 자신들이 연구하고 있는 사회를 지칭하는 용어로 널리 사용했으며, 인류학 또는 민족학은 원시사회를 연구하는 학문으로 규정되기도 했다. 여기서 원시사회는 현재 존재하고 있지만 인류 사회의 본원적 모습을 유지한다고 가정되는 비서구 부족사회를 지칭하는 것이었다. 모스 역시 호주 원주민 사회, 폴리네시아와 멜라네시아의 원주민 사회, 북서부 아메리카 인디언 사회를 그런 의미에서 원시사회 또는 태고사회로 파악했으며, 이들 사회에 대한 민족지 자료는 원시사회의 구체적인 모습을 보여 주는 실증적 증거라고 간주했다.

모스가 당시의 진화론적 인류학에 큰 영향을 받은 것은 분명하다. 모스는 영국의 유명한 진화론적 인류학자인 타일러와 프레이저[48]의 저작을 높이 평가했으며, 이들과 학문적으로 교류하고 개인적 친분을 깊게 쌓았다.[49] 하지만 사회진화론에 대한 모스의 태도는 양가적이다. 개별 집단의 문화가 아니라 인류 전체의 문화를 탐구하는 거시적 관점을 채택하고 있다는 점, 연대기적 시간이 아니라 진화론적 시간의 관점에서 역사의 재구성을 시도한다는 점에서 《선물론》은 진화론적 인류학과 문제의식을 공유한다. 또한 사회문화 현상의 원시적이면서 기본적인 형태를 연구하는 것이 현재와 미래 사회를 평가하기 위한 발견적 가치를 지닌다고 보는 점에서도 그러하다.[50]

하지만 모스는 진화론적 인류학이 일반적으로 채택하는 방법론과 사회진화에 대한 선험적 관념에 대해서는 매우 비판적이었다. 수많은 사회로부터 수집된 민족지 자료들을 마구 뒤섞어서 진화 도식을 구축하는 진화론적 인류학의 비교방법은 사회제도의 지역적 색채를 잃게 만든다고 비판했다. 모스가 선택한 비교방법의 대상은 파편화된 관행이 아니라 체계화된 제도이며, 이를 위해 제한된 지역들에 대한 집중적인 연구를 수행했다. 《선물론》의 글쓰기 스타일은 이런 관점을 반영해서 특정 사례에 대한 심층 기술을 채택하고 있다.

진화론에 대한 모스의 보다 근본적인 비판은 그 이론이 통상적으로 전제하는 사회진화에 대한 선험적 관념에 대한 것이다. 경제사학자들이 원시경제를 물물교환의 자연경제로 상정하고 여기에서부터 시장이 출현했다고 해석하는 것은 이들이 선험적으로 전제하는 진화론적 도식이 초래한 오류이다. 모스는 원시사회에 대한 민족지 자료에 근거해서 원시경제의 특징은 선물교환 체계이며, 물물교환과 시장은 여기로부터 출현했다는 대안적 해석을 제시한다(모스, 이 책: 229). 같은 맥락에서 물물교환→현금판매→신용판매라는 진화론적 도식도 동일한 오류를 범하고 있는데, 선물교환은 신용 관념을 애초부터 내재하고 있기 때문이다. 모스에 의하면 물물교환과 현금판매는 선물교환에 내재된 신용 관념을 단순화시킨 과정의 산물이다. 개인 이익이라는 공리주의적 관념도 경제학자들이 상정하듯이 인간 본성이라기보다는, 합리주의와 중상주의의 승리를 통해 비교적 최근 서구에서 주도적 위치를 차지하게 된 역사적 산물이다(모스, 이 책: 285). 원시사회에도 이익이라는 관념이 존재하지만, 근대 서구의 개인적이고 경제적인 이익과는 달리, 개인적 이익과 공동체 이익, 물질적 이익과 비물질적 이익이 혼재하고 혼합된 형태로 기능한다. 이와 같이 모스는 원시경제 또는 원시사회에 대한 당시의 진화론적 학설을 전복하고, 선물경제로부터 시장경제로의 진화라는 대안적 설명을 제시하고자 했다.

모스에 의하면 원시사회는 매우 복잡한 형태의 선물경제를 발전시켰다. 원시경제의 특징은 교환의 부재나 미성

숙이 아니라, 현대의 시장교환과는 다른 성격과 원리를 갖는 교환 형태인 선물교환이 지배적 위치를 차지한다는 점이다. 또한 호혜와 연대의 선물도덕은 원시사회에만 존재하는 것이 아니라 과거·현재·미래 사회에 공통적으로 적용되는 영원한 도덕으로서 '인간 사회의 반석'으로 보아야 한다는 것이 모스의 핵심 주장이다(모스, 이 책: 278).

선물경제로부터 시장경제로의 진화에 대한 모스의 평가는 때로 모순적이다. 한편으로는 전형적인 진화론적 진보의 관념으로 그 변화를 평가한다.

> 아마도 북부와 서부의 셈족을 좇아서 로마인과 그리스인이 사람에 관한 법과 물건에 관한 법의 구분을 만들어 냈으며, 매매를 선물과 교환으로부터 분리했으며, 도덕적 의무와 계약을 갈라놓았고, 무엇보다 의례와 법과 경제적 이해 사이의 차이를 인정했기 때문이다. 이들은 위대하고 존경스러운 진정한 혁명을 통해 선물체계의 낡은 도덕과 경제, 즉 지나치게 불확실하며, 비용이 너무 많이 들고 낭비적이며, 사람에 대한 과도한 고려로 지장을 받는, 그래서 시장, 상업, 생산의 발전과 양립할 수 없으며, 요컨대 당시에는 반(反)경제적이었던 선물체계를 넘어섰다(모스, 이 책: 252).

선물경제로부터 시장경제로의 변화를 혁명적 진보로 평가하는 이 진술과는 대조적으로, 《선물론》의 전반적인 논조, 특히 이 책의 결론인 4장의 논의는 선물도덕의 현재적 가치를 강조한다.

> 우리의 도덕과 삶의 상당 부분에는 의무와 자유가 뒤섞인 선물의 이러한 분위기가 여전히 스며들어 있다. 다행히 지금도 모든 것이 판매와 구매의 측면으로만 분류되지는 않는다. 순전히 감정적 성격으로 이루어진 가치가 있다고 전제한다면, 물건들은 여전히 화폐 가치뿐 아니라 감정 가치를 갖고 있다. 우리의 도덕이 단지 상업적이지만은 않다(모스, 이 책: 268).

여기서 시장경제로의 변화는 "위대하고 존경스러운 진정한 혁명"이 아니고, 오히려 그 변화가 철저하지 않았다는 것이 다행인 의문스러운 혁명이다. 모스는 시장경제가 초래하는 현대사회와 현대인의 특징을 매우 비판적이고 부정적으로 평가한다. 현대인은 '계산하는 기계'가 되어 가고 있으며, 탐욕스럽고 이기적이며, 냉담하고 비정하다(모스, 이 책: 287). 모스는 현대사회의 이기주의와 개인주의가 개인과 사회 둘 다에게 해가 된다고 평가하며, 우리는

"샤일록[51]의 삶을 피해야 하며", "금융업자와는 다른 존재로 남아 있어야 한다."라고 강조한다(모스, 이 책: 276, 288).

이런 맥락에서 선물경제의 옛 원칙은 폐기되어야 할 과거 관행의 잔재가 아니라, 보존하고 유지하며 되돌아가야 할 가치를 가진 소중한 자산이다. 선물도덕은 현대사회에서도 끊임없이 암암리에 작동하고 있으며, 현대의 법과 경제가 초래한 공동체적 위기를 극복하기 위한 방안을 여기에서 찾을 수 있다는 것이 모스의 실천적 제안이다. 영국과 프랑스에서 당시 도입되기 시작한 실업기금과 같은 사회보장 제도를 선물의 집단도덕으로 되돌아가는 것으로 평가하며, 이 사실을 확인하는 것을 넘어 "이 혁명은 좋은 것이라고 말하지 않으면 안 된다."(모스, 이 책: 274-275) 라고 자신의 입장을 명백히 밝히고 있다. 이 혁명은 단순히 선물경제의 과거 형태로의 복귀가 아니라, 영원한 선물도덕의 원리를 현대적 형태로 구현하고 실험하는 것이다. 그런 의미에서 우리는 "태곳적이고 기본적인 것으로 돌아갈 수 있으며 또한 돌아가야만 한다"(모스, 이 책: 276).

> 사회보장, 호혜와 협동에서 나오는 배려, 직업 단체와 영국법에서 '공제회(Friendly Societies)'로 명명된 법인체에서의 배려는, 영주가 그의 소작인에게 베푸는 개인적

> 후원이나, 고용주가 지급하는 일당으로 영위하는 빈약한 생활이나, 변하기 쉬운 신용에만 의존하는 자본가의 저축보다 더 큰 가치를 지닌다(모스 이 책: 276-277).

모스의 진화론적 구상은 연속과 단절을 동시에 포함한다. 선물을 교환의 최초 형태이자 계약의 태곳적 형태라고 본다는 점에서 선물과 시장 사이에 존재하는 공통점과 연속을 지적한다. 동시에 교환의 성격과 원리가 다른 시장교환이 선물교환을 대체해 간다는 점에서 변화와 단절을 지적한다. 선물에 교환과 계약적 의무가 부재한 것이 아니며, 그 성격과 원리가 시장교환과 다른 것이다. 연속과 단절에 대한 이러한 관점은 모스의 다른 저작에서도 일관되게 나타난다. 《원시적 분류》에서 토테미즘은 자연과 사회를 범주적으로 인식하는 최초의 과학적 분류체계이며, 《주술의 일반이론》에서 주술은 인과관계에 대한 최초의 과학이며, 「인간 마음의 범주: 사람의 개념, '자아'의 개념」(1938)에서 원시사회의 '연극적 자아'[52]는 최초의 자아 개념이다. 원시사회에 교환이 부재하지 않듯이, 과학과 자아의 개념도 부재하지 않으며, 그 성격과 원리가 현대적 형태의 교환, 과학, 자아의 개념과 다를 뿐이다. 이들 경우 모두에서 근본적 차이는 원시사회에서 사람, 물건, 자연, 영혼을 결합해 총체적으로 인식하는 데 반해, 현대사회에서는 그것들을 분리해 분석적으로 인식한다는 데 있다. 그리고 이러한 차이를 진보의 잣대로 쉽게 평가할 수 없다는 것이 모스의 기본 입장이다.

모스가 인류 문화 전체의 역사적 재구성을 추구하는 진화론적 문제의식을 공유하면서도, 진화론의 기존 도식, 관점, 방법을 내부에서 뒤집고 있다는 점에서 모스의 연구방법을 포스트 진화론적이라고 부를 것을 제안한다. 모스를 단순히 20세기 초 유럽에서 유행한 '원시주의(primitivism)'의 낭만적 옹호자,[53] 또는 진화론을 철저하게 배격하는 반(反)진화론자로 규정하는 것은 사회진화에 대한 모스의 독창적 발상을 제대로 포착하기 어렵게 한다. 모스의 독창적 발상은 그의 연구방법에서 중요한 축을 이루는 사회학적 방법론에서 기인한다.

3) 사회학적 방법론

《선물론》의 첫 영문판 서문에서 에반스-프리차드는 모스를 "사회학적 방법의 명인"이며, 《선물론》은 "사회학적 방법의 실행"으로서 가치를 갖는다고 평가했다.[54] 여기서 그가 언급한 사회학적 방법은 '뒤르켐 학파' 또는 '사회학 연보 학파'가 발전시킨 독특한 성격의 사회학적 방법론을 가리킨다. 영국 사회인류학자들은 뒤르켐의 저서뿐 아니라 모스의 저서를 통해 프랑스에서 등장한 '새로운 사회학'의 이론과 방법론을 적극적으로 배우고자 했다.

모스의 저서 중 《선물론》은 출간된 시점의 시대적 상황에서 뒤르켐과 특별한 인연이 있다. 제1차 세계대전 중인 1917년에 뒤르켐이 사망함으로써, 그를 기념하는 특별호의 형태로 복간된 《사회학연보》(1925)에 모스는 에세이 형식의 추도문과 함께 《선물론》을 기고했다.[55] 제1차 세계대전으로 중단되었던 《사회학연보》의 복간은, 전쟁 중 뒤르켐을 포함해 다수의 핵심 학자들이 사망해[56] 큰 타격을 받은 '뒤르켐 학파'를 다시 부활시키기 위해 시도한 가장 중요한 작업이었다. 뒤르켐의 부재 속에서 전쟁 후 모스는 "뒤르켐의 사유와 방법의 수탁인(trustee)"이 되었고,[57] 《사회학연보》 복간의 책임이 그에게 맡겨졌다. 모스가 추도문에서 언급했듯이, 《사회학연보》는 단순히 출판물이 아니며, "우리들이 그 주위에 모여 형성한 집단"의 모체였다.[58]

이런 맥락을 고려할 때, 비록 《선물론》에 뒤르켐의 사회학적 방법이 명시적으로 언급되지 않았지만, 모스가 이 방법에 크게 의존하고 있으며, 그것을 성공적으로 수행하느냐 여부가 '사회학연보 학파' 동료들이 이 책을 평가하는 데 관건이 되었을 것으로 충분히 예측할 수 있다. 그렇다면 《선물론》이 어떤 측면에서 뒤르켐의 사회학적 방법에 의해 쓰였다고 할 수 있을까? 선물에 대한 모스의 잘 알려진 정의는 그 단초를 보여 준다.

> 겉으로는 자발적, 말하자면 자유롭고 무상(無償)인 것처럼 보이지만, 강제되고 이해타산적이라는 선물의 특징에 주목하고자 한다(모스, 이 책: 182-183).

모스는 이 정의에서 선물의 이중성, 즉 자유로우면서도 강제적이라는 모순적 성격을 지적하지만, 강제적이라는 성격에 방점을 찍고 있으며, 《선물론》의 전반적 내용은 선물을 주고, 받고, 되갚아야 할 의무를 집중적으로 다룬다. 이 점에서 모스가 선물을 뒤르켐의 사회학적 방법에 의해 탐구한다는 것이 분명하게 드러난다. 뒤르켐은 '사회적 사실'을 연구 대상으로 삼는다는 점에서 사회학이 생물학이나 심리학과 근본적으로 구분되며, 사회적 사실은 개인의 밖에 있으면서 개인을 통제할 수 있는 강제력을 가진다는 점을 그 특징으로 들고 있다.[59] 모스가 선물의 본질적 성격을 강제성과 의무로 규정하는 것은 선물을 사회적 사실로 간주한다는 것을 의미하며, 이는 곧 선물을 사회학적 방법에 의해 연구해야 한다고 밝히는 것이다.

《선물론》에서 모스가 채택한 방법은 서구에서 선물을 바라보는 상식적 또는 공식적 관점과 완전히 괴리된다. 서구에서 선물을 의미하는 일상적 용어, 예를 들어 영어의 gift, 프랑스어의 동(don), 카도(cadeau) 등은 개인의 자발적 행위라는 함의를 담고 있다. 또한 기독교 신학과 유럽의 선물법(Gift Law)도 자선 또는 선물을 개인의 자유의지에 따른 자발적 행위로 규정한다.[60] 이렇게 규정하면, 선물은 개인의 행위와 의식에 속하는 영역이며, 윤리학적 또는 심리학적 차원에서 설명해야 할 현상으로 인식된다. 그런 점에서, 선물의 성격을 강제성과 의무로 규정한 모스의 결정은 선물에 대한 기존 관점을 전복하고 방법론적 전환을 가져온 것이라고 할 수 있다. 그 전환의 핵심은 뒤르켐의 사회학적 방법을 선물 분석에 적용한 것이다. 이에 따라 《선물론》은 선물교환에 내재된 의무의 유형(줄 의무, 받을 의무, 되갚을 의무), 그러한 의무를 강제하는 사회적·주술적 힘과 제재, 집단표상으로서 '물건의 영적 힘'에 대한 관념, 선물교환의 집단적 성격과 사회적 기능(연대, 동맹, 명예 경쟁, 위계)을 설명하는 데 집중하며, 이러한 사회학적 분석을 통해 민족지 자료들에 대한 비교연구를 체계적으로 수행한다.

뒤르켐의 사회학적 방법이 《선물론》에 암묵적으로 깔려 있는 반면, 모스가 사회학적 방법으로 《선물론》에서 명시적으로 제시한 것은 '총체적 사회적 사실'이라는 개념이다. 이 개념은 모스가 뒤르켐 사회학 전통에 기여한 독창적 제안이라고 평가할 수 있다.[61] '총체적 사회적 사실'이란 법적·종교적·경제적·정치적·심미적·형태학적 성격을 갖는 것으로, 여기에 "모든 종류의 제도가 동시에 또한 일거에 표현된다"(모스, 이 책: 182). 모스는 이 개념이 갖는 방법론적 발견 원리를 다음과 같이 설명한다.

> 총체적 실체를 고찰함으로써 우리는 사회의 본질적인 것, 전체의 움직임, 살아 있는 측면, 사회가 변화하는 순간, 사람들이 그들 자신에 대해 그리고 다른 사람과 관계를 맺는 상황에 대해 정서적으로 인지하는 순간을 파악할 수 있다. 우리가 이제 간신히 감지하기 시작한 새로운 사실들을 발견할 수 있는 방법은 사회적 삶에 대한 이러한 구체적 관찰에서 찾을 수 있다. 총체적 사회적 사실에 대한 연구보다 더 시급하고 좋은 결과를 가져올 수 있는 연구는 없다는 것이 우리 견해이다(모스, 이 책: 292).

모스는 사회현상을 하위 영역(법, 경제, 정치, 종교 등)으로 분해해서 독립적으로 분석하는 방식에 대해 매우 비판적이며, 모든 영역이 복합적으로 얽혀 있는 총체적 실체로 관찰할 때 사회적 삶의 구체적 현실을 포착할 수 있다고 주장한다. 모스는 지금까지 사회학자들이 지나치게 현실을 분해하고 추상화하는 작업을 해온 것에 대해 자성하면서, 이제는 총체를 재구성하는 작업에 적극적으로 나서야 한다고 제안한다(모스, 이 책: 293). 그런 점에서 '총체적 사회적 사실'은 뒤르켐의 사회학적 방법에 대한 자기성찰적 비판의 함의를 가지며, 구체성의 과학으로 나아가기 위한 중요한 방법론적 단초를 담고 있다.

모스에 의하면 원시사회의 태곳적 선물은 총체적 사회적 사실로서의 선물, 즉 총체적 선물의 성격을 갖는다. 모스가 멜라네시아의 쿨라와 북서부 아메리카 인디언의 포틀래치에 특히 관심을 가진 이유는 그 관행들이 총체적 선물의 매우 발전된 형태를 구현한다고 생각했기 때문이다. 쿨라와 포틀래치는 총체적 실체로서의 사회가 재현되고 실행되는 사회적 이벤트로서의 선물의 순간을 극적으로 보여 주는 특별한 의미를 갖는다고 여겼다. 《선물론》에서 가장 긴 2장이 쿨라와 포틀래치에 대한 매우 자세한 기술로 이루어진 데에는, 이를 통해 총체적 실체로서의

사회를 구체적으로 보여 주고자 하는 의도가 담겨 있다.[62]

《선물론》의 결론에서 모스는 사회적 측면뿐 아니라 심리적 측면과 신체적 측면에 대해서도 기술할 필요가 있으며, 이 세 측면에 대한 통합적 분석이 구체적 현실에 대한 총체적 연구가 지향해 나갈 방향이라고 제안하고 있다(모스, 이 책: 294-295). 이 지점에서 모스가 뒤르켐의 사회학으로부터 이탈하려는 시도가 엿보인다. 뒤르켐이 사회적 사실을 신체적 사실과 심리적 사실로부터 엄격히 분리하고, 사회적 사실에 대한 심리학적 설명이나 생물학적 설명을 원천적으로 배제함으로써 사회학의 고유한 학문 영역을 정립하려고 했다면, 모스는 그 경계를 허물고 신체·심리·사회를 총체적으로 인식하는 방식으로 사회학의 새로운 방향을 모색하고 있는 것이다. 하지만 《선물론》의 실제 분석에서는 이러한 확장된 총체성의 개념이 본격적으로 활용되지는 않았으며, 사회적 총체성의 관점에 보다 충실한 작업을 수행했다고 할 수 있다. 한편 《선물론》과 거의 같은 시기 또는 그 이후에 발표된 논문인 「심리학과 사회학의 현실적 관계」(1924), 「죽음의 관념이 개인에게 미치는 신체적 영향」(1926), 「신체 기술」(1934)에서 모스는 확장된 총체성의 관점을 '총체적 인간'[63]이라는 개념을 통해 이론적으로 체계화시키고 실제 사례 분석에 적용하는 시도를 하고 있다.

3. 모스의 연구 질문

모스는 《선물론》의 서문에서 자신이 특별히 깊이 연구하고자 하는 질문을 다음과 같이 밝히고 있다. "미개 또는 태고 유형의 사회에서, 받은 선물에 대해 의무적으로 되갚도록 하는 법과 이해관계의 규칙은 무엇인가? 받은 물건에는 수증자로 하여금 되갚도록 만드는 어떤 힘이 존재하는가?"(모스, 이 책: 183). 모스가 선물교환에 내재된 의무를 줄 의무, 받을 의무, 되갚을 의무라는 세 유형으로 구분하고 이 세 의무의 순환적 성격을 지적했지만, 되갚을 의무가 《선물론》에서 가장 핵심적인 연구 질문이라는 점을 여기에서 밝히고 있다. 모스가 그 이유를 설명하지는 않지만, 증여자가 아무런 대가를 바라지 않고 일방적으로 주는 것을 선물의 규범으로 간주하는 서구의 상식[64]과 정면으로 대립하는 방식으로 연구 질문을 설정한 것이다. 모스의 질문은 원시사회에서 서구와는 달리 선물의 답례가 당연하고 의무적으로 여겨지는 이유가 무엇인가에 집중하고 있다.

위 인용문에서 첫 번째 질문은 되갚을 의무를 부과하는 법과 이해관계의 규칙에 초점을 맞추었다는 점에서 전형적인 사회학적 질문이라고 할 수 있다. 반면 두 번째 질문, "받은 물건에는 수증자로 하여금 되갚도록 만드는 어떤 힘이 존재하는가?"는 최근의 행위자-연결망 이론(Actor-Network Theory)[65] 식으로 표현하면 비인간행위자의 행위성을 연상시킨다. 모스는 어떻게 이렇게 특이한 질문을 던지고 이에 관심을 집중하게 된 것일까? 앞서 언급했듯이 '물건의 영적 힘'에 대한 논의는《선물론》전체에서 주제 선율처럼 반복해 등장하는데 이 질문은 어떤 과정을 통해 만들어졌는가? 또한 이 질문은 되갚을 의무에 대한 법과 이해관계의 규칙과 어떻게 연관되는가?

모스는 자신이 두 번째 질문에 집중하게 된 계기를 다음과 같이 밝힌다.

> 에르츠(Hertz)는 나도 이미 잘 알고 있었지만 그 중요성을 간과했던 아래의 문장—그가 남긴 카드 뭉치 속에서 발견했다—을 적어놓았다. 엘스던 베스트(Elsdon Best)에게 가장 훌륭한 마오리족 정보 제공자였던 사람 중 한 명인 타마티 라나이피리(Tamati Ranaipiri)가 '하우(**hau**)', 즉 사물의 영(spirit), 특히 숲의 하우와 그 속에

사는 사냥감[새]의 하우에 대해 설명하다가, 아주 우연히, 그리고 어떤 선입관도 없이 우리에게 [선물을 되갚을 의무와 관련된] 문제를 해결할 수 있는 열쇠를 제공했다 (모스, 이 책: 196-197).

《선물론》에 대한 이후 논의에서 가장 뜨거운 쟁점이 된 '선물의 하우' 개념을 모스가 발견하게 된 순간을 기록한 문장이다. 모스는 제1차 세계대전 직후 전쟁 중에 사망한 뒤르켐과 사회학연보 학파 동료들의 유고를 정리하고 출판하는 작업에 몰두했는데, 모스의 제자이자 매우 가까운 동료였던 에르츠의 유고 「원시사회에서의 죄와 속죄」를 《종교역사리뷰》(1922)에 게재했다.[66] 그 작업을 하는 과정 중에 에르츠가 남긴 카드 뭉치 속에서 라나이피리가 인류학자 베스트에게 하우에 대해 설명한 원문[67]을 접하게 된 것이다. 받은 선물에 담겨진 하우가 그 선물이 최초의 증여자에게 되돌아가게 한다는 라나이피리의 해석이 되갚을 의무라는 수수께끼를 풀 수 있는 열쇠가 될 수 있음을 이때 깨닫게 되었다는 것이 모스의 설명이다.

하지만 이 설명은 모스가 사물의 영에 착안하게 된 계기를 우연인 것처럼 극적으로 표현한 것이다. 사물의 영이라는 개념은 모스에게 전혀 새로운 것이 아니라 모스가 시종일관 가장 큰 관심을 갖고 연구해 온 종교적 관념이다. 모스는 《희생의례》에서 공희 의뢰자의 영혼이 제물에 담기고, 제물이 공희 의뢰자를 대신해 파괴되는 것으로 희생의례의 본질을 설명했고, 《주술의 일반이론》에서는 주술적 효과가 사물에 내재하는 영적 힘인 마나에서 기인한다고 주장했다. 모스는 사물의 영이라는 개념이 희생의례와 주술뿐 아니라 선물교환에도 적용될 수 있는지에 관심을 가지고 있었고, 북미 인디언의 포들래치와 에스키모의 교환에 대한 민족지 자료로부터 그 가능성을 이미 확인했다. 예를 들어 《에스키모 사회의 계절적 변이》에는 "소유자를 쫓아다니는 물건의 영"이라는 《선물론》의 논의를 연상시키는 구절이 나온다. "물건은 항상 개인[소유자]의 일부이며, 개인은 그 물건으로부터 분리될 수 없다. 그 물건의 일부에 대한 소유를 계속 유지하거나 또는 소유자가 그 물건을 핥아서 [자신과의 관계를] 깨끗하게 했을 경우에만 판매하거나 교환할 수 있다. 판매자는 이러한 예방 조치를 통해 구매자가 자신이 판매한 사물을 갖고 자기에게 사악한 [주술적] 힘을 행사할지 모른다는 두려움 없이 자신의 소유물을 양도할 수 있다."[68]

모스가 라나이피리의 텍스트를 '문제의 열쇠'처럼 여겼던 이유는 하우라는 용어 자체보다는 그 용어를 통해 선물교환을 설명하는 라나이피리의 해석 때문이다. 모스는 그 해석이 선물교환에 대한 마오리족의 법적 개념을 명확하게 드러내고, 다른 원시사회에도 일반적으로 적용 가능한 원리를 제시한다고 생각했다. 되갚음을 강요하는 물건의 영적 힘에 대한 질문은 모스에게 결코 특이한 것이 아니며, 모스가 오랫동안 해왔던 연구 질문을 선물교환에 대해 던진 것이다. 라나이피리의 텍스트와의 만남은 현지인의 관점에서도 그런 질문이 유효하고 적절하다는 확신을 제공하는 계기였다고 평가할 수 있다.

모스의 두 번째 질문과 첫 번째 질문은 어떤 연관이 있을까? 다시 말해 물건의 영적 힘은 되갚을 의무에 대한 법과 이해관계의 규칙과 어떻게 연관되는가? 모스는《선물론》이 다비(Davy)와 함께 오래전부터 계약의 태곳적 형태에 대해 탐구해 온 일련의 연구 가운데 일부라고 밝힌다(모스, 이 책: 186). 여기서 모스가 언급한 공동 연구는 북미 인디언의 포틀래치를 계약 형태의 측면에서 탐구하는 것을 가리킨다. 모스의 제자인 다비는 그 연구 결과를 1922년에《맹세한 믿음》이라는 제목의 박사학위 논문으로 제출했다.《선물론》에서 모스는 다비의 연구가 포틀래치를 법적 현상으로만 파악한 것의 한계를 지적하면서 이를 총체적 사회적 사실이라는 보다 넓은 틀 속에 놓을 필요가 있으며, 또한 법적인 관점에서도 계약의 인적(人的) 요소인 계약 당사자의 법적 지위(씨족, 가족, 지위, 혼인)뿐 아니라 계약의 물적(物的) 대상인 물건이 사람들로 하여금 주고 되갚게 하는 특별한 힘을 갖는다는 점도 함께 고려해야 한다고 지적했다(모스, 이 책: 231-232). 즉, 포틀래치 계약의 법적 원칙을 이해하기 위해서는 물건의 영적 힘을 포함시켜야 한다는 주장을 하고 있는 것이다. 모스의 이러한 관점은 《선물론》 2장에서 포틀래치를 분석하는 부분에 그대로 반영되어 있다. 이 부분은 크게 '명예와 신용'이라는 소절과 '물건의 힘'이라는 소절로 구성되는데, '명예와 신용'에서는 다비가 수행한 것과 마찬가지로 포틀래치에 참여하는 사람들의 법적 지위가 선물의 의무를 규정짓는 방식을 제시하고, '물건의 힘'에서는 포틀래치에서 교환되는 귀중품인 동판, 담요, 직물, 부적 등이 가족, 씨족, 조상의 정령을 담고 있으며 그 자체가 살아 있는 존재임을 제시한다. 물건은 단순히 계약 대상이 아니라 인격을 가진 살아 있는 존재로서 계약에 참여하며, 사람과 함께 계약을 구성하는 것으로 보아야 한다는 것이 모스의 새로운 해석이다.

물건의 영적 힘과 계약의 법적 원칙을 연관시키는 이러한 관점은 모스가 로마법에서 채무 계약에 해당하는 넥숨에 대한 위블랭의 연구를 비판하는 논지에서도 나타난다. 모스는 《사회학연보》의 거의 모든 호에서 프랑스 법학자들이 발표한 넥숨에 대한 새로운 연구들을 리뷰하는 서평을 작성했다.[69] 그중 특히 뒤르켐 학파에 속하는 위블랭의 연구에 주목했는데, 위블랭은 넥숨 계약에서 채무자가 빚을 갚지 못하면 채권자의 노예가 된다는 약속을 이행해야 할 의무가 계약의 엄숙한 형식, 말과 행위가 초래하는 주술적 제재에 기인한다고 해석했다.[70] 위블랭은 넥숨 계약에서 채권자가 채무자에게 주는 동괴(銅塊)는 게르만법에서 바디아티오(wadiatio) 계약에 요구되는 담보(wadium)와 마찬가지로 주술적 효과를 갖는다고 해석했다. 이에 반해 모스는 넥숨과 바디아티오 계약에서 담보로 제공되는 물건을 단지 주술적 효과의 측면에서만 보면 안 되고 그 물건이 계약 당사자의 영혼을 담고 있기에 채권-채무 계약을 계약 당사자 사이의 인격적이고 영적인 계약 관계로 만드는 측면을 포착해야 한다고 주장했다(모스, 이 책: 263-264).

《선물론》 3장에서 제시된 이 논리는 1장에서 모스가 하우 개념이 계약의 법적 원칙과 연계되는 지점에 대해 설명한 것과 일맥상통한다. 라나이피리는 받은 물건을 되갚아야 할 이유를, 그렇지 않을 경우 그 물건의 하우가 소지자를 병에 걸리거나 죽게 할지 모른다는 주술적 제재로 설명했다. 모스는 이러한 해석을 넘어서서, 받은 물건의 하우는 증여자의 정신적 본질의 일부이며, "누군가에게 어떤 물건을 주는 것은 자신의 일부를 주는 것"이며, 따라서 "물건을 통해 맺어지는 법적 유대는 영혼 사이의 유대"로 보아야 한다고 결론을 내렸다(모스, 이 책: 200). 그런 점에서 하우는 마오리족의 계약에 대한 법적 원칙의 구성적 요소로 자리 잡게 된다.

지금까지의 논의를 통해, 모스의 첫 번째 질문과 두 번째 질문은 라나이피리 텍스트와의 우연한 만남에서 비롯된 것이 아니며, 포틀래치의 계약 형태와 고대 로마 계약법에 대한 모스의 오래된 관심, 더 나아가서는 희생의례와 주술에 대한 초기 연구, 그리고 이런 주제들과 씨름하던 20세기 초 사회학연보 학파의 집단 지성이라는 학문적 풍토로부터 형성되어 온 것이라고 할 수 있다. 되갚을 의무에 대한 두 질문은 '교환과 계약의 태곳적 형태'에 대한 '고고학적 탐구'라는 더 큰 틀 속에서 구체적인 연구 질문으로 설정되었다(모스, 이 책: 183-184). 모스는 사람에 관한 법과 물건에 관한 법이 명확하게 구분되어 있는 근대적 서구법 체계와 달리, 원시사회와 고대사회의 선물 계약에는 어느 정도는 영혼을 가진 물건과 어느 정도는 물건처럼 취급되는 사람 사이에 영적 유대의 혼합이 존재한다고 주장했다(모스, 이 책: 204). 물건의 영적 힘과 계약의 법적 원칙을 연관시켜 이해해야 하는 이유는 계약의 태곳적 형태가 갖는 이런 특징 때문이다. 또는 이런 접근방식에 의해서만 계약의 태곳적 형태가 갖는 본질을 정확히 이해할 수 있다는 것이 모스의 입장이다.

그런데 왜 교환과 계약의 태곳적 형태에 관심을 가져야 하는가? 《선물론》의 집필은 뒤르켐 사회학의 복원 또는 활성화를 꾀하던 당시의 시대적 상황과 어떻게 연결되는가? 《선물론》은 '사회적 연대'라는 뒤르켐의 근본적인 사회학적 질문에 닿아 있다. 《선물론》의 새로운 영문판 서문에서 더글러스는 "모스의 선물이론은 인간 연대에 대한 이론"이라고 그 핵심을 지적했고,[71] 하트는 같은 맥락에서 《선물론》을 뒤르켐의 《사회분업론》의 직접적 후계자라고 평가했다.[72] 뒤르켐은 《사회분업론》에서 사회적 연대의 두 가지 역사적 형태를 구분했는데, 원시사회는 동일한 집단도덕의 공유라는 '기계적 연대(mechanical solidarity)'에 의존하는 반면, 현대사회는 노동 분업에 의한 '유기적 연대(organic solidarity)'에 의존한다는 이분법적 유형론을 제시했다. 모스는 원시사회와 현대사회에서 사회적 연대의 성격이 무엇인가라는 뒤르켐의 연구 질문을 계승하면서, 뒤르켐과는 다른 해석을 《선물론》에서 제시했다. 특히 원시사회의 사회성에 대한 설명에서 결정적 차이를 보인다. 원시사회는 기계적 연대에 의해 통합된 정태적 사회가 아니고, 선물교환의 호혜적 의무에 의해 개인과 집단이 복잡하게 얽혀 있는 유기적 연대, 즉 노동 분업에 의한 공리주의적인 유기적 연대와는 다른 성격의 유기적 연대에 의해 통합된 역동적 사회라는 것이 모스가 《선물론》에서 새롭게 제시한 결론이다.

한편 '계약의 비계약적 요소'가 사회적 접착제로 기능하는 측면을 강조한 뒤르켐의 관심을 이어받아,[73] 모스는 그 측면을 태곳적 선물이 법적·종교적·경제적·정치적·심미적·형태학적 측면을 동시에 갖는 총체적 성격의 선물교환이라는 점에서 찾았다. 또한 모스에게 태곳적 선물에 작동하는 선물도덕은 단지 과거의 유물이 아니라, 인간사회의 반석으로 현대사회의 위기를 해결하는 실천적 자원이라는 의미를 갖는다. 이러한 문제의식도, 급격한 변화와 이해 충돌로 인해 유기적 연대가 실패하고 아노미 상태에 빠져 있는 현대사회의 위기를 극복하기 위해 새로운 사회윤리를 정립할 필요가 있다는 뒤르켐의 문제의식[74]과 결을 같이한다.

하지만 모스가 《선물론》에서 제기한 연구 질문을 뒤르

켐과 사회학연보 학파와의 연관 속에서만 파악하는 것으로는 충분치 않다. 특히 《선물론》의 결론에서 이 연구가 현대사회의 문제를 해결하는 데 어떤 시사점과 대안을 제공하는지에 대해 설명하는 부분을 이해하기 위해서는 사회주의자이면서 조합운동가로서 모스의 정치적 활동을 함께 살펴볼 필요가 있다. 전쟁 직후인 1920년대 초, 특히 모스가 《선물론》을 집필하던 1923년과 1924년은 그가 가장 활발하게 정치적 활동을 펼치던 시기였다.[75] 이 시기는 러시아 볼셰비키혁명이 일어나고 이로 인해 국제노동자협회 프랑스지회가 사회당과 공산당으로 분리된 직후이기도 했다. 모스는 러시아를 직접 방문한 후 1923년에 「폭력에 대한 관찰」이라는 제목으로 5편의 기고문을 잡지 《사회주의자의 삶》에 실었고, 1924년에 「볼셰비즘에 대한 사회학적 평가」라는 논문을 학술지 《형이상학과 윤리 리뷰》에 게재했다.[76] 이 글들은 당시 프랑스 사회주의 진영이 볼셰비키혁명을 지지하는 공산당 계열과 점진적 개혁을 지지하는 사회민주주의 계열로 분열하게 된 정치적 상황을 반영한다. 모스는 후자를 지지하는 입장을 취하며, 볼셰비키혁명이 초래한 폭력에 매우 비판적이었다. 러시아 공산주의 체제는 시민들의 일반의지의 산물이 아니라 소수 엘리트가 지배하는 국가에 의해 강요된 것이며, 이는 '정치적 물신주의' 또는 '혁명의 환상'에 빠져 있는 것이라고 평가했다. 볼셰비키혁명은 전문직 단체나 조합과 같은 '중간 수준의 집단(intermediate collectivities)'을 약화시킴으로써, 사회주의 체제로 이행하는 데 반드시 필요한 사회적 기반을 훼손했다고 비판했다.[77] 모스는 조합운동, 특히 소비자 협동조합과 소비자 민주주의와 같은 아래로부터의 점진적 개혁이 사회주의 사회를 실현하는 데 보다 합리적이고 현실적인 방안이라는 믿음을 갖고 있었다. 당시 프랑스에서 소비자 협동조합이 빠르게 성장하고 있는 것[78]에 대해 매우 긍정적으로 평가했으며, 제1차 세계대전 이후 협동조합 운동의 이념과 실천 방안을 개발하고 교육하는 데 적극적으로 활동했다.[79] 1920년과 1921년 사이에 모스는《협동조합 활동》이라는 잡지에 20여 편의 글을 실었으며, 1922년에 전국 '소비협동조합연맹'의 교육위원회에 참여했다.

모스가 볼셰비키혁명에 대한 비판적 글을 쓰고, 소비자 협동조합 활동에 적극 개입하던 시점에《선물론》을 집필했다는 점은 주목할 필요가 있다.《선물론》의 결론은 원시사회의 선물교환에 대한 연구로부터 도출할 수 있는 실천적이고 이론적인 대안을 제시하는 방식으로 쓰였는데, 모스가 명시적으로 밝히지는 않지만 사회주의와 조합운동에 대한 모스의 정치적 이념이 그 배경에 깔려 있다고 할 수 있다. 모스는 호혜성에 기초한 선물도덕이 현대 유럽사회 민중의 일상적 삶에 여전히 살아 있다고 보았으며, 당시 영국, 프랑스, 독일에서 시도되던 사회보장법 도입과 조합운동을 선물의 집단도덕으로 돌아가는 움직임으로 평가했다. 유럽의 사회민주주의가 중요한 정책으로 채택하고 있는 사회보장과 조합운동 이념의 기반을 원시사회의 선물도덕에서 찾고자 한 것이《선물론》에서 모스가 수행한 새로운 시도이다. 이는 사회주의 이념의 기반을 기독교적 형제애와 자선에서 찾는 기독교 사회주의자나 유물사관과 계급투쟁에 입각한 마르크시스트 사회주의자와 차별되는 지점이다.

모스가 선물도덕을 통해 대결하고자 했던 사회 이념은 영국의 공리주의이다. 모스는 개인 이익의 추구를 보편적 도덕 가치로 격상시킨 공리주의가 인간을 계산하는 기계로 만들고 있다고 보았다. 뒤르켐을 비롯한 프랑스 사회철학자들은[80] 영국의 공리주의에 반대해 왔는데, 그 반대의 핵심에는 개인주의에 대한 비판이 있었다. 또한 프랑스 사회주의자들 사이에서 개인주의는 '나쁜 단어'로 통했는데, 개인주의는 곧 자유방임, 무정부주의, 사회적 원자화, 그리고 산업자본주의 체계에서 가난한 사람을 착취

한다는 의미였기 때문이다.[81] 뒤르켐 학파이면서 사회주의자였던 모스는 반공리주의적 정치 지평을 공유했으며, 《선물론》에 이러한 정치철학이 깔려 있다. 호혜성과 사회적 연대를 중시하는 선물도덕이 개인주의적 공리주의에 대한 대안으로 새로운 사회윤리를 창안하는 데 토대가 되어야 한다는 것이 모스가《선물론》을 통해 던지는 정치적 메시지이다.

III. 《선물론》의 핵심 개념들

이 장에서는 선물교환의 원리와 성격을 설명하기 위해 모스가 제시한 몇 가지 핵심 개념을 집중적으로 살펴보고자 한다. 《선물론》의 핵심 개념이 무엇인가에 대해서는 다양한 의견이 존재할 수 있지만,[82] 나는 '총체적 선물', '물건의 영적 힘', '호혜성', '선물도덕'이라는 네 개념이 선물에 대한 모스의 독창적 이론의 핵심을 구성한다고 판단했다. 이 개념들에 대한 아래의 설명은 《선물론》 텍스트 자체에 충실하게 재구성하는 방식을 취했다. 또한 이 개념들에 대해 이론적 논의가 이후 활발하게 전개되었던 점을 염두에 두고, 이 장에서는 모스 자신이 어떤 식으로 그 개념들을 제시하고 설명했는지를 밝히는 데 초점을 맞추었다.

1. 총체적 선물

모스는 태곳적 선물의 특징적 성격을 '총체적 선물'로 규정한다. 선물을 주고받는 주체가 개인이 아니라 가족·씨족·부족과 같은 집단이란 점에서, 선물로 교환되는 대상이 재화 또는 경제적으로 유용한 물건뿐 아니라 예의, 향연, 의례, 군사적 봉사, 여자, 어린이, 춤, 축제, 장터 마당을 포함한다는 점에서, 또한 태곳적 선물은 법적·종교적·경제적·정치적·심미적·사회형태적 제도를 동시에 소환한다는 점에서 '총체적 선물(total prestation)'[83]로 부르자고 제안했다(모스, 이 책: 187-189).

총체적 선물에서 '총체적'이라는 의미는 이와 같이 다의적으로 사용되고 있다. 모스는 선물의 주체가 집단이라는 측면에서, 선물의 대상이 재화, 사람, 의례, 말과 행동을 포함하는 거의 모든 것이라는 측면에서, 그리고 선물의 성격이 총체적 사회현상이라는 측면에서 '총체적'이란 표현의 세 가지 의미를 제시한다. 각 의미에 대해 자세히 살펴보도록 하자.

첫째, 모스는 선물교환을 계약의 태곳적 형태로 간주하는데, 그 계약을 체결하고 수행하는 주체는 가족·씨족·부족과 같은 집단이다. 폴리네시아, 멜라네시아, 북미 인디언 사회, 특히 쿨라와 포틀래치와 같은 사례로부터 모스는 원시사회의 선물교환이 일반적으로 가족과 가족 간에, 씨족과 씨족 간에, 부족과 부족 간에 이루어진다고 파악했다. 쿨라는 이웃하는 섬들의 부족 간에 집단적 규모로 행해지는 의례적 선물교환이며, 포틀래치는 인근의 씨족과 부족들 사이에 번갈아 가면서 서로를 초대해 선물을 주고받고 향연을 여는 축제이다. 포틀래치를 주최하는 추장은 자신의 씨족 또는 부족을 대표하는 매개자로서 그 역할을 수행한다. 포틀래치의 성공적인 수행 여부에 달려 있는 추장의 위세는 곧 그의 씨족 또는 부족의 위세이기도 하다. 포틀래치에서 교환되는 귀중품인 구리판, 담요, 직물은 씨족 또는 부족의 신화적 조상의 영혼을 담고 있는 인격적 재화로, 그것을 주고받는 행위는 곧 집단 정체성의 상징물을 씨족 또는 부족 간에 순환하는 것이다. 원시사회에서 선물교환이 씨족과 부족을 결합하거나 갈라놓는 현실적 힘으로 작동하는 이유도 선물이 이러한 집단적 성격을 갖고 있기 때문이다.

태곳적 선물이 집단 사이에 이루어지는 것은 현대사회에서 선물이 주로 친밀한 관계의 개인 사이에 이루어지는 것과 뚜렷이 대조된다. 하지만 현대사회에서도 집단 수준에서 행해지는 선물이 존재한다. 현대 일본에서 선물을 주고받는 주체를 여전히 개인이 아닌 가구로 인식하는 경향이 뚜렷이 존재하며,[84] 마찬가지로 한국에서도 혼수를 인척 사이의 선물교환으로 인식한다. 그뿐 아니라 회사, 근린조직, 학교 클럽, 동창회, 계, 협동조합 같은 다양한 단체와 조직 내부에서 행해지는 상호 부조와 선물도 집단 수준의 선물로 간주할 수 있다. 나아가 ODA도 국가 사이의 선물로 볼 수 있을 것이다. 선물을 개인적 관계에 국한해 보는 관점은 원시사회의 선물을 이해하는 데 부적합할 뿐 아니라, 현대사회의 선물을 파악하는 데에도 그 시야를 지나치게 제한하는 결과를 초래한다.

둘째, 선물교환의 대상이 재화, 사람, 의례, 말과 행동을 포함하는 거의 모든 것이라는 모스의 제안은 매우 혁신적인 발상이다. 선물교환을 생각할 때 일반적으로 재화를 염두에 두는데, 모스는 이러한 사고방식을 뒤집는 새로운 관점을 제시하고 있다. 이러한 발상을 받아들이면, 선물은 사회적 삶 전체를 구성하고 재생산하는 교환에 다름없다. 레비스트로스가 《선물론》을 사회의 심층 구조로서 교환의 의미를 발견한 혁명적 작품이라고 평가한 이유도 여기에 있다.[85]

포틀래치는 재화뿐 아니라 사람, 향연, 무속적 연행, 의례적 춤, 예의, 심지어 농담과 모욕적인 말까지도 교환되고 소비되는 축제이다(모스, 이 책: 243). 선물의 대상에 대한 모스의 혁신적 발상은 이러한 포틀래치에 대한 관찰에서 비롯된 것이라고 추정해 볼 수 있다. 하지만 모스 자신은 《선물론》에서 교환되는 재화에 초점을 맞춰서 그것의 복합적 성격을 분석하는 데 집중했다. 모스가 암시하는 수준에서 넘어갔던 재화가 아닌 것의 선물교환은 이후의 연구에서 주목받았으며 새로운 연구 지평을 여는 데 중요한 계기가 되었다. 레비스트로스의 《친족의 기본 구조》(1949)는 모스의 발상에 힘입어 호주 원주민의 혼인 제도를 씨족 또는 부족 집단 간의 여자 교환이란 관점에서 분석한 책이다. 킨은 인도네시아 숨바(Sumba)섬에서 결혼 예물을 줄 때 독특한 의례적 언어가 사용되는 것에 주목해, 재화와 적절한 언어의 결합이 결혼 예물 교환에 대한 사회적 인정의 필수 조건임을 밝혔다.[86] 또한 모스가 언급하지 않았던 항목들이 새롭게 주목받았다. 신체 일부인 혈액[87]과 장기[88]의 이식, 생물 유전자를 활용하는 생명산업[89], 정보통신기술[90], 사이버 스페이스[91] 같은 새로운 과학기술 영역에서 선물 방식이 매매 방식과 공존 또는 경합하는 양상에 대한 연구가 수행되었다. 선물의 대상을 재화 이외로도 확대해야 한다는 모스의 발상이 현대사회의 새로운 선물 현상을 포착하는 데 매우 유용할 수 있다는 점이 밝혀지고 있다.

셋째, 총체적 선물 개념에서 선물이 총체적 사회현상이라는 측면은 핵심적 위치를 차지한다. 아래와 같이 모스가 포틀래치에 대해 묘사한 부분에서 총체적 사회현상의 분위기를 엿볼 수 있다.

> 섬, 해안가 또는 로키산맥과 해안 사이의 지역에 거주하는 부유한 인디언 부족들은, 이들이 엄숙하게 모이는 집회이기도 한 향연·장터 마당·시장의 축제를 끊임없이 열면서 겨울을 보낸다. 이 부족들은 위계적인 형제단과 비밀결사에 의해 조직되어 있는데, 비밀결사는 형제단 또는 씨족과 종종 혼동되기도 한다. 씨족, 혼인, 입회식, 샤머니즘적 강령회, 그리고 신, 토템, 씨족의 집단적 조상이나 개인적 조상에 대한 숭배를 포함하는 모든 것이 뒤섞여, 의례와 총체적 선물과 남성단체·부족·부족연합체에서의 정치적 지위가 서로 뗄 수 없이 얽혀 있는 네트워크를 만들어 간다(모스, 이 책: 188-189).

모스는 포틀래치를 총체적 사회현상 또는 총체적 사회적 사실이라는 측면에서 다음과 같이 분석한다(모스, 이 책: 231-232, 290-291). 1) 포틀래치는 법적 현상이다. 계약 당사자(씨족·가족·인척·지위)의 법적 지위와 계약의 물적 대상이 서로 얽혀서 개인과 집단의 권리와 의무가 인정되는 계약의 성격을 갖는다. 2) 포틀래치는 종교적·신화적·샤머니즘적인 현상이다. 왜냐하면 포틀래치에 참여하는 추장들은 그들의 조상과 신을 대표하며 그 화신이기 때문이다. 추장들은 조상과 신의 이름으로 이름을 짓고, 이들의 춤을 추며, 이들의 영혼에 사로잡혀 있다. 3) 포틀래치는 경제적 현상이다. 비록 현대적 의미와는 다를지라도, 한편으로는 가치, 효용, 이익, 사치, 부, 재화의 획득과 축적에 대한 관념이, 다른 한편으로는 소비의 관념, 심지어 소비 그 자체를 위한 완전히 사치스러운 순수한 지출의 관념이 이 현상 어디에서나 나타난다. 4) 포틀래치는 정치적 현상이다. 포틀래치에는 경쟁의 원리가 작동하며, 이를 통해 가족·씨족·부족의 위계를 확보하려는 추장들 사이의 위세 투쟁이 벌어진다. 5) 포틀래치는 사회형태학적 현상이다. 가족·씨족·부족의 모임은 놀랄 만한 활기와 흥분 상태를 야기하며, 집단의 구조적 형태와 사회생활의 시간적 리듬을 드러낸다. 6) 포틀래치는 심미적 현상이다. 춤, 노래, 장식품들이 연행되고 향연이 베풀어져 심미적 감정을 불러일으킨다.

포틀래치에 대한 이러한 분석은 선물을 법적·종교적·

경제적·정치적·심미적·형태학적 제도, 즉 총체적 사회적 사실로 간주하는 모스의 입장을 정확하게 반영한다. 총체적 사회적 사실이라는 측면은 선물을 매매라는 또 다른 교환 형태와 구분하는 중요한 기준이 된다. 모스에게 선물과 매매는 교환이라는 점에서는 공통적이지만, 매매 또는 시장교환이 순수하게 경제적 현상인 데 반해 선물교환은 총체적 사회현상이라는 점에서 구별된다. 그렇다고 모스가 선물교환을 비경제적 교환이라고 규정하는 것은 아니며, 경제적 측면을 중요한 구성 요소로 포함하고 있음에 주목할 필요가 있다. 따라서 경제적 동기나 목적의 유무를 기준으로 시장교환과 선물교환을 이분법적으로 구분하는 방식은 모스의 의도와 거리가 있다고 할 수 있겠다. 폴라니의 표현을 사용한다면, 모스의 총체적 선물에서 "경제는 사회관계 속에 깊숙이 잠겨 있다(embedded)".[92]

선물은 "모든 종류의 제도가 동시에 또한 일거에 표현되는" 총체적 사회적 사실이라는 점에서 원시사회의 통합 원리로 작동한다. 뒤르켐이 원시사회의 통합 원리를 동일한 집단도덕 또는 집단표상의 공유에 의한 기계적 연대라고 규정한 것에 반해, 선물에 의해 형성되는 "사회적 관계의 총체성은 응결되고 화석화된 상태로 제시되는 게 아니라, 내적 역동성의 자극을 받아 영속적으로 변화되는 하나의 세계 안에서 인간과 사물을 배분하는 교환의 영속적인 흐름으로, 동적인 상태로 제시된다".[93] 선물은 강약 및 수축과 이완을 수반하는 사회적 리듬에 따라 행해지며, 주고 받고 되갚는 행위는 지속적으로 반복되는 순환의 흐름을 만들고, 그 과정에서 사람들 사이의 과거, 현재, 미래의 관계가 끊임없이 조절되는 역동적 사회성이 창출된다. "증여 속에서 그리고 증여를 통해서 소비되는 것은 총체로 간주된 사회 자체이다."[94] 모스는 원시사회의 통합 원리를 총체적 선물에 의한 유기적 연대로 설명하며, 여기서 유기적 연대는 현대사회의 노동분업에 기초한 공리주의적인 유기적 연대와 달리 사회적 삶의 모든 측면이 상호작용하고 영향을 미치면서 살아 있는 총체를 형성한다는 의미이다. 모스가 현대사회에서 선물도덕의 부활을 주장하는 이유는 개인주의적 공리주의에 대한 대안적 가치가 사회의 재구성, 즉 사회적 총체를 새롭게 구축하는 방안이 될 수 있다고 생각하기 때문이다.

2. 물건의 영적 힘

《선물론》의 1장 '교환된 선물과 되갚을 의무'에는 마오리족 현자인 라나이피리가 하우의 의미에 대해 설명하는 진술, 이후 이어진 논쟁 덕분에 매우 유명해진 진술이 인용되어 있다.

> 이제 하우에 관해 말씀드리겠습니다. (…) 당신이 어떤 타옹가(taonga: 귀중품)를 갖고 있는데, 그것에 가격을 매기지 않고 나에게 준다고 가정해 봅시다. (…) 이제 내가 그 타옹가를 제3자에게 주고, 그가 어느 정도 시간이 지난 다음 이에 대해 보답해야겠다고 마음먹고 어떤 타옹가를 나에게 주었습니다. 그가 나에게 준 이 타옹가는 내가 처음에 당신한테서 받고 그에게 주었던 타옹가의 하우입니다. (…) 그 타옹가가 탐나는 것이든 불쾌한 것이든 간에, 나 자신을 위해 그것을 간직하는 행위는 옳지 않습니다. 그 타옹가는 당신이 나에게 주었던 타옹가의 하우이기 때문에, 나는 그것을 당신에게 반드시 주어야 합니다. 내가 만약 그 타옹가를 간직하려 한다면, 심각한 재앙이 나에게 떨어지거나, 심지어 죽게 될지도 모릅니다. 이러한 것이 하우, 즉 개인 물건의 하우, 타옹가의 하우, 숲의 하우입니다. 이 주제에 관해서는 이것으로 충분합니다(모스, 이 책: 197-198).

라나이피리는 최초의 증여자로부터 받은 물건을 제3자에게 주고 그 대가로 제3자로부터 어떤 물건을 받았을 때, 그 물건을 최초의 증여자에게 돌려주어야만 하는데 그 이유는 제3자로부터 받은 물건은 최초 선물의 하우이기 때문이며, 그렇지 않고 그것을 간직하는 것은 옳지 않으며 죽을 수도 있다고 설명하고 있다. 모스는 이 설명으로부터 선물교환에 대한 마오리족의 종교적·법적 관념을 다음과 같이 해석한다. 선물로 받은 물건은 하우에 의해 생명력을 얻으며, 하우는 그 물건을 소지하는 자를 쫓아다니고, 원래의 소유자에게 돌아가려 하기 때문에, 받거나 교환된 물건이 수증자에게 되갚을 의무를 지운다(모스, 이 책: 199-200). "받은 물건에는 수증자로 하여금 되갚도록 만드는 어떤 힘이 존재하는가?"라는 《선물론》의 핵심적인 연구 질문에 대한 답을 선물의 하우에 대한 라나이피리의 설명에서 찾고 있는 것이다.

모스는 여기서 한 걸음 더 나아가, 이러한 선물교환에 의해 만들어지는 증여자와 수증자 사이의 법적 관계에 대해 보다 일반적인 특징을 추론해 낸다. 선물로 교환되는 물건은 영을 갖고 있기에, 이러한 물건의 교환을 통해 형성되는 법적 관계는 영적 유대의 성격을 갖는다. 누군가에게 어떤 물건을 주는 것은 자신의 일부를 주는 것이며,

어떤 사람으로부터 무엇인가를 받는 것은 그의 영혼의 일부를 받는 것이기 때문에 그의 본성 및 실체의 일부인 것을 그 사람에게 돌려주지 않으면 안 된다(모스, 이 책: 200-201). 이와 정확히 일치하는 표현이 힌두법을 다룬 《선물론》 3장에 인용된 인도 서사문학의 암소 증여에 대한 다음 구절에서도 나타난다. 외양간에서 암소와 함께 사흘 밤낮을 지낸 주인은 암소를 증여하면서 "당신[암소]이라고 하는 것은 바로 나이다. 이제 나는 당신의 본질이 되며, 당신을 줌으로써 나 자신을 준다."라고 말한다(모스, 이 책: 258).[95] 선물에 의해 만들어지는 법적 관계는 단순히 물권법적 채권-채무 관계가 아니며, 물건과 사람이 결합된 인격적이고 영적인 유대로 규정된다. 그 관계는 법적·종교적·주술적·윤리적 혼합물이다.

"물건은 영적인 성격을 가지며 살아 있다."라는 메타포는 쿨라와 포틀래치에 대한 민족지 자료들로부터 풍부하고 생생한 묘사를 얻는다. 쿨라에 사용되는 주문 속에서, 쿨라 교환의 귀중품인 조개목걸이와 조개팔찌는 "냄새를 맡으면서 오는 개들처럼 서로 만나며", "사람 목소리를 듣고 달려오는 것처럼 모인다".[96] 포틀래치 선물교환의 귀중품인 구리판은 "말을 하며 투덜거린다. 그것은 자기를 다른 사람에게 주라고 또는 자기를 파괴하라고 요구한다.

죽은 추장이 담요에 싸여 땅에 묻히듯이, 구리판도 따뜻하게 보존되기 위해서 담요에 덮여 있다"(모스, 이 책: 242). 이러한 묘사 속에서 물건은 살아 있을 뿐 아니라, 말하고 느끼고 스스로 영향을 미칠 수 있는 행위자로 인격화되어 있다. 토테미즘과 주술에 대한 연구를 통해 모스는 사람, 사물, 자연, 영혼 사이에 내적이고 본질적인 동일성이 존재하기 때문에 서로 간에 변신하고 치환할 수 있다고 사고하는 '신화적 상상'이 원시심성의 기본 형태라고 주장해 왔는데,[97] 선물교환에서도 동일한 사고가 작동하고 있음을 확인하고 있는 것이다. "[선물의 호혜적] 의무는 신화적이고 상상적인 형태로 또는 상징적이고 집단적이라고 할 수 있는 형태로 표현된다."(모스, 이 책: 224)라는 문제의식은《선물론》전체를 관통하는 중심 주제이다.

한편 모스가 선물로 주는 모든 물건에 증여자의 영혼 및 실체의 일부가 담겨 있다고 주장하는 것은 결코 아니다. 모스는 소유주 존재의 일부를 구성하는 재화와 그런 의미가 없는 일상적 재화를 구별하며, 전자에 해당하는 재화를 줄 때 증여자의 영혼이 담겨진 것으로 해석한다.《선물론》전체에서 이러한 방식으로 재화를 구분하는 분류체계가 매우 비중 있게 다루어진다. 사모아섬에서는 재화를 통가(tonga)와 올로아(oloa)로 구분하는데, 통가는 여성의 재산에 해당하는 돗자리와 직물 등을 가리키며, 올로아는 남성의 재산에 해당하는 돼지, 카누, 도구 등을 가리키고 서양 물품도 여기에 포함된다. 통가는 올로아에 비해 토지, 씨족, 가족, 사람과 더 밀접한 관계를 맺는 영구적 재산으로 간주된다. 마오리족의 타옹가는 사모아섬의 통가와 같은 어원에 속하는 용어로 돗자리, 외투, 연옥 장식품 등을 가리키는데 이 역시 토지, 씨족, 사람과 밀접하게 연관되어 있다. 라나이피리가 하우를 설명할 때, 선물로 교환되는 물건을 반드시 타옹가로 지칭했다는 것에 주목할 필요가 있다. 하우를 타옹가라는 특별한 재화와 연계시켜서 설명하고 있는 것이다.

포틀래치에서는 다양하고 수많은 재화가 교환되고 소비되는데, 모스는 이 중 특별한 재화에 집중해 2장의 「물건의 힘」과 「명성의 화폐」라는 소절에서 이를 자세하게 다루고 있다. 북서부 아메리카 인디언 사회도 일상적으로 소비되는 평범한 물건과 가족 귀중품을 구분하며, 후자만 부(富)-재산으로 간주한다. 가족 귀중품에는 구리판, 모포, 문장(紋章)을 새긴 직물, 카누, 전복 껍데기, 가면, 부적, 접시, 집 등이 포함되는데, 이것들은 씨족 토템, 신화적 조상, 정령들과 연계되어 영적인 기원과 성질을 지닌다. 이 물건들은 그 물건의 증여자와 동일시될 뿐 아니라 씨족에게 이러한 귀중품을 제공한 정령 또는 그 정령한테 이를 받은 씨족의 시조 영웅과 동일시된다. "이 귀중품의 각각은 […] 개성, 이름, 성질, 힘을 소유한다. 큰 전복 껍데기, 그것으로 덮은 방패와 그것으로 장식한 허리띠, 문장이 새겨져 있고 동물과 인간의 얼굴과 눈을 수놓은 담요, 이 모든 것은 살아 있는 존재이다. 집, 기둥, 장식된 벽 역시 살아 있는 존재이다. 지붕, 난롯불, 조각품, 벽화, 이 모든 것이 말을 한다"(모스, 이 책: 239). 이 재산들은 생명의 기호와 보증일 뿐 아니라 부의 기호와 보증인 동시에 추장·가족·씨족의 이름, 명예, 지위를 구성하는 일부이다.

고대 로마법에서도 재화를 파밀리아(familia)와 페쿠니아(pecunia)로 구분한다. 파밀리아는 부동산, 노예, 외양간에 가두어 키우는 가축과 같이 집에 속하는 물건으로 가족의 영구적 재산이며, 페쿠니아는 들판의 가축, 식량, 금속, 화폐와 같이 일시적으로 소유하는 재산이다(모스, 이 책: 250). 로마의 가족은 사람뿐 아니라 물건도 포함하는데, 파밀리아는 가족의 일부를 구성한다.

사모아섬의 통가, 마오리족의 타옹가, 북서부 아메리카 인디언의 가족 귀중품, 고대 로마법의 파밀리아와 같은 특별한 범주의 재화들은 사람·가족·씨족과 긴밀한 연계 속에서 영적 힘을 갖는다. 또한 이들 재화는 사람·가족·

씨족의 일부를 구성한다. 이러한 재화를 주고받는 선물교환에서 물건은 단지 유용한 물품이나 인간 행위의 수동적 대상이 아니고, 증여자와 수증자 사이의 관계를 매개하고 창출하는 힘을 가진 적극적 행위자이다. 이러한 관점에서 모스는 선물교환을 통해 맺어지는 유대의 성격을 사람과 사람 사이의 관계로만 보지 않고, 물건과 사람이 결합한 관계로 보는 독특한 해석을 제시한다. "어느 정도는 영혼을 가진 물건과 상대방을 어느 정도는 물건처럼 취급하는 개인 및 집단, 이 양자[물건과 사람] 사이에 영적 유대의 혼합이 존재한다는 것"을 이해한다면, 선물교환이 지닌 대칭적이고 대조적인 권리와 의무의 복잡한 뒤섞임이 더 이상 모순적으로 보이지 않을 것이다(모스, 이 책: 204).

되갚을 의무를 하우라는 영적 힘으로 설명한 모스의 해석은 이후 치열한 이론적 논쟁의 대상이 되었다. 그 논쟁을 촉발한 대표적 학자로, 레비스트로스는 모스의 해석이 원주민의 설명에 현혹된 결정적 오류였다고 비판했으며, 살린스는 마오리족의 하우 개념 자체를 모스가 오해했다고 비판했다.[98] 이와는 달리, 물건의 영적 힘의 논의에서 제기된, 물건과 사람의 분리될 수 없는 결합이라는 개념을 적극적으로 수용해서, 와이너는 '양도할 수 없는 재산'이라는 개념을, 그레고리는 선물교환의 의인화

(personification) 개념을 발전시켰다. 이에 대해서는 IV장에서 자세히 살펴보도록 하겠다.

한편 2000년대 이후 인문사회과학 분야에서 새로운 이론적 패러다임으로 부상하고 있는 신유물론은 모든 물질이 감응을 주고받는 역량이 있음을 인정하고, 따라서 물질은 활기 또는 생기가 있다고 말한다.[99] 이러한 관점에서 물질의 행위자성을 포착하고, 인간과 비인간(물질, 자연)이 언제나 결합해 사회물질적 공동 세계를 구축한다는 통찰을 제시한다. 이 논의는 《선물론》에서 물건을 살아 있는 존재로 인식하고, 사회적 유대를 물건과 사람이 결합한 관계로 보아야 한다는 모스의 설명과 놀랄 만큼 유사하다. 물건의 영적 힘에 대한 모스의 발상은 최근 학계의 이론적 동향을 고려할 때 새롭게 주목받을 만한 가치를 충분히 지니고 있다.

3. 호혜성

《선물론》의 출발점은 시장경제와 화폐경제가 발전하기 이전의 사회에서는 교환이 주로 선물의 형태로 이루어지고 있다는 것이다(모스, 이 책: 181). 즉, 모스는 처음부터 선물을 교환의 한 형태로 간주하고 논의를 전개한다. 이러한 발상은 두 측면에서 당시 서구의 일반적 관점과 대립된다. 첫째, 선물은 아무런 대가나 보답을 바라지 않고 일방적으로 주는 것이기 때문에 교환이 아니라는 선물의 관념과 대립한다. 둘째, 교환을 대가나 보상의 의무가 법적 계약에 의해 명시되고 강제되는 시장교환과 동일시하는 관념과 대립한다. 이러한 관점에서 보면 선물교환은 자기모순적 개념이지만, 모스는 이 개념을 통해 선물과 교환에 대한 기존 관점에서는 포착되지 않았던 현상을 드러내고, 그것이 인간의 사회적 삶에 넓게 퍼져 있는 동시에 기본 토대임을 밝히는 작업에 나선다.

선물을 교환이라고 할 때, 그 지배 원리는 사고파는 매매의 규범이 아니라 주고 받고 되갚는 호혜의 규범이다. 모스는 호혜의 규범을 의무의 차원에서 설명한다. 선물교환의 구조를 줄 의무, 받을 의무, 되갚을 의무로 구성된 순환적 의무의 고리로 설명한 분석이 이에 해당한다. 모스는 선물의 호혜적 의무를 이와 같이 세 유형으로 구분하고, 대칭적이면서 서로 대립하는 세 의무의 복잡한 뒤섞임을 선물교환의 구조적 모델로 제시하고 있다. 세 의무는 선물이라는 동일한 복합체의 서로 다른 측면이다(모스, 이 책: 202).

《선물론》의 핵심적 연구 질문은 호혜적 의무의 성격과 작동 방식을 설명하는 데 있다. 물건의 영적 힘에 대한 논의는 그 의무를 주술적이고 종교적인 차원에서 분석한 것이다. 이에 더해 모스는 그 의무를 선물교환 당사자 사이의 사회적 관계를 통해 설명하는 사회학적 분석을 제시한다. 《선물론》 2장의 포틀래치 설명에서 그러한 분석이 집중적으로 등장하는데 그 내용을 자세히 살펴보도록 하자.

"선물을 줄 의무는 포틀래치의 핵심이다"(모스, 이 책: 232). 추장은 포틀래치를 열어서 인근의 씨족이나 부족을 초대하고, 이들에게 자신의 재산을 주어야 한다. 포틀래치는 초대받은 사람들이 추장과 그의 가족 및 씨족을 군사적·법적·경제적·종교적으로 '인정'하는 근본적 행위이기 때문이다. 포틀래치를 열지 않으면 추장은 위신을 잃는데, 위신을 잃는 것은 그의 영혼, 즉 체면과 페르소나(persona: 연극적 자아)를 잃어버리는 것으로 간주된다. 심지어 포틀래치를 열지 않는 추장은 '썩은 얼굴'을 가졌다고 말해진다. 포틀래치를 성공적으로 개최하면 지위를 얻고 유지할 수 있지만 반대로 잘못하면 지위를 잃어버릴 수도 있다. 이러한 사회에서 사람들은 주려고 안달한다. 포틀래치의 개최자인 추장은 과도할 정도로 주고 소비함으로써, 초대받은 손님을 '그의 이름의 그림자' 안에 굴욕적으로 놓으려 한다. 한편 초대를 소홀히 하는 것은 이웃 씨족이나 부족과의 동맹을 부정하고 전쟁을 선언하는 것과 같다.

"선물을 받을 의무도 선물을 줄 의무 못지않게 강제적이다"(모스, 이 책: 234). 선물 받기를 거부하거나, 초대받은 포틀래치에 참석을 거부할 권리는 없다. 거부 행위는 앞으로 답례의 포틀래치를 열어야 할 것을 두려워하고 있음을 드러내는 꼴이며, 그로 인해 자신이 '납작해지며,' '자기 이름의 무게를 잃게 된다'. 초대에 응하고 선물을 받는 것은 물건이나 축제로부터 이익을 얻는 것 이상의 일이며 도전을 받아들이는 것이다. 답례할 수 있다고 확신하기 때문에, 또한 자기가 상대편에 못지않다는 것을 증명할 자신이 있기 때문에 도전을 받아들일 수 있다. 어떤 경우에는 포틀래치 초대에 응하지 않거나 포틀래치에 참석하더라도 선물 받기를 거부할 수 있는데, 이는 초대한 추장보다 자신이 훨씬 높은 지위에 있다는 것을 과시하기 위해서이다. 이 경우 초대를 거부한 추장이 자신의 모든 재산을 불태우는 파괴적 형태의 포틀래치, 즉 기름잔치를 열어야 할 의무가 부과된다.

"되갚을 의무는 포틀래치의 전부이다"(모스, 이 책: 236). 일반적으로 포틀래치는 받은 것보다 더 성대한 포틀래치로 답례해야 하며, 선물도 받은 것보다 더 많이 되갚아야 한다. 적절하게 답례해야 할 의무는 반드시 준수해야 한다. 답례하지 않으면 체면을 영원히 잃어버린다. 콰키우틀족, 하이다족, 침시아족에서는 답례하지 않은 사람을 노예로 삼는 제재도 존재한다.

위의 설명에서 모스는 호혜적 의무의 성격과 작동 방식을 인정과 경쟁이라는 사회적 원리의 두 차원에서 분석하고 있다. 포틀래치는 인정이 이루어지는 근본적 행위로 여기에 추장과 그가 대표하는 가족·씨족·부족의 체면, 명예, 지위, 이름이 달려 있다. 이 사회에서 인정이 그토록 중요하게 여겨지는 이유는 이들의 자아 관념을 살펴보면 보다 잘 이해할 수 있다. 모스는 「인간 마음의 범주: 사람의 관념과 '자아'의 관념」이란 논문에서 원시사회의 자아 개념이 어원적으로 연극, 무용, 의례에 사용되는 가면을 의미하는 라틴어 페르소나(persona)에 가깝다고 지적하며, 극중 역할을 연기하는 배우와 같은 '연극적 자아'의 성격을 갖는다고 해석했다. 이 점에서 개인의 진정한 내면적 자아를 전제하는 서구의 근대적 자아 개념과 차별화시킨다. 원시사회의 자아는 독립적 개체로서의 개인이 아니라 사회관계 속에 있는 존재로 규정된다는 점에서 '관계적 자아'[100]라고 할 수 있다. 체면, 명예, 이름은 관계적 자아를 사회적으로 평가하는 척도이다. 자신과 관계를 맺고 있는 타자로부터의 인정은 자아를 구성하는 근본적 요소이며, 따라서 상호 인정을 매개하는 선물교환은 관계적 자아를 구축하는 실천적 행위이다. 포틀래치를 열지 않거나 답례하지 않으면 자신의 영혼, 즉 체면과 페르소나를 잃는다는 모스의 진술은 관계적 자아 관념으로 이해할 수 있다. 관계 맺기와 상호 인정을 통해서만 존재의 의미가 실현되는 자아 관념, 다른 식으로 표현하면 개인과 사회의 분리될 수 없는 결합이 선물을 왜 주고 받고 되갚아야 하는지에 대한 설명을 제공하며, 선물의 호혜적 의무가 갖는 성격을 규정짓는다.

모스가 주목하는 또 다른 측면은 선물교환에 내재된 경쟁의 원리이다. 포틀래치에 대한 설명에서 이 측면이 크게 부각되어 있는데, 포틀래치가 경쟁적 성격이 매우 강한 제도라는 점이 모스의 관심을 끈 중요한 이유이기도 하다. 포틀래치를 개최한 추장이 과도할 정도로 주고 소비함으로써 초대받은 사람을 그의 명성 아래 굴복시키려 하며, 포틀래치에 초대받는 것을 자신의 명예가 시험받는 도전으로 인식해 받은 것보다 더 성대한 포틀래치로 답례해서 우위에 서려는 이들의 태도는 포틀래치의 경쟁적 성격을 분명하게 드러낸다. 이러한 측면에서 보면 포틀래치는 인정투쟁이자 명예 전쟁이다. 쿨라에서도 위세와 명예를 얻기 위해 경쟁하며 다양한 개인 전략이 동원된다. 쿨라에 참여하는 사람들 사이에는 특별히 훌륭한 조개목걸이와 조개팔찌를 소유한 사람을 자신의 쿨라 파트너[101]로 삼기 위한 치열한 경쟁이 벌어진다. 새로운 쿨라 파트너를 얻기 위해, 또는 자신의 쿨라 파트너가 그의 여러 파트너 중 자기에게 가장 좋은 조개목걸이나 조개팔찌를 주도록 하기 위해, '간청의 선물'을 제공해 그를 회유하고 설득하려고 하거나 그에게 주문을 걸어 자신의 의도를 관철시키려 한다(모스, 이 책: 220-221).

모스는 경쟁의 측면에 주목함으로써 선물교환을 도덕적 규범의 차원에서 분석하는 데 그치지 않고 현실에서 실제로 작동하는 모습을 포착하는 데 주력한다. 경쟁의 원리를 호혜의 규범과 결합시키면, 호혜적 의무는 무조건적으로 강제되는 것이 아니라 개인이 자신의 이익을 위해 전략적으로 활용하거나 거부할 수 있는 것이 된다. 또한 선물교환이 반드시 친밀한 사회적 유대를 창출하는 것이 아니라 적대적 관계를 촉발하고 심화시킬 수도 있다는 것이 드러난다. 호혜적 의무의 규범적 강제성은 개인의 이익 추구를 위한 전략적 활용에 의해 우회될 수 있는 가능성을 배제하지 못하며, 동맹과 사회적 유대는 언제든 적대적 관계로 변질될 수 있는 가능성을 전제하는 가운데 추구된다. 이런 점에서 모스의 호혜성 원리는 양가적이고 모순적인 성격을 지닌다. 자발성과 강제성(의무), 이기심과 이타심, 우호감과 적대감을 동시에 갖는 선물의 이중성은 《선물론》에서 끊임없는 긴장을 유발하며 등장하는데, 이 점이 사회를 개인에 대해 외재적이고 강제적인 것으로 규정하는 뒤르켐의 사회학과 모스의 사회학을 구별하는 중요한 지점이라고 평가받는다.[102]

모스가 다루는 선물교환은 대칭적 호혜와 비대칭적 호혜, 균형적 호혜와 불균형적 호혜를 모두 포함한다. 선물교환 당사자 사이에 위계와 권력의 차이가 존재하는지를 기준으로 대칭적 호혜와 비대칭적 호혜를 구분하고, 선물교환에서 오가는 물건 사이에 가치의 등가성이 실현되는지를 기준으로 균형적 호혜와 불균형적 호혜를 구분하는 방식으로 호혜성을 유형화하는 이론적 작업이 진행되었는데,[103] 《선물론》에서 분석한 호혜적 선물의 사례는 이들 유형을 모두 포함하는 것이었다. 즉 쿨라처럼 (쿨라 파트너 사이의) 대칭적이고 균형적인 호혜뿐 아니라, 포틀래치처럼 (추장과 씨족원 사이 또는 지위를 경쟁하는 추장들 사이의) 비대칭적이고 불균형적인 호혜를 선물교환의 중요한 사례로 함께 다룬다. 모스가 호혜를 대칭적이고 균형적인 교환에 국한시키지 않고 있음은 분명하다. 호혜의 유형에 따라 호혜적 의무가 작동하는 방식에 중요한 차이가 존재하지만, 《선물론》에서 이에 대한 체계적인 분석은 제시되어 있지 않다.

선물교환은 필연적으로 신용 관념을 수반한다(모스, 이 책: 229). 선물을 받은 즉시 되갚아서는 안 되며, 일정한 시간이 지난 뒤에 되갚아야 한다. 즉, 선물교환에서의 호혜는 즉각적인 교환의 방식이 아니라 지연된 교환의 방식으로 이루어져야 하며, 따라서 신용 관념이 수반된다. 답례의 시간적 지연은 선물을 물물교환이나 현금 판매와 차별화하는 계약 형태상의 특징이며, 신용 관념은 현대의 신용 판매 이전에 태곳적 선물교환에서 이미 잘 발전되었다고 할 수 있다. 모스는 신용 관념을 도입하면서, 선물교환의 시간적 지연이라는 특성을 부각하는 동시에, 여기에 일정한 기한(期限) 관념이 존재한다는 점을 강조한다. 방문하거나, 혼인이나 동맹을 맺거나, 축제에 참가하는 시점에 흔히 답례를 하는데, 여기에는 기한 관념이 논리적으로 내재되어 있다. 그 기한 관념은 매매 계약에서와 같은 명확한 확실성은 결여한 것이지만, 관습적으로 예상하고 기대하는 답례 시점이 존재한다는 점에서는 일정한 확실성을 갖는다. 호혜의 '불확실한 확실성'은 선물교환의 본질적인 속성에 해당한다.

호혜적 선물교환은 일회적인 것이 아니고, 지속적으로 반복된다. 받은 선물에 대해 되갚음으로써 선물교환이 종결되는 것이 아니고, 답례를 받은 최초의 증여자는 이번에는 수증자가 되어 다시 되갚을 의무를 안게 된다(모스, 이 책: 229). 이와 같이 증여자와 수증자의 위치가 서로 바뀌면서 끊임없는 주고받기를 통해 재화, 사람, 의례, 말과 행동을 포함하는 모든 것이 교환되고 순환한다. 호혜적 사이클에서 이루어지는 일련의 행위는 규범이 규정한 기계적인 연쇄에 따라 전개되는 것이 아니고, 선물교환에 연루된 당사자들의 행동이 "상호적으로 촉발하는 교환"의 방식으로 수행된다.[104] 선물교환의 호혜는 매매 계약에서처럼 일회적인 등가교환으로 완료되지 않고, 지속적 교환 과정 속에서 증여자와 수증자의 지위가 계속 뒤바뀌면서 상대방 행동에 대한 '창조적' 대응이 연쇄적으로 행해지는 역동적 방식, 즉 창발적이면서 동시에 회귀적인 순환 방식으로 실현된다. 이러한 성격의 호혜적 선물이 사회적 관계를 창출하고 유지하고 변화시키며, 역으로 선물교환 당사자 사이의 사회적 관계가 호혜적 선물이 이러한 방식으로 수행될 것을 요구한다.

의무는 권리와 짝을 이룬다. 즉 줄 의무, 받을 의무, 되갚을 의무에 대응하는 권리가 존재한다. 《선물론》은 호혜적 의무의 성격을 설명하는 데 집중하는 반면, 권리의 측면은 체계적으로 다루지 않고 있다. 《선물론》 여기저기에서 지나가듯이 얼핏 언급하는 수준에 불과하다. 그중 주목할 만한 언급은 선물을 주어야만 하는 이유를 "수증자가 증여자에게 속한 모든 것에 대해서 일종의 재산권을 갖고 있기 때문"이라거나(모스, 이 책: 203), 증여자가 "그 자신과 그의 재산이 다른 사람에게 은혜를 입고 있기 때문"이라고(모스, 이 책: 243) 설명한 부분이다. 수증자가 받을 권리가 있다는 측면에서 선물을 주어야만 하는 이유를 설명한 것이다. 희생의례도 이 논리에 따라 설명되는데, 신과 조상에게 제물을 바치는 이유는 그들이 이 세계의 사물과 재화의 진정한 소유자이기 때문이다(모스, 이 책: 207).

줄 의무가 아니라 받을 권리가 선물을 촉발할 수도 있다. 수증자가 선물을 받는 소극적 행위자가 아니라, 선물을 요청하는 적극적 행위자로 행동하는 것이다. 모스가 주목하지 않았던 이런 상황이 다양한 사회의 선물교환 사례에서 폭넓게 관찰된다. 마오리족에서 어떤 물건을 암시적으로 혹은 공공연히 요청하거나 칭찬하면, 물건의 소유자는 즉시 상대방에게 그것을 제공해야 한다.[105] 이러한 요청이 가능한 것은 상대방 물건에 대한 상호 전유의 관념이 존재하기 때문이다. 특히 음식이나 일상적 소모품을 달라는 청을 거절하는 것은 거의 불가능하다. 필리핀의 '우땅 나 로옵(utang na loob: 마음의 빚)' 관계는 호혜적 의무의 네트워크이다.[106] 그런데 이 관계에서의 상호부조는 도움이 필요한 사람이 도움을 먼저 요청하는 방식으로 이루어진다. 요청이 없는데 도와주기를 자청하고 나서는 것은 상대편에게 수치심을 느끼게 하는 교만한 행위로 간주된다. 우땅 나 로옵 관계는 "도움을 요청할 수 있는 권리를 서로 간에 인정하는 상태"를 의미한다.[107] 한국 농촌의 모내기 품앗이도 일손이 필요한 가구가 이웃에게 도움을 먼저 요청하는 방식으로 이루어진다. 품앗이 관계도 도움을 요청할 수 있는 권리를 서로 간에 인정한 상태인 것이다. 칠레의 도시 빈민촌에서도 어떤 어려움에 처했을 때 이웃이나 친척에게 도움을 요청하는 것은 부끄러운 일이 아니라고 인식되는데, 이는 나중에 자신이 도움을 요구받으면 갚을 것이라는 상호 의무의 호혜성을 공유하기 때문이다.[108] 도움 요청이 없는데 어려운 처지에 놓인 이웃이나 친척을 도울 경우에는 돕는 티가 나지 않도록 은근히 해야 한다. 쿨라와 포틀래치가 귀중품의 과시적 증여와 답례를 통해 명예를 추구하는 경쟁적 호혜의 양상을 보여주는 것에 반해, '도움을 요청할 수 있는 권리'가 보다 중요하게 부각되는 사례들은 보통 사람들 사이의 일상적 상호부조를 통한 비경쟁적 호혜의 양상을 보여 준다.

4. 선물도덕

선물도덕은 《선물론》 전체를 관통하는, 모스의 집필 의도가 집약적으로 응축된 핵심 개념이다. 모스는 책 서문에서 태고사회에서 작동하는 도덕과 경제를 검토하고, 그것을 통해 현대의 법과 경제의 위기에 대한 도덕적 결론을 추론할 것이라는 집필 의도를 명확하게 밝힌다(모스, 이 책: 184-185). 모스가 태고사회의 탐구에서 발견한 경제는 호혜적 선물이 지배적인 교환 형태로 작동하는 선물경제이며, 이 사회의 실천적 규범이 선물도덕이다. 선물도덕의 핵심은 선물을 주고 받고 되갚아야 할 의무로 구성된 호혜의 규범이다. 모스는 호혜의 규범을 태고사회뿐 아니라 어떤 사회에서나 발견되는 인간 사회의 반석이며 영원한 도덕이라고 평가했다.[109]

모스가 제시한 선물도덕은 서구의 근대철학 전통에서 주로 논의되어 온 개인적 차원의 순수한 도덕과 크게 다르다. 후자가 독립적이고 본질적인 자아 또는 영혼을 전제하고 사회와 이해관계의 질곡으로부터 자유로운 도덕

규범을 추구했다면, 모스의 선물도덕은 이와 반대로 사회적 관계가 도덕성을 창출하고 발육하는 모태라고 상정한다. 태고사회의 자아 관념이 '관계적 자아'라고 한다면, 선물도덕은 '관계적 도덕'이다. 호혜의 규범은 관계적 도덕의 성격을 명확히 드러낸다.

이러한 성격의 선물도덕은 동아시아의 유교적 전통에서의 도덕 관념과 친화성이 매우 높다. 《예기(禮記)》에 나오는 다음 구절은 호혜의 규범과 다름 아니다. "예는 오고 감을 높이 여긴다(禮尙往來). 주는 데 오는 것이 없으면 예가 아니다. 오는 데 가는 것이 없어도 역시 예가 아니다."[110] 유교적 도덕의 핵심 개념인 예를 호혜를 숭상하고 지키는 것으로 규정하고 있는 것이다. 얀이 중국 농촌에서 현지조사를 하면서 주민들에게 선물의 규칙에 대해 질문했을 때 가장 흔히 들은 대답은 "li shang wang li(禮尙往來)"였다.[111] 예기에 나오는 그 구절이 격언처럼 사용되고 농민의 민속지식으로 자리잡고 있는 것이다. 또한 이들은 선물을 주는 것이 인정(人情, renqing)을 표현하는 것이라고 설명했다.[112] 인정은 나눔과 체면(面子, mianzi)이라는 윤리적 측면과 우호적 감정이라는 정서적 측면을 포함한다. 호혜의 규범과 인정을 표현하는 선물교환은 중국인에게 꽌시(關係, quanxi)를 형성하고 강화하는, 매우 중요한 도덕적·실천적 행위이다. 일본의 전통적 선물 관행에서 선물을 주는 가장 중요한 동기는 의리(義理, giri)를 수행하는 것이다.[113] 의리는 일본인의 도덕에서 핵심 개념으로 자신이 속한 집단의 사람에게 자신의 의무를 다해야 한다는 윤리적 명령이다. 선물을 주고 받고 되갚는 것은 의리의 행동이다. 선물교환의 호혜성이 의리라는 도덕적 규범으로 표현되어 있다. 한국의 품앗이는 역할과 정서의 두 측면을 갖는데, 역할은 예(禮)라는 사회적 의무의 이행과 관련되고, 정서는 정(情)이라는 인간관계에서 발생하는 감정과 관련된다.[114]

한중일 삼국 사이에 선물의 원리를 설명할 때 표현 방식에서의 차이는 존재하지만, 호혜의 규범을 강조하고 그것을 관계적 도덕의 차원에서 규정한다는 점에서는 공통적이다. 모스가 북서부 아메리카 인디언 사회와 폴리네시아·멜라네시아의 원주민 사회의 민족지 자료로부터 추출한 선물의 원리와 도덕이 동아시아의 유교적 선물 담론과 놀라울 정도로 유사하다는 것은 주목할 만한 사실이다. 《선물론》에서 호혜적 의무를 선물교환의 기본 원리로 제시한 방식이 우리에게 그다지 낯설지 않고 익숙하게 느껴지는 것은 아마도 여기에서 비롯된다고 생각한다.

앞 절에서 설명한 바와 같이, 모스는 호혜적 의무를 설명할 때 선물의 이중성을 동시에 고려했다. 선물의 이중성이라는 측면을 포함할 때 선물도덕의 성격이 어떤 모습을 갖는지 이기심과 이타심의 문제에 초점을 맞추어서 살펴보도록 하자. 모스는 이기심과 이타심을 논의할 때 일반적으로 전제하는 이익(interest)의 개념 자체에 대해 성찰한다. '유용한 것의 개인적 추구'라는 의미로 고착된 이익의 개념이 서구사회에서 주도적 위치를 차지하게 된 것은 비교적 최근의 일이다(모스, 이 책: 284-286). 태고사회의 선물교환에서도 이익의 동기가 작동하지만, 그것은 경제적 이익보다는 체면, 지위, 위세와 같은 사회문화적·정치적 이익을 추구하는 것이다. 또한 개인은 자신의 이익과 사회 및 하위 집단의 이익을 동시에 고려하면서 행동한다. 따라서 유용한 것의 개인적 추구라는 현대 서구의 이익 개념을 잣대로 선물도덕이 결국에는 이기적인 것인지 아니면 이타적인 것인지 따지는 것은 부적절하다. 모스는 개인주의적 공리주의에 대해 매우 비판적이면서 동시에 자선에 대해서도 비판적이다. 자선은 그것을 받은 사람에게 마음의 상처를 입히기 때문에, "무심결에 상처를 주는 부유한 자선가의 후원을 없애는 방향으로 우리의 모든 도덕적 노력이 나아가고 있다."라고까지 주장한다(모스, 이 책: 269).[115] 모스의 선물도덕은 이기심과 이타심의 혼합물이며, 더 정확하게는 그러한 대립적 구분 자체를 문제시하는 성격을 갖고 있다.

《선물론》의 결론은 선물도덕이 현대사회의 위기를 해결하는 데 어떤 시사점을 주는지 논의한다. 모스의 주장을 한마디로 요약하면, 현대사회는 선물도덕으로 돌아가지 않으면 안 되며 이러한 혁명은 좋은 것이라고 말하지 않으면 안 된다는 것이다(모스, 이 책: 274-275). 모스가 특히 주목했던 새로운 현상은 영국, 프랑스, 독일 등에서 당시 도입되던 사회보장에 관한 법들과 상호 부조를 목적으로 한 조직의 설립이다. 국가가 제정한 사회보험법, 기업이 설립한 실업금고와 가족지원기금, 동업자나 노동자가 조직한 공제회 등이 그 사례로, 모스는 이로부터 선물이라는 주제가 "마치 오랫동안 잊혔던 중요한 선율처럼 우리에게 다시 돌아오고 있다."라고 밝힌다(모스, 이 책: 274). 노동자는 자신의 삶과 노동을 고용주뿐만 아니라 공동체를 위해 바쳤으며, 따라서 고용주가 임금 지불만으로 그들에게 진 빚을 다 갚은 것은 아니고, 공동체를 대표하는 국가도 그들에게 일정 수준의 생활을 보장해야 한다는 인식이 이러한 사회운동의 배경이 되고 있다.[116] 노동자는 단지 노동 시간의 산물을 교환하는 것이 아니라 자기 자신의 일부, 자신의 시간과 삶을 주는 것이라고 더 강렬하게 느끼고 있으며 이 선물에 대해 적절하게 보상받기를 원한다(모스, 이 책: 288-289). 또한 여론과 경제 관행 자체도 그 점을 인정하는 정도의 '사회적' 수준으로 올라서기 시작했다고 모스는 평가한다. 이러한 인식의 변화는 노동자, 자본가, 국가의 관계를 선물의 논리로 파악하려는 새로운 경향을 보여 주는 것이다. 모스는 이를 집단도덕의 부활로 평가하면서, 동시에 국가와 기업이 개인을 보살핌의 대상으로 재발견하는 양상으로 평가했다. 이와 같이 개인 권리에 대한 인식과 사회적 연대의 감정이 서로 뒤섞인 기묘한 마음 상태가 바로 선물도덕의 모습이며, 새로운 사회운동은 선물도덕의 현대적 버전이다.

모스는 현대사회의 위기가 개인주의적 공리주의, 즉 개인 이익만을 추구하는 비정한 공리적 타산의 과잉에서 비롯됐다고 보면서, 그 해결책을 선물도덕으로부터 이끌어 낸 새로운 사회윤리의 정립에서 찾는다. 그 새로운 도덕은 현실과 이상의 적절한 배합으로 이루어져야 한다. "우리 사회의 이기주의와 우리 법의 개인주의가 개인과 사회 둘 다에게 해가 되듯이, 과도한 관대함이나 공산주의도 마찬가지 결과를 초래할" 것이며, "수도승의 삶과 샤일록의 삶은 똑같이 피해야 한다"(모스, 이 책: 276). 개인 이익과 공동체 이익이 동시에 인정되고 추구되며, 호혜의 규범과 인간 감정, 그리고 평화를 존중하는 선물도덕이 새로운 사회윤리의 바탕이 된다.

선물도덕은 평화의 원리이다. "교역을 하려면 먼저 창을 내려놓아야 한다"(모스, 이 책: 297). 교환을 통해 씨족·부족·민족은 전쟁을 하지 않으면서 상호 이익을 창출하고 충족시킬 수 있는 방법을 배워 왔다. 선물을 주고 받고 되갚기를 거부하는 것은 전쟁을 선언하는 것과 다름없다. 왜냐하면 원시사회에서 우리와 타자의 관계는 친구이거나 적이며 그 중간은 없기 때문이다(모스, 이 책: 296). 호혜적 의무는 전쟁을 피하고 동맹과 연대를 통한 평화 관계를 수립하기 위해 필요한 도덕적 의무이다. 선물교환이 과장된 적대감을 수반하는 경우에도 그만큼 과장된 관대함과 뒤섞이는 방식으로 타협함으로써 평화 상태가 유지된다. 포틀래치에서 추장이 재산을 모으는 이유는 다른 사람에게 주기 위해서이며, 추장의 명예는 그의 후한 인심에 의해 평가된다. 관대함을 서로 겨루는 명예 경쟁은 북미 인디언 씨족과 부족이 서로 살육하지 않으면서 대결하는 평화적 상태를 가능하게 한다.

살린스는 《선물론》에 깔려 있는 모스의 정치철학을 홉스의 정치철학과 비교하면서, 인간 사회의 자연상태인 전쟁에서 벗어나 평화를 구축하기 위한 사회계약을 홉스가 국가에서 찾은 것에 반해 모스는 선물교환에서 찾았다고 평가했다.[117] 선물도덕은 전쟁에 대립해서 설정된 사회적 합의로서의 평화 원리이며, 원시사회의 사회계약인 것이다. 모스의 입장에 보다 충실하게 표현한다면, 선물교환은 우호감과 적대감 사이에서의 위태로운 줄타기이며, 평화는 전쟁의 그림자 속에서 이루어진다. 모스는 "서로 살육하지 않으면서 대립하는 법, 자신을 희생하지 않으면서도 다른 사람에게 주는 법"이 태고사회의 지혜가 품고 있는 영원한 비밀 가운데 하나로, 현대 문명세계는 이것을 배우지 않으면 안 된다고 지적한다(모스, 이 책: 297-298). 즉, 경쟁하고 대립하면서도 서로를 인정하고 동맹과 연대를 맺는 선물교환의 호혜적 규범이 선물도덕의 평화 원리로 작동한다.

IV. 《선물론》 이후의 선물이론

1. 출발점: 모스, 바타유, 레비스트로스

모스로부터 직접 영향을 받은 프랑스 학자 1세대에 해당하는 바타유와 레비스트로스는 《선물론》이 그들 자신의 이론을 정립해 가는 데 결정적 영감을 주었다고 분명하게 밝혔다.[118] 하지만 이들은 《선물론》을 서로 크게 다른 방식으로 독해했다. 바타유가 《선물론》으로부터 비생산적 소비 또는 소모의 개념을 끌어내 '일반경제(general economy)'라는 이론적 모델을 구성한데 반해, 레비스트로스는 《선물론》으로부터 교환의 개념을 끌어내 이를 구조주의적[119]으로 분석했다. 《선물론》에 대한 이러한 대조적인 두 해석은 이후 선물이론이 전개되는 과정에서 중요한 준거점이 된다.

바타유가 《선물론》에서 주목한 것은 포틀래치이다. 모

스가 태고사회의 선물교환에 관심을 갖게 된 계기가 포틀래치에 대한 연구였다는 점에서 바타유는 모스와 관심을 공유하지만, 포틀래치에 대한 해석에 있어서는 매우 큰 차이를 보인다. 모스가 포틀래치를 경쟁적 성격을 갖는 호혜적 선물교환의 전형적 사례로 파악한 것에 반해, 바타유는 포틀래치를 체계 내에 축적된 잉여 또는 초과 에너지를 비생산적으로 소비하거나 파괴하는 것이 필요하다는 '일반경제'의 원리를 잘 보여 주는 사례로 파악했다.[120] 바타유는 모스가 포틀래치의 호혜적 규범을 깨는 예외로 언급한 파괴적 형태의 포틀래치 사례에 특히 주목했다. 이 사례에서 포틀래치 개최자는 초대받아 온 사람들로부터 이후에 어떤 것도 되돌려 받기를 원치 않는다는 것을 보여 주기 위해 단순히 파괴하기만 한다. 고래 기름, 집, 담요들을 불태우고, 귀중품인 구리판을 깨뜨려서 바다에 던지며, 자신의 노예를 죽이기도 한다. 바타유는 포틀래치의 이러한 극단적 형태가 오히려 포틀래치의 본질, 나아가 선물의 본질을 잘 보여 준다고 해석한다. 바타유에게 포틀래치는 되갚을 수 없는 선물의 형태인데, 호혜의 규칙을 부정하는 절대적 또는 순수한 선물을 선물의 원형으로 간주한다는 점에서 모스의 입장과 대립한다.[121] 호혜성 대신 소모가 포틀래치의 본질이다. 바타유는 사치, 장례, 전쟁, 희생의례, 기념물, 스포츠, 도박, 공연, 예술 등과 같이 생산이나 생명 보존과는 상관없는 비생산적 소비의 형태를 소모라고 부른다.[122] 그는 지구 생태계와 사회체계 내에서 끊임없이 창출되고 누적되는 잉여와 초과 에너지가 체계의 흐름을 막히게 하고 곪아 터지게 하는 것을 피하기 위해서는 아무런 대가 없이 그 과잉을 소모할 필요가 있다는 '일반경제'의 원리를 제시함으로써, 부의 생산과 축적, 그리고 유용성 획득을 최상의 목표로 삼는 '제한경제(restrictive economy)'의 공리주의적 관점을 전복하고자 한다.[123] 이 점에서는 바타유가 모스의 반공리주의적 입장을 계승하고 있다.

《사회학과 인류학》(1950)에 실린 레비스트로스의 「서문」[124]은 《선물론》에 대한 최초의 이론적 분석서라고 할 수 있으며, 레비스트로스가 자신의 구조주의적 관점에서 선물에 대한 새로운 연구 방향을 제시한 글이기도 하다. 「서문」에서 레비스트로스는 《선물론》이 인간 사회의 실체를 교환이라고 보는 독창적 관점을 제시했다고 평가한다. 다양한 사회활동의 산물들(도구, 수공업품, 식료품, 주문[呪文], 장식품, 노래, 춤, 신화)은 각자 고유한 가치를 갖지만, '이전 가능성(transferable)'이라는 공통 속성을 가진다는 점을 간파했다는 것이다.[125] 그러한 '이전 가능성'을 다양한 방식으로, 그리고 전면적으로 실현하는 교환이 사회적 삶에 다름 아니며, 그런 점에서 교환은 사회의 실체라고 할 수 있다. 이 관점에서 레비스트로스는 《친족의 기본 구조》에서 혼인을 집단 사이의 여자 교환으로 규정하고,[126] 친족의 실체를 혈연관계에서 찾는 기존의 친족 이론을 비판하며 혼인 동맹을 통해 설명하는 새로운 친족 이론을 제시했다. 또한 호주 원주민의 다양한 형태의 씨족 구조를 여자 교환의 호혜적 유형(일반적 교환과 제한적 교환)[127]과 연관시켜 분석했다. 레비스트로스는 호혜성의 원리가 인간 생활의 모든 층위에서 나타나는 원형이라면서 물질의 교환, 언어(상징)의 교환, 여자의 교환이 인간 집단의 영속을 위한 사회법칙이라고 파악했다.[128]

레비스트로스는 《선물론》이 사회의 실체를 교환으로 보는 혁명적 관점을 제공했다고 높게 평가하면서도, 교환의 이유와 원리를 밝히는 설명에서는 심각한 이론적 오류에 빠졌다고 비판한다. 레비스트로스에 의하면, 모스는 교환을 "줄 의무, 받을 의무, 돌려줄 의무라는 뼈대 세 개를 감정적·신비적 접착제[하우]로 붙여 만든 복합적 체계"라고 설명하고 있다.[129] 레비스트로스는 교환을 의무라는 사회학적 개념과 하우라는 종교적 개념으로 설명하는 모스의 두 방식 모두에 대해 비판적이다. 이 개념들은 경험적 관찰의 결과에 머무르며, 경험과 의식에 의해서는 포착되지 않는 교환의 심층 구조를 밝히는 데에는 실패했기 때문이다. 특히 모스가 하우라는 개념을 도입한 것에 대해, "원주민에게 현혹된 민족학자"의 모습을 보게 된다고 신랄하게 비판한다.[130] 원주민의 토착 개념을 현상에 대한 설명으로 그대로 받아들이는 소박한 경험주의적 오류에 빠졌다는 것이다.[131]

레비스트로스가 대안으로 제시하는 구조주의적 모델은 교환을 무의식 층위에서 작동하는 상징체계의 커뮤니케이션으로 규정한다. 여기서 무의식은 인간에게 선천적으로 주어진 보편적 마음 구조인데, 프로이트가 제시한 욕망의 무의식이 아니라 구조언어학[132]이 상정하는 기호논리적 체계를 가리킨다. 즉, 구조언어학적 의미에서의 대립과 상관이라는 논리적 관계가 레비스트로스가 논의하는 상징적 사고의 체계적 특징이다.[133] 레비스트로스의 구조주의적 분석은 사물을 기호로 환원시키고, 그 기호를 상징체계 내에서의 관계적 위치를 통해 해석하는 방식이다. 레비스트로스는 교환을 사회적 기능이나 종교적 관념과 같은 외재적 개념의 개입 없이 교환 그 자체로 분석해야 한다고 주장하는데,[134] 이것은 상징체계에서의 커뮤니케이션으로 교환을 인식한다는 의미이다. 무의식 층위에서 작동하는 상징체계에서 나/우리와 타자의 관계는 차이와 대립의 관계이면서 동시에 동일의 관계이다.[135] 교환은 대립을 매개하고 통일성을 회복하는 나/우리와 타자 사이의 커뮤니케이션이다. 그런 의미에서 "교환은 상징적 사고에 즉각 주어진 통합이자 상징적 사고에 의해 주어진 통합이다".[136] 교환은 상징체계의 구조적 특성에 의해 촉발되며, 교환의 호혜적 사이클은 의무나 하우로 설명될 필요가 없는 '자동법칙'과 같은 성격을 갖는다.[137]

《선물론》에 대한 레비스트로스의 비판과 새로운 해석은 이후 등장한 연구자들 사이에 일반 견해처럼 받아들여질 정도로 막강한 영향력을 끼쳤다. 1960-1970년대에 구조주의가 학계를 풍미하고 레비스트로스의 명성이 매우 높았다는 사실이 이러한 현상의 배경이 되었다고 할 수 있다.[138] 이 장에서는 레비스트로스의 구조주의적 해석을 비판하거나 보완 또는 변형하면서 등장한 중요한 선물이론에 초점을 맞추어 자세히 살펴보기로 한다. 부르디외의 실천이론, 와이너의 '양도할 수 없는 재산'과 고들리에의 신성재 개념, 에나프의 인정 이론이 이에 해당한다. 한편 1970-1980년대에 멜라네시아를 연구하는 인류학자들이 모스의 선물이론을 마르크스 정치경제학에 접목한 '신모스주의'가 등장했는데 이에 대해서도 살펴보겠다.

2. 선물의 실천이론: 부르디외

부르디외가 선물의 실천이론을 정립하기 위하여 대결한 입장은 《선물론》에 대한 레비스트로스의 구조주의적 해석이다. 부르디외는 선물교환을 호혜성 사이클의 '자동법칙'처럼 설명할 수 있다는 레비스트로스의 해석이 근본적 한계를 갖는다고 비판한다. 그 해석은 선물교환의 행위자들이 증여와 답례를 주관적 전략에 의해 비가역적으로 실천한다는 사실을 무시하고, 관찰자(연구자)의 입장에서 선물교환이 가역적인 객관적 구조를 가진 것처럼 설명한다는 것이다.[139] 이 지점에서 부르디외가 주목하는 선물교환의 특징적 측면은 최초의 증여와 답례 사이에 반드시 필요한 시간적 지연이다. 그런데 그 지연된 시간은 구조주의자가 상정하듯이 관성적 성격의 시간이 아니라, 리듬과 지향성과 비가역성의 성격을 갖는 시간이다. 수증자는 답례의 속도를 조작함으로써 시간적 지연을 자신의 의도에 따라 전략적으로 활용한다. 답례의 지연은 수증자가 증여자에게 빚진 상태가 지속된다는 것을 의미할 수 있지만, 반대로 증여자가 수증자의 답례 의도를 알 수 없어 조바심을 갖는 상태를 초래할 수도 있다. 또한 너무 느린 답례는 증여자를 무시하는 행동으로 여겨질 수 있지만, 너무

빠른 답례도 선물관계를 맺는 것을 원하지 않는다는 행동으로 여겨질 수 있다. "행동 템포의 조작에 의해 제공되는 가능성을 활용하는 전략의 범위는 무한하다—행동을 미루고 긴장감이나 기대를 지속시키거나, 반대로 서두르고, 재촉하고, 놀라게 하며, 앞질러 행동한다."[140] 구조적으로는 주는 행위, 받는 행위, 되갚는 행위로 구별할 수 있지만, 그 행동들이 어떤 시점에 이루어지느냐에 따라 완전히 다른 의미를 가질 수 있다. 부르디외에 의하면, 선물교환은 이와 같이 오직 시간을 통해서만 작동하는데, 구조주의 이론은 호혜적 교환의 기계적 법칙이라는 무시간적 모델로 선물교환을 설명하는 오류를 범하고 있다.

선물교환에서 행위자들의 일련의 행동은 선행하는 행동에 대한 연쇄 반응으로 이루어지며, 그런 점에서 변증법적이며 비가역적인 과정이다.[141] "최초의 행동은 어떤 경우에서든, 그것이 촉발한 반응에 의해 그 의미를 얻는다."[142] 마찬가지로, 그 반응 행동의 의미 역시 최초의 행위자가 그 반응에 어떻게 대응하느냐에 따라 결정된다. 행위자들이 선물교환을 실제로 경험하는 이런 측면에 착안해, 부르디외는 구조주의의 기계적 법칙을 대체하는 '생성적(generative)' 원리를 호혜적 교환의 실천 논리로 제시했다. 선물교환에서 "일련의 행동은 외부에서 보기에,

그리고 그 행동이 완료되었을 때에는 호혜성의 사이클로 나타나지만, 그 과정에서 끊임없는 창조를 전제하며, 어떤 단계에서든 중단될 수 있다".[143]

선물의 실천이론을 구성하는 또 다른 중요한 개념 축은 아비투스(habitus)이다. 아비투스는 '체화된 집단적 취향'으로 감각과 감성에 기초한 지각 및 평가 체계로 작동한다. 부르디외의 실천이론이 행위자의 선택과 전략을 강조하지만, 합리적 행위자 이론에서처럼 개인의 합리적 선택을 핵심 원리로 채택하지 않고, 집단적 실천 감각으로서의 아비투스가 행위자의 선택과 전략을 결정한다는 입장을 취한다. 알제리의 아랍 농촌인 카빌리아(Kabylia)에서의 현지조사를 토대로 선물의 실천이론을 구상했던 부르디외는 이 사회에서의 '명예 감각'을 아비투스로 파악하고, 명예 감각이 선물교환에서의 일련의 행동을 인지하고 판단하고 창출하는 동력으로 작동하는 양상을 분석했다.[144] 이 사회의 명예 감각의 기본 원리는 명예의 동등성이다. 선물교환은 명예 교환의 게임으로, 같은 수준의 명예를 가진 사람들 사이에서 이루어져야 한다. 이 명예 게임에서 최초의 선물은 상대편의 명예에 대한 도전이며, 답례는 그 도전에 대한 응수이다. 이러한 도전과 응수의 연속적 수행에 의해 각자의 명예는 인정되고 조정된다. 반면,

명예의 수준이 명백하게 다른 사람들 사이에 선물이 행해지면, 그 행동은 오히려 불명예를 초래한다. 상급자에 대한 도전은 거부를 초래할 위험이 있고, 그 결과 도전자에게 불명예를 가져올 수 있다. 또한 하급자에게 도전하거나 그의 도전을 받아들이면, 상급자가 스스로를 불명예스럽게 만드는 것이 된다.[145]

아비투스로서 명예 감각은 어린 시절의 사회화 과정에 의해 배양되며, 집단으로부터 끊임없이 요구되고 강화되며 신체의 몸짓에 각인된다. 이러한 실천 감각은 계산이나 추론을 할 필요 없이 상황의 의미를 즉각적으로 이해하는 것을 가능하게 하며, 현실의 불확실하고 애매한 상황에 즉각적으로 반응할 수 있도록 한다. 그런 점에서, 부르디외의 선물의 실천이론은 실천 감각으로서의 아비투스와 호혜적 교환의 '생성적' 원리가 결합한 방식으로 구성된다고 할 수 있다.

선물교환의 행위자들은 선물교환의 객관적 진실, 즉 호혜적 의무의 법칙을 모르는 것처럼 또는 그것을 감추려는 것처럼 전략적으로 행동한다. 부르디외는 이를 '집단적 오인(collective misrecognition)'이라고 명명하며, 그것을 선물교환의 토대로 파악하고 있다. 집단적 오인은 호혜의 의무적 관계를 호혜의 선택적 관계로 바꾸고, 선물교환을 의무적 행위의 기계적 연속이 아니고 즉흥적인 일상 전략의 실천으로 경험하도록 만드는 조건이다.[146] 선물을 자발적이고 관대한 행위로 보이려는 자기기만과 집단적 기만이 선물교환에 필연적으로 수반한다. 모스는 《선물론》의 서문에서 자발성과 의무, 무상(無償)과 이해타산이라는 선물의 이중적 성격을 지적하면서, 사회적 기만과 허구에 불과한 것일지라도 선물은 항상 자발적이며 아무런 대가를 바라지 않는 형식으로 이루어진다는 언급을 하고 지나갔는데, 부르디외가 이 부분을 '집단적 오인'에 대한 이론적 논의로 발전시켰다. 부르디외는 집단적 오인을 위와 같은 의미에서뿐만 아니라, 경제적·정치적 지배와 예속의 객관적 진실을 은폐하는 의미로도 사용한다. 선물관계라는 수사학을 통해 경제 자본을 상징 자본으로, 경제적 지배를 온정주의와 같은 인격적 의존관계로 전환시키는 것이 이에 해당한다.[147] 이러한 상징적 연금술은 완곡어법과 미화를 통해 상징 자본을 창출하고, 그 자본이 상징적 권력의 효과를 발휘하게 해준다.[148]

부르디외는 집단적 오인을 선물교환 실천의 조건이라고 주장하는데, 그 견해가 선물교환에 일반적으로 적용될 수 있을지는 의문스럽다. 선물의 호혜적 의무를 감추어져야 할 사실이 아니라 오히려 명시적 규범으로 인식하는 사회들이 존재하며, 자신의 증여를 자발적이고 관대한 행위라고 스스로 표명하는 것을 억제하는 사회도 존재하기 때문이다. 《선물론》에서 다루어진 원시사회의 선물교환 사례들은 줄 의무와 되갚을 의무가 법적·종교적 관념에 의해 공식 담론으로 표상되고 있음을 보여 준다. 필리핀의 우땅 나 로옵 관계에서 상호 부조는 명시적 규범으로 인식되며, 도움의 요청이 없는데 도와주기를 자청하고 나서는 것은 상대편에게 수치심을 느끼게 하는 교만한 행위로 간주된다. 유교적 전통에서도 호혜를 숭상하고 지키는 것을 예와 의리라는 핵심적인 도덕규범을 실천하는 행위로 규정한다. 이러한 사례들은 선물을 자발적이고 관대한 행위로 보이려는 자기기만과 집단적 기만이 선물교환에 필연적으로 수반한다는 부르디외의 주장을 일반적으로 적용하기가 어렵다는 점을 보여 준다.

부르디외가 선물의 실천이론을 구성하기 위해 중요하게 활용한 시간적 지연과 명예 감각은 모스가 포틀래치 분석을 위해 동원한 신용 관념과 명예 관념의 연장선에 있다고 할 수 있다. 모스는 증여와 답례 사이에 반드시 필요한 시간적 지연을 신용 관념으로 분석했는데, 부르디외는 이 측면을 행동의 속도를 조작하는 개인 전략의 차원에서 분석했다. 또한 모스가 포틀래치를 명예가 걸려 있는 경쟁적 선물교환으로 분석한 논지를 이어받으면서, 부르디외는 명예 감각의 논의를 통해 아비투스가 도전과 응수라는 선물교환의 경쟁적 과정을 생성하는 실천 논리라는 새로운 해석을 제시했다. 그런 점에서 부르디외의 실천이론은 모스의 선물이론을 발전적으로 계승한 측면이 강하다. 하지만 부르디외의 실천이론에 물건의 영적 힘에 대한 모스의 논의는 전혀 반영되어 있지 않다는 점에서, 《선물론》에 대한 레비스트로스 비판의 핵심을 이어받았다고 할 수 있다. 또한 부르디외는 선물교환의 성격을 레비스트로스와 마찬가지로 기본적으로 상징적 커뮤니케이션이라고 파악하고, 상징적 의미를 분석하는 데 초점을 맞춘다. 부르디외의 실천이론이 레비스트로스의 구조주의적 객관주의와의 대결을 통해 정립되었지만, 이러한 점에서 선물교환에 대한 후자의 해석을 중요한 측면에서 계승한다고 평가할 수 있다.

3. 양도할 수 없는 재산과 신성재: 와이너와 고들리에

모스는 물건의 영적 힘에 대해 논하면서 사모아섬의 통

가, 마오리족의 타옹가, 북서부 아메리카 인디언의 가족 귀중품, 로마법에서의 파밀리아와 같은 용어는 일상적 재화와 구별되는 특별한 재화의 범주를 지칭하며, 이 범주에 속하는 재화들은 공통적으로 특정 가족, 씨족, 사람에게 부착되어 있다는 속성을 가진다고 지적했다. 와이너는 이 논의를 이어받아, 이러한 재화들은 원소유주와 분리될 수 없다는 의미에서 '양도할 수 없는 재산(inalienable wealth)'이라고 명명했다. 양도할 수 없음의 가장 중요한 가치로 와이너가 주목한 측면은 이 재화들이 원소유주의 역사적 정체성을 표현한다는 것이다. "이 물건들은 과거의 시간을 현재로 끌어들이는 매개체로 작동함으로써, 조상의 역사, 칭호 또는 신화적 사건들이 개인의 현재적 정체성을 구성하는 내밀한 부분이 되도록 한다."[149] 이러한 물건들의 상실은 과거의 파괴이며 궁극적으로 미래를 쇠약하게 만드는 것으로, 집단 정체성의 약화를 초래한다.

양도할 수 없는 재산은 또한 신성한 성질을 지닌다. 마오리족의 타옹가에 해당하는 아마실로 짠 외투와 연옥으로 만든 장식물과 무기는 출생, 죽음, 조상과 긴밀하게 연관된다. 아마실은 조상 혼을 실체화한 물질로서, 출산 의례에서 아이를 아마실로 짠 천 위에 눕혀 생명과 활력을 부여하며, 추장의 외투는 엄중한 터부의 대상으로 아무나 만질 수 없고, 죽은 추장의 몸을 재매장할 때 뼈를 그가 입던 외투로 감싸서 조상의 땅에 안치한다.[150] 귀중한 연옥 장식물과 무기는 개별 이름을 갖고 있으며, 아이의 이름을 짓는 의례, 아이의 귀를 뚫는 의례, 결혼식과 장례식에서 선물로 준다. 특히 연옥 도끼는 추장과 부족을 상징하는 신성한 물건이다. 1856년에 마오리족의 한 추장이 유럽인에게 토지를 매도했던 사건에 대한 기록은 연옥 도끼에 대한 마오리족의 태도를 잘 보여 준다.

> 백인 토지매입 감독관의 발아래 땅에다 연옥 도끼를 처박으면서 추장이 말하기를 "이제 우리가 이 토지를 영원히 바다로 내보내면서, 패훼누아(Paewhenua)라 불리는 이 도끼를 당신에게 넘겨준다. 우리의 가장 위대한 두 추장을 죽이는 데 적들이 사용했던 이 도끼를 전쟁을 통해 다시 획득한 이후 우리는 이 도끼를 항상 무척 자랑스럽게 생각해 왔다. 돈은 소멸하고 사라지지만, 이 연옥 도끼는 우리가 지금 맺는 이 행위의 영원한 목격자로 남을 것이다.[151]

양도할 수 없는 재산 중 가장 신성한 것은 결코 다른 집단으로 순환되어서는 안 되며, 영구적으로 집단 내에 보존되어야 한다. 왕관, 교회 성물, 국보, 호주 원주민의 츄링가,[152] 북서부 아메리카 인디언의 은밀한 상자에 보관된 구리판[153]과 같은 신성한 재화들은 절대로 교환될 수 없는 물건으로 인식되며, 때로 비밀스러운 장소에 보관해 타자에게 노출하는 것 자체가 금지되기도 한다. 한편, 이 물건들은 다른 집단이 끊임없이 강탈하려는 위험에 처해 있으며, 이를 지키거나 되찾기 위해서는 많은 노력과 시간이 필요하다. 강탈과 보존을 둘러싼 역사 자체가 그 물건의 가치를 구성하며, 집단의 역사적 정체성의 일부가 된다.

양도할 수 없는 재산의 일부는 사회적 관계를 확장하기 위해 타인에게 선물로 주기도 한다. 이 경우 일정한 시간이 지나거나, 혼인이나 장례와 같이 특별한 사건이 있을 때, 그 물건 자체 또는 그 물건을 대체할 수 있는 다른 물건이 원래의 소유주에게 되돌아와야 한다. 이러한 반환은 양도할 수 없는 재산을 주면서도 동시에 보존하는 것을 가능하게 한다. 이 측면에 착안해 와이너는 선물교환의 원리를 '주면서 보존하기(keeping-while-giving)'로 규정했다.[154] 이 제안은 선물교환을 해석하는 관점에 근본적 변화가 필요하다는 점을 시사한다. 즉, 선물교환을 '주고받고 되갚는' 호혜의 규범으로 설명하는 기존 방식에서

벗어나, 사회적 재생산의 관점에서 선물교환을 파악해야 한다고 제안하고 있는 것이다.[155]

와이너에 의하면, 어떤 사회든 존속하기 위해서는 사람, 사회적 관계, 조상, 그리고 토지·물건·이름·신체 장식과 같은 자원을 포함하는 가치 요소들이 재생산되고 재생되어야 한다. 양도할 수 없는 재산의 선물교환은 이러한 사회적 재생산 과정의 일부이며, 그런 측면에서 설명되어야 한다. 예를 들어, 모계사회인 트로브리안드섬에서 아버지가 자녀들이 이용할 수 있도록 증여한 토지는 그 아버지의 장례식 때 아버지의 모계 친족 집단인 '달라(dala)'에게 되돌아가야 한다. 그 토지는 원래 아버지의 달라 재산인데 일시적으로 달라 바깥으로 순환된 것이기 때문이다. 와이너는 이 사례를 증여와 답례라는 호혜적 선물교환이 아니라 '주면서 보존하기'의 선물교환으로 파악하며, 양도할 수 없는 재산인 토지의 증여와 반환은 달라가 그 외부로 사회적 관계를 확장하면서 동시에 그 자신을 재생산하고 재생해야 한다는 필요에 부응하는 메커니즘이라고 해석한다. 장례식은 망자에 의해 순환되었던 달라의 재산—토지, 야자수, 조개 장식품, 개인 이름—을 다시 달라로 복원하는 중요한 재생 메커니즘이다.[156]

와이너는 보존, 증여, 반환을 사람들이 사회적 교환의

역학을 가동시키는 데 동원하는 세 가지 근본적 과정으로 파악하면서, 그중 보존이 개인 또는 집단의 정체성을 불멸의 상징으로 응축하고 있는 재화를 확보하는 수단으로서 가장 중요하다고 보았다.[157] 하지만 보존하려는 욕구와 사회적 유대를 확장하기 위한 순환의 필요가 사회적 삶에 수반하는 근본적으로 모순적인 상황이며, 양도할 수 없는 재산의 선물교환은 이러한 모순을 해결하는 유력한 방식이라고 평가했다.

레비스트로스가 하우를 아무런 상징적 가치도 갖지 않는 '떠다니는 기표'[158]라고 해석한 것과 대조적으로, 와이너는 하우 또는 물건의 영적 힘을 역사적 정체성과 연관시켜 사람과 물건의 분리될 수 없는 관계를 매개하는 중요한 요소로 인식하고, 물건의 영적 힘이 담긴 특별한 재산을 '양도할 수 없는 재산'이라는 개념으로 규정했다. 또한《선물론》에 대한 이후의 많은 논의에서 선물의 호혜성이 특히 주목을 받아온 것에 반해, 와이너는 '양도할 수 없는 재산'과 '주면서 보존하기' 개념을 통해 보존과 순환이 동시에 요구되는 사회적 재생산 과정의 일부로 선물교환을 파악하는 새로운 관점을 제시했다.

레비스트로스의 제자였던 고들리에는 와이너의 이러한 관점을 이어받아 '신성재(sacra)'라는 개념을 중심으로 사회적 재생산 과정을 이론적으로 새롭게 구성했다.[159] 신성재는 원소유주와 분리될 수 없다는 의미에서의 '양도할 수 없음'을 넘어서서, 결코 증여도 교환도 할 수 없으며 절대적으로 보존해야만 하는 재화를 가리킨다. 고들리에는 신성재를 사물과 사회의 기원과 관련해 상상된 재화로 규정한다. 신성재는 신, 자연의 정령, 조상의 영혼과 같은 신성한 상상적 존재가 인간에게 준 원초적 선물이며, 상상적 존재와 인간이 맺는 의존, 부채, 은혜 관계의 기호이자 증거이다.[160] 신성재는 교환에서 벗어나 있지만 동시에 교환을 가능하게 해주는 중심점이자 고정점이다. 마치 은행 금고에 금이 쌓여 있다고 상상해야만, 화폐를 교환수단으로 삼아 상품의 매매와 유통이 가능해질 수 있는 것과 마찬가지의 논리이다.[161] 고들리에는 교환 그 자체를 사회의 실체로 간주하는 레비스트로스의 교환 이론을 반박하며, 오히려 교환되지 않는 신성재의 보존이 사회적 재생산 과정의 토대가 된다고 주장한다. 또한 레비스트로스가 교환을 상징적 커뮤니케이션으로 규정하고 사회의 실체에서 상징적인 것이 지배적이라고 주장한 것에 반해, 고들리에는 상상적인 것으로서의 신성재가 모든 교환의 토대가 된다는 점에서 상상적인 것이 상징적인 것보다 우월하다고 주장한다.[162]

고들리에는 이러한 해석으로부터 한 걸음 더 나아가, 신성재의 사회적 의미를 마르크스의 물신 개념으로 파악한다. "뒤르켐과 같이 단순히 사회가 신성한 것의 원천이라고 말할 수는 없다. 신성한 것이 집합적·개인적 의식으로부터 사회적 관계의 무엇인가를, 사회에서 본질적인 무엇인가를 감추며, 이를 통해 사회적인 것을 왜곡시키고 사회를 그 자체로 불투명하게 만든다는 점이 밝혀져야 한다."[163]

사회의 기원과 관련해서 신성재가 은폐하고 억압하는 가장 중요한 두 영역은 섹슈얼리티와 권력이다. 신성재는 성적 불평등, 계급과 카스트를 상상적 존재(신, 정령, 조상)가 창조한 것처럼 보이게 하는 물신성을 갖는다. 따라서 그 사회적 관계는 불변의 신성함을 부여받고 신성화되며, 실제 인간의 행위성은 사라지고 소외된다. 고들리에에 의하면, 사회과학의 임무는 신성재의 물신성과 집단적 기만을 폭로하고, "인간이 생산한 모든 것, 인간의 실천, 그리고 인간의 사고·심리로부터 생겨난 모든 것을 인간에게 되돌려주는" 비판 기능을 수행하는 것이다.[164] 고들리에가 제안한 비판적 사회과학은 '세계의 탈주술화'를 지향한다는 점에서 인간중심적인 근대적 계몽(합리주의)의 기획과 높은 친화성을 갖는다. 사물(자연)과 영혼을 이분법적으로 구분하지 않는 주술적·애니미즘적 사고를 합리주의 관점에서 비판하는 것에 대해 반기를 드는 모스의 입장과는 이러한 점에서 뚜렷한 차이를 보인다.

4. 신모스주의: 그레고리와 스트래선

1970-1980년대에 멜라네시아를 연구하던 인류학자들을 중심으로 마르크스 정치경제학과 모스의 선물이론, 보다 정확하게는 모스-레비스트로스의 이론을 통합하는 이론적 작업이 활발하게 진행되었는데 이 경향을 '신모스주의'라고 부른다.[165] 이러한 이론적 경향을 주도한 그레고리는 마르크스의 상품 개념과 모스의 선물 개념을 접합하여, 다음과 같은 이분법적 모델을 제시했다. "상품교환은 상호 독립적 상태에 있는 사람들 사이에 '양도할 수 있는 대상(alienable object)'을 교환하는 것이며, 이 교환에 의해 교환된 대상 사이에 양적인 관계를 수립한다. (…) 선물교환은 상호 의존적 상태에 있는 사람들 사이에 '양도할 수 없는 대상(inalienable object)'을 교환하는 것이며, 이 교환에 의해 거래 당사자 사이에 질적인 관계가 수립된다."[166] 이 정의에서 상품교환과 선물교환의 차이는 1) 교환 주체

사이의 사회적 관계라는 측면에서 상호 독립적 관계(낯선 자 또는 이방인)와 상호 의존적 관계(가족·친족 관계와 공동체 관계)로 대조되며, 2) 교환되는 대상의 성격이라는 측면에서 양도할 수 있는 대상(대상과 소유주의 분리와 소유권의 이전)과 양도할 수 없는 대상(대상과 소유주의 결합과 소유권의 지속)으로 대조되며, 3) 교환의 효과라는 측면에서 교환된 대상 사이에 양적 관계(교환가치 또는 가격의 관계)의 수립과 거래 당사자 사이에 질적 관계(인격적 또는 사회적 관계)의 수립으로 대조된다.

또한 상품교환에서는 사물화(objectification) 과정이 지배적이고, 선물교환에서는 의인화(personification) 과정이 지배적이라는 차이가 위에서 언급한 이원적 대립을 야기한다.[167] 상품교환의 사물화 과정에서 물건과 사람은 사물의 사회적 형태를 취하게 되며, 선물교환의 의인화 과정에서 물건과 사람은 사람의 사회적 형태를 취하게 된다. 그 결과 상품교환은 교환된 물건 사이의 객관적인 양적 관계를 수립하고, 선물교환은 교환 주체 사이의 인격적인 질적 관계를 수립한다. 사물화 과정은 마르크스의 상품 물신성에 대한 논의, 즉 상품 형태가 인간 노동의 사회적 성격을 노동생산물 자체의 물적 성격으로 보이게 하며, 생산자들의 사회적 관계를 물건들의 객관적(양적) 관계로 보이게 한다는 논의에 부합한다.[168] 의인화 과정은 모스의 물건의 영적 힘에 대한 논의, 즉 선물은 증여자 영혼의 일부이고 살아 있는 물건이며, 그 교환을 통해 증여자와 수증자 사이에 영적 유대가 형성된다는 논의에 부합한다. 사물화된 물건과 사람(또는 노동)은 소유의 객체로만 존재하기 때문에 그 소유권을 타자에게 이전할 수 있다는 점에서 '양도할 수 있는 대상'이며, 의인화된 물건과 사람은 소유 주체와 객체를 분리할 수 없는 결합의 상태로 존재하기 때문에 그 소유권을 타자에게 이전할 수 없다는 점에서 '양도할 수 없는 대상'이다.

그레고리는 마르크스가 《자본론》에서 제시한 상품 개념과 모스가 《선물론》에서 제시한 선물 개념을 종합해서 교환의 이분법적 모델[상품교환 vs. 선물교환]을 구성했음을 밝히고 있는데,[169] 양자의 종합이 이질적 개념의 단순한 병립이 아니라 이원적 대립의 논리적 관계를 구성한다고 주장한다. 이러한 주장의 근거는 마르크스의 상품교환 명제를 역으로 추론한 비상품교환의 속성이 모스가 제시한 선물교환의 속성과 정확히 일치한다는 것이다. 이러한 판단 아래 그레고리는 마르크스적 의미에서의 상품교환과 비상품교환의 논리적 대립을 상품교환과 선물교환의 논리적 대립으로 치환한다. 이러한 치환은 모스의 선물이론을 정치경제학적 관점에서 새롭게 해석할 수 있는 가능성을 열어준다고 긍정적으로 평가할 수 있는 측면과 더불어, 선물교환을 상품교환의 전도된 모습 또는 거울상으로 단순화시키는 왜곡을 초래한다고 비판받을 수 있는 측면도 갖는다.[170]

그레고리는 교환의 측면에서는 모스의 선물이론을 활용하고, 재생산의 측면에서는 레비스트로스의 혼인 이론을 활용한다. 재생산은 물건과 사람의 '자기 재생(self-replacement)'에 필요한 조건을 가리키는데, 상품교환 관계의 재생산에서는 물건의 생산 또는 '생산적 소비'가 지배적인 데 반해 선물교환 관계의 재생산에서는 사람의 생산 또는 '소비적 생산'이 지배적이다.[171] 이러한 이분법적 구도에서, 그레고리는 사회적이고 생물학적인 재생산 과정에서 사람들 사이의 관계를 규제하는 혼인 규칙이 선물경제의 '자기 재생' 과정에서 핵심적인 위치를 차지한다고 파악하고, 이의 분석을 위해 레비스트로스의 혼인 이론을 도입한다. 레비스트로스가 제시한 집단 간 여자 교환의 호혜적 형태(일반적 교환과 제한적 교환)를 선물경제가 지배적인 씨족 사회의 재생산 유형의 모델(일반적 재생산, 제한적 재생산, 지연된 재생산)을 구성하는 데 활용했다.[172]

그레고리의 명료한 이분법적 모델은 인류학자들 사이

에 활발한 논의를 촉발했는데, 한편에서는 그의 모델을 수용해서 이를 현실 분석에 적용하거나 이론적으로 심화시키는 작업이 진행되었으며, 다른 한편에서는 그의 모델이 상품교환과 선물교환 사이의 차이를 과장하고 있다고 비판했으며, 이분법적 모델의 해체가 필요하다는 주장도 제기되었다. 아파두라이는 상품과 선물에 대한 과도한 이원론적 인식이 현실의 다양성을 인위적으로 단순화하는 결과를 초래하기 때문에 그 구분을 폐기하고 새로운 접근방식이 필요하다고 주장했다. 그가 제안한 새로운 방식은 상품(commodity)을 '교환가능한 상태에 있는 재화'로 정의하고, 재화의 교환가능성을 규제하는 다양한 문화적 규범과 상황적 적용, 즉 '가치 체제(regimes of value)'[173]에 대한 분석으로 연구 초점을 옮겨야 한다는 것이다.[174] 아파두라이의 상품 정의는 교환가능성이라는 공통 속성에 의해 기존의 상품과 선물을 모두 포함하며, 그가 제시한 새로운 접근방식에서 상품교환과 선물교환 사이의 '마법 같은' 구별을 찾는 작업은 쓸모없는 일에 불과한 것이 된다.

이러한 비판에 대해 그레고리는 아파두라이의 상품 정의가 상품과 재화를 암묵적으로 동일시하며, 상품 형태의 보편성을 단언함으로써 정치경제학적 의미에서 상품이 갖는 역사적 특수성을 부정한다고 반박한다.[175] 그레고리리의 반박은 자신의 이분법적 모델을 신고전경제학의 재화 개념에 대한 비판적 대안으로 제시했던 논리의 연장선에 있다. 신고전경제학자들은 정치경제학의 상품이란 용어를 재화(goods)라는 용어로 대체했는데, 재화는 유용한 물건을 지칭하는 보편적 범주로 이 개념에 기초한 경제학 분석은 효용성과 개인의 선택에 대한 주관적 분석에 초점을 맞추게 되었다.[176] 당시 경제학계를 주도하던 신고전경제학 이론에 대해 매우 비판적이었던 그레고리에게 역사적으로 특정한 범주로서 상품과 선물이라는 개념을 채택하는 것은, 경제 체계의 재생산 구조를 객관적으로 분석하는 정치경제학적 접근방식을 변형시켜 이의 부활을 추구하는 출발점이라는 의미를 갖는다. 이런 맥락에서 볼 때, 아파두라이가 주장한 보편적 범주로서 상품 개념과 이분법적 모델의 해체는 신고전경제학 이론의 또 다른 변형으로 그레고리에게 인식되었고 강한 반발을 불러일으켰다고 할 수 있다.

상품과 선물의 구분 자체를 부정하지는 않지만, 그레고리가 제시한 상품교환과 선물교환의 속성은 양자 사이의 차이를 지나치게 과장하고 있다는 비판이 여러 학자들에 의해 제기되었다. 겔은 멜라네시아의 선물교환과 물물교환의 사례를 통해, 선물교환에서도 물건에 대한 권한

이 증여자로부터 수증자에게 양도되며, 물물교환에서도 거래 당사자 사이에 지속적인 유대가 형성된다고 지적했다.[177] 즉, 양도할 수 있는 물건의 선물교환과 상호 의존적 관계의 상품교환이 존재한다는 것이다. 겔의 이러한 지적은 다른 사회에서도 발견할 수 있다. 예를 들어 인도 사회에서 선물에 대한 증여자의 소유권적 권리는 수증자에게 절대적 의미에서 양도되며,[178] 중국 사회는 상업적 거래에서도 꽌시라는 지속적인 유대 관계의 형성이 중요하다. 또한 현대사회에서 시장에서 구매한 상품이나 화폐, 즉 양도할 수 있는 물건을 선물로 주는 관행이 일반적이며, 상품의 판매자와 구매자 또는 서비스 제공자와 고객 사이에 신뢰와 유대의 관계를 형성하는 것이 중요하게 여겨지고 있다. 따라서 그레고리가 제시한 상품교환과 선물교환의 대립적 속성은 양자 간의 차이를 과장하고 현실과 괴리된다고 비판받을 수 있다.

이러한 비판에 대해 그레고리가 제기한 반론의 핵심은 자신의 이분법적 모델은 논리적 개념화인데 이를 민족지적 분류로 혼돈하고 있다는 것이다.[179] 즉 자신은 이원적 대립의 논리적 개념이 현실의 복잡성을 이해하는 데 필요한 수단이 될 수 있다고 제안한 것인데, 그것을 마치 복잡한 현실을 이분법적 모델로 환원시킬 수 있다고 주장한 것으로 오해하고 있다는 것이다. 그레고리의 《선물과 상품》(1982) 1부는 이분법적 모델을 이론적으로 구성하고, 2부는 이 모델에 기초해 식민 시기 파푸아 뉴기니 경제의 역사적 변화를 분석하는데, 그 변화를 크게 선물의 상품화 과정과 상품의 선물화 과정이라는 두 현상으로 범주화해서 설명했다. 그레고리는 현실 경제에서 상품교환과 선물교환의 동시대성(coeval)에 주목하고, 양자 간의 복잡한 상호작용과 그로 인한 대체, 혼합, 변형 과정을 탐구하는 것이 역사적 변화의 본질을 파악하는 데 적합한 접근방식이 될 수 있다는 관점을 갖는다. 2부에서 선물경제와 상품경제가 상호 독립적으로 공존한다고 상정하지 않고, 선물의 상품화 과정[180]과 상품의 선물화 과정[181]에 분석의 초점을 맞춘 것은 이러한 관점을 반영한 것이라고 할 수 있다. 이와 같이 혼성화 과정에 주목하지만, 그 과정을 이해하기 위해서는 선물과 상품을 구분하는 논리·역사적 개념이 필요하다는 것이 그레고리의 입장이다.

캐리어는 그레고리가 식민 시기 파푸아 뉴기니 사회를 대상으로 시도했던 연구방법을 18세기 이후의 영국과 미국 사회를 분석하는 데 적용했다.[182] 이 시기 서구 자본주의의 발전 과정을 상품교환과 선물교환의 이분법적 모델을 통해 분석한 것이다. 한편으로는 생산관계와 소매업에서 상품화가 진행되는 과정을 분석하고, 다른 한편으로는 선물관계가 지속되거나 오히려 활성화되는 현상을 쇼핑, 상품 카탈로그, 기부, 크리스마스 선물 사례를 통해 분석했다. 이 연구는 현대 서구사회에서도 상품관계와 선물관계가 동시대적으로 공존하며 상호작용하고 있음을 실증적 분석을 통해 밝힘으로써, 그레고리의 모델이 비서구사회는 선물교환, 서구사회는 상품교환이라는 식의 이분법적 사회분류로 귀결되지 않는다는 점을 분명하게 보여 주었다.

한편 '멜라네시아 신민족지학'으로 불리는 연구 분야의 최고봉으로 꼽히는 메릴린 스트래선 역시 그레고리의 이분법적 모델을 수용해 그것을 이론적으로 변형하고 심화시키는 작업을 수행했다. 스트래선이 그레고리의 모델에서 특히 주목한 것은 상품경제의 사물화 과정과 선물경제의 의인화 과정을 대조한 지점으로, 멜라네시아의 민족지 자료를 활용해 의인화 과정에 대한 새로운 해석을 제시했다. 스트래선에 의하면, 선물경제의 의인화는 '매개된 교환'과 '매개되지 않은 교환'[183]이라는 두 가지 형태로 실현된다. 매개된 교환은 의례적 선물교환에서처럼 물건이 교환을 매개하는 방식인데, 여기서 물건은 증여자 정체성의 일부를 상징하면서 증여자로부터 분리되어 사람들 사이에 순환하며 그들의 관계를 매개한다.[184] 즉 매개된 교환에서의 의인화는 분리와 교환의 과정으로 구성된다. 와이너와 그레고리의 '양도할 수 없는 재화'의 개념에서 물건과 사람 사이의 분리될 수 없는 결합 관계가 강조됐다면, 스트래선은 선물교환에서 물건이 증여자로부터 분리되는 과정이 교환의 전제가 된다고 주장한다. 그러한 주장의 근거는 멜라네시아에서 사람의 개념이 복수의 사회관계의 산물로서 '다중적 인간(multiple person)'이며, 다른 사람과의 관계에서 그 일부를 처분할 수 있는 '분할가능한(partible)' 존재라는 데 있다.[185] 즉 멜리네시아에서 개인은 서구적 의미에서의 'in-dividual'이 아니라 'dividual'이다. 이러한 사람의 개념을 전제할 때, 선물교환에서 물건을 매개로 증여자 정체성의 일부를 분리해 다른 사람에게 이전하고, 수증자는 그것을 자신의 정체성에 흡수하고 덧붙이는 과정이 실행된다는 해석이 가능해진다. 이런 방식으로 선물교환에서의 의인화 과정과 사회관계의 매개와 창출을 설명하는 것이 스트래선의 새로운 해석이다.

한편 물건이 증여자 정체성의 일부를 상징한다는 것은, 증여자 정체성을 구성하는 다양한 사회관계에서 그 일부의 관계만을 가시적으로 만들고 다른 관계는 비가시적으로 만드는 효과를 초래한다. 예를 들어, 뉴기니의 모카

(Moka) 교환[186]에서 가장 중요한 재화인 돼지는 남편과 부인의 공동 노동의 산물인데, 그것이 선물로 주어질 때는 남편 정체성의 일부로서 분리되고 순환한다. 모카 교환의 파트너 관계에서 부부관계(양성관계)는 비가시적이 되고 남성과 남성 사이의 명예 관계(동성관계)로 대체된다. 즉 돼지는 어떤 관계는 은폐하고 어떤 관계는 가시적이고 지배적으로 만드는 방식으로 의인화되어 선물교환에 들어선다.[187] 《선물의 젠더》라는 책 제목이 보여 주듯이, 스트래선은 이러한 양상을 통해 선물교환과 젠더(양성관계와 동성관계의 복제와 대체)의 상관성을 밝히는 이론적 작업에 주력했다.

5. 인정 이론: 에나프

모스가 선물교환의 기본 구조를 호혜적 의무로 설명했던 것에 반해, 에나프는 상호 인정 개념을 통해 《선물론》에 대한 새로운 해석을 제시했다고 평가받는다. 에나프에 의하면 '의례적 선물'은 사회적 유대를 창출하거나 강화하기 위해 선물이라는 상징적 매개물을 교대로 제공함으로써 상대방을 공적으로 상호 인정하는 행위이다.[188] 《선물론》에서도 선물교환을 인정 행위로 해석하는 부분이 명백히 존재한다. 특히 포틀래치와 관련해 호혜적 의무를 명예 관념과 연결시켜 설명한 부분에서 이를 확인할 수 있다. "포틀래치는 군사적·법적·경제적·종교적 의미에서, 그리고 그 단어가 갖는 모든 의미에서 '인정'의 근본적인 행위이다"(모스, 이 책: 234). 포틀래치를 열지 않는 추장은 자신의 체면을 잃어버리고, '썩은 얼굴'을 가졌다고 말해지며, 반면에 포틀래치를 여는 행위를 통해 추장의 이름은 '무거워진다'. 콰키우틀족이 은유적 표현으로 사용한 '얼굴'과 '이름'은 추장, 그리고 그가 대표하는 씨족·부족·조상의 명예를 상징하며, 포틀래치는 그 명예를 다른 사람들로부터 어떻게 인정받을지가 걸려 있는 사회적 이벤트이다.

그런 점에서 에나프의 인정 이론은 《선물론》에 이미 내재된 관점을 계승 발전시킨 것이라고 평가할 수도 있다. 하지만 모스가 논의하는 인정은 군사적·법적·경제적·종교적 인정, 한마디로 말해 사회적 인정인데 반해, 에나프가 논의하는 인정은 레비스트로스의 관점을 이어받아 나와 타자의 관계에 초점을 맞춘 철학적이고 존재론적 인정이라는 점에서 중요한 차이가 존재한다.[189] 에나프의 인정 이론의 핵심은 '타자의 인정'이다. 여기서 타자를 인정한다는 의미는 상대방도 자신과 마찬가지로 자유의지를 가진 자율적 존재임을 인정한다는 것이다.[190] 선물을 주는 것은 이런 의미에서 타자를 인정하고 존경하는 행위이다. 선물을 되갚는 행위도 이와 동일한 의미를 갖기 때문에, 호혜적 선물교환은 자율적 존재로서의 타자들 사이에 이루어지는 상호 인정이라고 할 수 있다. 에나프의 상호 인정을 좀 더 분명하게 표현하면, 상호적으로 행해지는 타자의 인정이라고 할 수 있다. 선물의 주체를 자율적 존재로 상정하는 에나프의 관점은 태고사회의 자아 개념에 대한 모스의 관점과 뚜렷이 대비된다. 모스에 의하면, 태고사회의 개인은 독립적이고 자율적 주체를 상정하는 근대적 자아 관념과는 달리 가족·씨족·부족에 흡수되어 있는 존재이며, 그러한 존재로서 자신에게 주어진 사회적 역할을 수행하는 '연극적 자아'이다. 따라서 모스에게 선물 행위를 통한 인정은 자율적 존재로서의 타자를 인정하는 것이 아니라, 사회적 관계로 서로 얽혀 있는 존재, 즉 관계적 자아로서 서로를 인정하고 인정받는 것이다. 선물의 주체에 대한 이러한 전제의 차이로 인해 선물의 의무와 자유에 대해서도 모스와 에나프는 다른 입장을 취한다. 모스가 선물의 의무를 강조하는 데 반해, 에나프는 개인의 자유의지와 선택을 강조한다. 다음 문장은 에나프의 입장을 축약적으로 보여 준다. "선물교환은 자유로운 존재와 연관된 의무이기 때문에 자유로운 의무이다."[191]

선물교환은 어떤 방식으로 타자를 인정하는가? 이 질문이 태고사회에서 선물교환이 갖는 의례적 성격에 에나프가 집중하는 지점이다. 에나프는 의례적 선물을 상호부조를 목적으로 유용한 재화를 교환하는 '연대적 선물'과 구별하며,[192] 의례적 선물의 특징을 상징적 가치를 갖는 재화를 교환하고 규범적으로 정해진 형식적 절차를 따르며 공적 인정의 효과를 갖는다고 정의한다.[193] 이 정의에서 상징적 재화의 교환이 핵심인데, 선물은 유용한 재화가 아니라 상징물이며, 따라서 의례적 선물교환은 상징적 상호작용으로 해석될 수 있다. 이 점에서 선물교환을 상징적 커뮤니케이션으로 규정한 레비스트로스의 입장을 이어받고 있다.

선물은 무엇을 상징하는가? 에나프에 의하면 선물은 증여자의 대체물이며, 대갚음을 서로 간에 합의한다는 약속의 징표로서 담보물이다.[194] 선물을 증여자의 대체물로 보는 관점에서, 에나프는 선물을 주는 행위를 모스의 표현을 빌려 "자기 자신의 일부를 주는" 행위로 해석한다. 따라서 의례적 선물에서 타자의 인정은 자기 자신의 일부를 주는 독특한 방식으로 이루어진다고 할 수 있다. 이 점이 타자를 인정하는 다양한 방식 중 의례적 선물이 갖는 독특함이라고 에나프는 파악한다. 자기 자신을 줌으로써 타자를 인정하는 방식은 단순히 자율적 존재로서의 타자를 인정하는 것을 넘어서서 "자신을 다른 사람의 중심으로, 또는 다른 사람을 자기의 중심으로 확장하는"[195] 과정을 수반한다. 의례적 선물에서의 상호 인정이 인격적 유대를 갖는 사회적 결속을 창출하고 강화하는 비밀이 여기에 있다. "모든 사람은 이 복합적인 유대로 짜인 연결망의 중심에 있다. (…) 이것은 사회적 유대라고 부를 수 있다."[196] 태고사회에서의 사회통합은 뒤르켐이 주장하듯이 집단적 가치 규범의 강제에 의해서가 아니라, 의례적 선물을 통해 자유로운 다수 개인의 양면적 관계가 복합적으로 얽혀 있는 연결망 전체에 의해 가능해진다는 것이 에나프가 선물의 인정 이론을 통해 제시하는 사회학적 결론이다.

자기 자신을 줌으로써 타자를 인정하는 방식은 위험하다. 선물을 받는 자에게 증여자의 자아가 노출되기 때문이다. 그 자아는 타자에 의해 거부될 수 있으며, 심지어는 수증자의 주술에 의해 증여자의 생명 자체가 위험에 처할 수도 있다. 선물교환은 자신을 타자의 공간에 두고, 자신의 공간에 타자를 받아들여야 하는 위험을 안고 있다. 그런 점에서 선물 행위는 도전이자 도박이다. 상대방에게로 향해 가는 위험을 무릅쓰는 한편, 그 대가로 상대방에게도 자신을 향해 오는 위험을 무릅쓰도록 한다는 의미에서 그러하다.[197] 이와 같이 에나프는 상호 인정을 부르디외와 마찬가지로 도전과 응수의 과정으로 해석한다. 선물교환에서의 상호 인정은 항상 불확실성과 위험에 놓여 있다. 따라서 사회적 유대는 선물교환을 통해 자동적으로 주어지는 것이 아니라 도전과 응수의 구체적 행위에 좌우된다.

에나프가 선물의 인정 이론을 제시한 《진리의 가격》은 인정의 사회사 또는 에나프의 표현에 의하면 '인정의 계보학적 에세이'라고 할 수 있다. 에나프는 의례적 선물에 의한 타자의 인정이 친족 집단으로 구성된 원시사회에서는 사회통합의 제도적 원리로 작동했지만, 도시와 상업이 발전하면서 그 기능이 약화되거나 소멸했다고 판단한다. 이러한 사회적 변화에 따라 의례적 성격의 호혜적 선물교환을 대체하며 등장한 새로운 선물의 형식이 은총이다. 은총은 아무런 대가를 요구하지 않는 일방적 방향의 관대한 선물이다. 로마 시대의 세네카가 선물의 규범적 형태로 제시한 사적인 '도덕적 선물'이나, 기독교적 박애 정신에 따라 행해지는 자선이 이에 해당한다. 여기서는 타자의 공적인 인정보다는 도움과 공감이라는 윤리적 가치가 지배적이다. 모스가 《선물론》의 논의에서 철저하게 배제했던 일방적 선물 또는 은총을 에나프는 '선물의 세계'를 구성하는 중요한 한 축으로 간주하며, 호혜적 선물교환과 은총의 관계를 사회사적 관점에서 설명하고 있다.

인정 이론의 측면에서 더 중요한 변화는 현대사회에서 법 체계가 공적 인정의 기능을 담당하게 되었다는 점이다. 현대사회에서 공적 인정은 더 이상 선물교환에 달려 있지 않고, 법에 의해 보장된다. 법 앞에서 시민공동체의 구성원들은 모두 자유롭고 평등한 존재로 인정받는다.[198] 이런 상황에서 현대사회의 선물교환은 가족의 유대, 우정, 국지적 집단의 유대와 같은 사적 영역에 국한된 관행으로 존재할 뿐이라는 것이 에나프의 진단이다. 하지만 에나프는 법에 의한 공적 인정은 내재적으로 '인정의 결핍'을 안고 있으며, 그것이 현대사회가 직면하는 본질적인 문제라고 지적한다. 왜냐하면 "누구나 자기 자신의 일부를 상대의 공간에 감히 줄 수 있는 사회 유대가 없거나, 이에 바탕을 둔 관계나 상호 인정이 부재한다면 이 세상에 공동체는 존재할 수 없기"[199] 때문이다. 선물의 인정 이론이 현대사회에 중요한 시사점을 던져 주는 것은 이 지점이다. 타인에 대한 원칙적인 인정은 법과 공적 제도들에 의해 보장받지만, 그럼에도 그 인정이 사회적 관계 속에서 또한 개인적 관계 속에서 영속적으로 창안되고 갱신되어야만 한다고 에나프는 결론적으로 제안한다.[200] 그리고 이 제안을 더 확장시켜, 에나프는 '절대적 타자', 즉 법적 공동체나 문화적 공동체 어디에도 속하지 않는 완전히 낯선 자까지도 인정하는 새로운 윤리적 태도가 필요하다고 주장한다.[201] 의례적 선물에서 타자의 인정은 언제나 국지적 성격을 갖기 때문에, 그 한계를 넘어서서 절대적 타자까지 포함시키는 변화가 요구된다는 것이다. 모스가 현대사회에서 선물도덕의 부활을 사회보장법 제정이나 조합운동에서 확인한 것과 대조적으로, 에나프는 타자의 인정이라는 선물교환의 원리를 절대적 타자에게까지 확장하는 인류 보편의 철학적 윤리 차원에서 탐색하고 있다.

V. 결론:
현대사회에서 《선물론》의 의미

지금까지 '《선물론》을 어떻게 읽을 것인가'라는 질문을 던지며 《선물론》이 어떻게 쓰였고, 거기에 담긴 핵심 개념은 무엇인지, 또한 모스의 선물이론으로부터 출발한 주요한 이론적 동향에 어떤 것이 있는지 살펴보았다. 마지막으로 이 장에서는 현대사회에서 《선물론》이 갖는 의미를 논하겠다. 이 질문은 다시 세 개의 하위 질문으로 나누어질 수 있다. 첫째, 현대사회에서 선물은 여전히 중요한가? 둘째, 모스의 선물이론이 현대적 선물을 이해하는 데 적절한 관점을 제공하는가? 셋째, 《선물론》은 현대의 대안적 사회운동과 어떤 관계를 갖는가?

첫째, 현대사회에서 선물은 여전히 중요한가? 이 질문은 현대사회에서 선물이 갖는 구조적 위상에 대한 것이다. 정치경제학 패러다임에 의하면, 현대사회는 자본주의 시장경제로의 구조적 전환으로 특징지어진다.[202] 사람들이 필요로 하는 재화와 서비스 대부분은 시장에 의해 공급되며, 선물은 그러한 기능을 거의 상실했거나 기껏해야 주변적 역할을 수행하는 데 불과하다. 즉 태고사회의 선물경제는 현대사회의 시장경제로 대체되었다. 시장경제는 선물경제를 대체할 뿐 아니라 부정한다. 선물을 매개로 한 사회관계가 시장교환에 개입하는 것은 불공정하고 부패한 행위로 인식되며, 이러한 선물은 뇌물로 간주된다. 시장과 선물은 서로 섞여서는 안 되며, 분리된 두 세계로 존재해야 한다. 현대사회에서 선물은 소멸되어 가거나 사적 영역에 남아 있는 주변적 관행이며, 공적 영역에서 철저히 배제해야 하는 통제 대상이다. 한국의 '청탁금지법'(소위 '김영란법')[203]은 선물에 대한 이러한 법적·사회적 인식을 명확하게 보여 주는 사례이다.

이에 반해 모스는 현대 유럽 사회에서도 사회생활의 상당 부분이 선물의 분위기 속에 머물러 있으며, 인간을 호모 에코노미쿠스로 규정한 것은 서구사회이지만 '다행스럽게도' 유럽인들이 냉담한 공리적 계산에서 여전히 멀리 떨어져 있다고 평가한다(모스, 이 책: 287). 또한 당시 유럽에서 전개되던 다양한 사회보장 제도의 도입을 선물도덕의 혁명적 부활이라고 평가했다. 이러한 인식을 이어받은 고붓은 현대사회에서도 선물은 어디에서나 존재하며, 사회적 삶 전체에 영향을 미치는 위치를 점하고 있다는 적극적인 주장을 펴고 있다. 선물은 사회적 유대를 창출하고 육성하는 재화와 서비스의 순환이며, 권력이나 경제적 이해로 환원될 수 없는 사회적 관계의 구현이다. 그런 점에서 선물은 태고사회나 현대사회를 불문하고 어떤 사회에서든 핵심 요소이다. 가족, 이웃, 친구, 동료와 같은 '일차적 사회성'의 영역은 선물관계를 전제하며, 기업과 국가와 같은 '이차적 사회성'의 영역도 순전히 계약적 관계에만 의존한다면 빠르게 무너질 것이다. "선물은 사회적 삶에서 어쩌다 있는 불연속적인 사건에만 영향을 미치는 것이 아니라, 사회적 삶 전체에 영향을 미친다. 오늘날에도 여전히 선물에 의해 자양분이 공급되지 않는다면, 어떤 일도 시작할 수 없으며, 그 일이 제대로 기능하고 번창할 수 없다."[204] MAUSS 그룹의 핵심 멤버인 고붓은 이기심을 인간 본성으로 간주하고 개인주의와 합리적 선택으로 인간 행위를 설명하는 공리주의가 현대사회에서 선물이 지닌 이러한 역할을 보이지 않게 만드는 연막처럼 작동하고 있다고 역설한다.[205]

칠은 이와는 또 다른 관점에서 현대사회에서 선물의 비가시성을 지적한다. 서구의 사회과학이 현대사회의 선물에 대해 거의 관심을 기울이지 않았던 이유는 남성중심적 학문에 내재된 성차별적 편견에 있다는 것이다.[206] 시장과 국가와 같은 공적 영역을 남성의 영역으로, 가족과 같은 사적 영역을 여성의 영역으로 규정하고, 선물은 사적 영역에서 주로 여성에 의해 주도되는 행위이기 때문에 사회 전체로 보아서는 그다지 중요하지 않다고 무시하는 남성중심적 편견이 현대사회의 선물에 대한 학문적 무관심을 초래한 중요한 원인이라고 지적한다. 현대사회에서 선물은 소멸해 가거나 사적 영역에 남아 있는 주변적 관행에 불과하다고 평가하는 정치경제학 패러다임을 이러한 젠더 관점에서 비판한다.

오늘날의 미국[207], 중국[208], 일본[209], 인도[210]의 선물 관행에 대한 경험적 연구들은 이들 사회의 일상적 삶에서 선물이 얼마나 중요한 비중을 차지하며, 사회적 연결망을 직조하는 데 필수 행위임을 잘 보여 준다. 미국에서 크리스마스 쇼핑은 연 소매 판매액 중 6분의 1을 차지하며[211], 크리스마스는 몇 주에 걸쳐 미국 국민 전체가 동원되고 축제가 끝날 즈음에는 많은 가구의 살림살이가 궁색해지는 "거대한 포틀래치에 다름이 없다".[212] 얀이 조사한 중국의 한 농촌 마을에서는 계층에 따라 차이가 있기는 하지만 가구 소득의 10-30%를 선물 비용으로 지출하고 있다.[213] 선물에 이렇게 높은 비용을 지출하는 이유는 선물교환을 통해 '꽌시' 네트워크를 구축하기 위해서이다. 꽌시 네트워크는 일상에서의 상호 부조뿐 아니라, 시장 상품이나 국가 자원에 개인적으로 보다 유리하게 접근하기 위한 수단으로 적극 활용된다. 꽌시를 봉건적 전통이라고 부정적으로 평가하는 사회주의 국가의 공식 담론에도 불구하고, 꽌시 네트워크를 통해 국가 재분배경제, 시장경제, 선물경제가 서로 뒤얽히는 양상이 벌어지고 있다.[214] 일본 사회에 선물 관행이 만연해 있다는 것은 잘 알려진 사실이며, 누가 누구에게 선물을 해야 하는지, 어떤 시점에 선물을 해야 하는지, 대상과 시점에 따라 어떤 종류의 선물이 적합한지, 선물은 어떻게 포장하고 어떤 예절과 언어를 갖추어 전달해야 하는지에 대한 매우 복잡한 규칙이 존재한다.[215] 결혼식·장례식뿐 아니라 자녀의 입학식·졸업식 같은 생애 주기 의례, 계절에 따른 중요한 명절, 상량식, 누군가의 집에 방문하거나 작별할 때, 국내 또는 해외 여행을 다녀왔을 때 하는 선물 등, 현대 일본인의 일상은 끊임없이 선물을 주고받는 행위로 점철되어 있다.[216] 선물은 가족, 친척, 이웃, 친구와 같은 평등한 관계에서뿐 아니라, 고용주, 상급자, 지주, 선생과 같은 위계 관계에서 높은 지위를 차지하는 사람을 향해서도 행해진다. 일본인에게 선물은 사회적 관계를 창출하고 표현하고 변화시키는 상징적 의례이다.

위에서 예시한 미국, 중국, 일본의 선물 관행은 각 사회의 역사적·문화적 배경에 따라 구체적인 양상에 차이가 있음을 보여 주지만, 공통적으로 이들 사회의 일상적 삶에서 선물은 결코 주변적 위치에 놓여 있지 않으며, 선물경제가 시장경제와 공존할 뿐 아니라 시장에서 구매한 상품의 선물 또는 현금 선물의 형태를 통해 더 활성화되는 양상을 보여 주기도 한다. 그 이유는 선물이 사회적 유대를 창출하고 표현하는 데 여전히 가장 중요한 수단이기 때문이다. 현대사회에서도 선물은 상업적 계약이나 국가-시민 관계로 환원되지 않는 사회적 관계를 구현하며, 또한 각 사회의 사회적 관계가 어떤 성격을 갖는지 들여다볼 수 있는 창문이기도 하다.

둘째, 모스의 선물이론이 현대적 선물을 이해하는 데 적절한 관점을 제공하는가? 이 질문을 좀 더 풀어서 제시하면, 모스가 《선물론》에서 집중적으로 분석한 것은 태고사회의 선물인데, 이를 통해 밝힌 선물교환의 원리와 형태가 현대사회의 선물을 설명하는 데에도 유효한가라는 것이다. 만약 태곳적 선물과 현대적 선물 사이에 근본적 차이가 존재한다면, 현대사회의 선물을 설명하기 위한 이론틀로서 모스의 선물이론이 갖는 의미는 크게 제한될 것이다.

패리는 현대적 선물이 '순수한 선물(pure gift)의 이데올로기'에 의해 규정된다는 점에서 태곳적 선물과 근본적으로 성격이 다르다고 주장한다.[217] 모스가 태곳적 선물의 기본 원리를 호혜적 의무에서 찾았던 것에 반해, 현대적 선물은 아무런 대가를 바라지 않고 자발적으로 증여하는 순수한 선물의 이념을 지향한다는 것이다. 패리에 의하면 순수하게 이해타산적인 시장교환 이데올로기의 등장과 병행해서, 이에 정확히 대립하는 순수한 선물 이데올로기가 출현했다.[218] 즉, 선물에 대한 관념이 태고사회의 호혜적 선물로부터 순수한 선물로 변화한 것은 역설적이게도 시장경제 확산의 결과라는 것이 패리의 해석이다.

박정호는 이와는 다른 관점에서 태곳적 선물과 현대적 선물 사이의 근본적 차이를 지적한다.[219] 그가 주목한 지점은 선물을 행하는 주체인 자아에 대한 관념에서 태고사회와 현대사회는 뚜렷이 구분된다는 것이다. 태고사회의 자아는 자신이 속한 집단에서 주어진 배역과 이름에 의해 규정되는 사회적 존재인데 반해, 현대사회의 자아는 사유와 행위의 자율성을 지닌 존재로서의 개인이다. 따라서 태고사회의 선물교환은 개인이 사회적 삶 속에서 맡은 배역을 연행하고 사회적 인정을 추구하는 방식으로 이루어진다면, 현대사회의 선물은 타인으로부터 침해받지 않는 '성스러운 개인들' 사이의 상호작용이며, 개인의 신성한 내적 자아를 서로 보호하고 존중하는 방식으로 이루어진다.[220] 즉, 현대사회의 선물은 자율적이고 내면적인 자아를 상정하는 개인주의적 인간관에 기초한다는 점에서 '관계적 자아'를 전제하는 태고사회의 선물과는 그 성격이 근본적으로 다를 수밖에 없다는 것이다.

현대적 선물의 특징을 순수한 선물 또는 '성스러운 개인들' 사이의 상호작용으로 규정하는 이러한 해석이 선물에 대한 서구의 이념적 모델을 현대적 선물의 본질적 특성이라고 일반화하는 오류를 범하는 게 아닌지 문제를 제기할 수 있다. 현대 중국과 일본의 선물 관행에 대한 경험적 연구들은 호혜성이 선물의 덕목으로 매우 중요시되고 있다는 점을 분명하게 보여 준다. 이들 사회에서도 시장경제가 크게 발전했지만, 이에 따라 선물에 대한 관념이 '순수한 선물의 이데올로기'로 변화했다는 징후는 발견되지 않는다. 한편 현대 미국에서 자선과 기부 활동이 매우 활발하게 이루어지고 비영리재단과 같은 형태로 제도화되어 있지만,[221] 패리도 인정하듯이 여기에는 내세의 구원과 연관된 기독교적 자선의 종교 관념이 깊이 연관되어 있다.[222] 이러한 점들을 고려할 때, 순수한 선물을 현대적 선물의 보편적 특징으로 해석하는 것은 서구적인 것과 현대적인 것을 동일시하는 오류를 범하는 것이라고 비판할 수 있다.

현대적 선물의 특징을 '성스러운 개인들' 사이의 상호작용으로 규정하는 해석에 대해서도 동일한 비판이 제기될 수 있다. 개인을 자율적이고 내면적인 자아를 가진 존재로 규정한 것은 근대 서구의 개인주의적 인간관이다. 위 해석은 이러한 개인주의적 인간관이 서구사회뿐 아니라 비서구사회를 포함한 현대사회의 보편적 인간관으로 자리 잡았다는 것을 전제하는데, 그 전제가 경험적으로 입증될 수 있는지에 대해서는 의문의 여지가 많다. 현대 중국에서 선물이 매개하는 꽌시는 가족, 친인척, 이웃, 친구, 동료와 같은 사회적 관계에 기초해 형성되는 지속적 성격의 개인적 관계이지[223] 성스러운 개인들 사이의 관계가 아니다. 현대 일본에서 선물을 주고받는 주체를 여전히 개인이 아닌 가구로 인식하는 경향이 뚜렷이 존재하며, 다른 사람에 대한 자신의 의무를 다한다는 의리의 관념이 선물의 중요한 동기로 작동한다.[224] 미국의 크리스마스에서도 선물은 신성한 자아의 표상이 아니라 '사회적 유대의 기호(tie-signs)'라는 상징적 의미를 지니며, 선물이 흘러가는 방향은 선물을 주고받는 사람들 사이의 사회적 관계(가족, 친인척, 친구)를 반영하고 재생산한다.[225] 이와 같이 중국, 일본, 미국에서 현재 선물이 실천되는 양상에 대한 경험적 연구들은 성스러운 개인들 사이의 상호작용이라는 현대적 선물의 이념형이 이들 사회의 선물 현실에 부합하지 않는다는 것을 보여 준다. 개인주의적 인간관에 기초한 현대적 선물의 이념형은 서구적인 것을 현대적인 것과 동일시하는 오류를 범할 뿐 아니라, 현대 서구사회의 선물 현실을 제대로 반영하는지에 대해서도 의문이 들게 한다.

지금까지의 논의를 통해 모스가 태곳적 선물의 원리로 제시한 호혜성과 사회적 유대의 구축(또는 연대의 사회성)은 현대사회의 선물을 설명하는 데 유효한 관점을 제공한다고 평가할 수 있다. 이 측면에서 태고사회의 선물과 현대사회의 선물 사이에는 근본적 차이나 심각한 단절이 존재하지 않는다고 할 수 있다. 모스가 지적한 호혜적 선물의 이중성, 즉 자발성과 강제성(의무), 이기심과 이타심, 우호감과 적대감은 태고사회뿐 아니라 현대사회에서도 발견되는 선물교환의 복잡하고 모순적 성격을 이해하는 데 필요한 관점을 제공해 준다. 또한 《선물론》 이후의 선물이론에서 발전시킨 호혜 규칙의 유형(대칭적 호혜와 비대칭적 호혜, 균형적 호혜와 불균형적 호혜, 경쟁적 호혜와 비경쟁적 호혜), 상호적으로 촉발하는 선물교환의 역동적 성격과 시간적 지연의 전략적 활용은 태곳적 선물과 현대적 선물의 구분과 같은 시계열적 모델에 적용되기보다는 선물교환에 대한 비교문화적 분석에 유효한 개념들이다.

모스가 태곳적 선물의 중요한 특징으로 제시한 총체적 선물 또는 총체적 사회적 사실로서의 선물은 태고사회에서 선물교환이 사회의 통합 원리로 작동하고 있음을 포착한 개념이다. 재화뿐 아니라 사람, 향연, 의례, 언어를 포함한 거의 모든 것이 선물의 형태로 교환되고, 선물교환이 법적·종교적·경제적·정치적·심미적 제도를 포함한 모든 종류의 제도를 동시에 표현하며, 가족·씨족·부족과 같은 집단이 선물교환의 주체로 참여한다는 의미의 총체적 선물이라는 관점에서, 모스는 선물교환이 태고사회의 유기적 연대를 창출하고 지속시키는 토대이자 사회의 통합 원리라고 파악했다. 이러한 의미에서의 총체적 선물 개념을 현대사회의 선물에 그대로 적용하기 어렵다는 점은 분명하다. 현대사회는 시장교환과 국가통치가 사회의 핵심적 통합 원리로 자리잡는 구조적 변화를 겪었기 때문이다.

하지만 총체적 선물 개념은 현대사회를 시장중심적 또는 국가중심적인 관점에서 해석하는 이론적 경향을 비판적으로 성찰하는 데 유효한 시각을 제공한다고 생각한다.

선물교환을 사회의 통합 원리로 인식하는 총체적 선물의 관점에 설 때, 현대사회의 선물을 단지 개인적 관계에서 친밀함을 표현하는 행위 정도로 파악하는 표면적 관찰을 넘어서서, 시장, 국가, 선물 사이에 존재하는 공존, 혼합, 갈등의 구조적 현상에 주목할 수 있는 지평이 열리기 때문이다. 이러한 현상을 보여 주는 몇 가지 예를 들어보자. 의학 기술이 발전하면서 수혈과 장기이식이 널리 행해지게 되었는데, 이에 필요한 혈액과 장기의 공급과 관련해 매혈과 헌혈, 장기 매매와 장기기증을 둘러싸고 치열한 논쟁이 벌어졌고, 현재는 선물 방식이 적절하다는 사회적 합의에 이르렀다. 지식정보와 기술의 유통과 관련해서는 지적재산권에 기초한 매매 방식이 지배적 위치를 차지하고 있지만, 이에 대해 지식의 공유를 주장하는 카피레프트(copyleft)의 도전이 꾸준히 이어지고 있다. 노동의 상품화와 탈상품화를 둘러싼 오래된 논쟁에는, 인간의 노동을 시장계약적 원리로 규정하는 관점과 선물교환의 호혜적 원리로 규정하는 관점 사이의 대립과 갈등이 그 근저에 놓여 있다고 할 수 있다. 최근의 사회적 경제는 현대사회에서 시장과 국가의 독점적인 지위를 문제시하고, 호혜와 협동의 원리로 이를 보완하거나 대체하려는 새로운 사회운동이다. 이와 같이 현대사회의 여러 영역에서 발생하고 있는 현상을 시장, 국가, 선물 사이의 관계적 측면에서 분석할 수 있는데, 선물교환을 하나의 체계이며 통합 원리로 인식하는 총체적 선물 개념은 이러한 구조적 분석을 위한 유효한 출발점이 될 수 있다. 한편 선물을 법적·종교적·경제적·정치적·심미적 측면을 포함하는 복합적(총체적) 사회현상으로 이해해야 한다는 모스의 제안은 태고사회의 선물뿐 아니라 현대사회의 선물에도 적용될 수 있다. 선물교환은 사회로부터의 분리를 지향하는 시장교환과 달리 사회와의 결합을 본질적 특성으로 갖기 때문이다. 그 복합적 결합의 양상은 사회와 문화에 따라 상이하며, 그 양상을 밝히는 것이 선물에 대한 경험적 연구의 중요한 과제가 된다.

모스가 태곳적 선물의 또 다른 특징으로 제시한 물건의 영적 힘에 대한 논의는 이후 등장한 학자들에 의해서 부정적 평가와 긍정적 평가를 동시에 받은 논쟁적 이슈이다. 이 개념을 현대사회의 선물에 적용하는 데에는 더 많은 논란이 야기될 수 있다. 모스 논의의 배경이 된 주술적·애니미즘적 사고가 현대사회에서 크게 약화되었으며, 현대적 선물은 주로 시장에서 구매한 상품이나 현금으로 이루어지기 때문이다. 하지만 모스가 물건의 영적 힘에 대한 논의로부터 추론한 사람과 물건의 분리될 수 없는 결합이라는 개념은 현대사회의 선물을 이해하는 데에도 중요한 시사점을 던져 준다. 선물에 증여자의 마음이 담겨 있다고 생각하는 사고방식은 오늘날에도 일반적이며, 에나프의 표현에 의하면 선물은 증여자의 대체물이다. 나아가 최근의 윤리적 소비 운동[226]은 소비자가 상품을 단지 유용한 재화로만 인식하는 태도에서 벗어나 생산자와 생산물의 인격적 결합을 인식하고 인정하는 태도를 가져야 한다고 주장한다. 모스가 지적하듯이 현대의 법 체계는 사람에 관한 법과 물건에 관한 법을 엄격하게 구분하지만, 사람과 물건의 결합이라는 관념은 현대사회의 선물에서 분명하게 존재하며, 상품교환에서도 그러한 관념의 도입이 시도되고 있다.

또한, 물건(또는 자연)을 인간 행위의 수동적 대상이 아니라 사람과의 관계 속에서 그 관계를 유지하고 변화시키는 능동적이고 생성적인 힘을 가진 것으로 사물의 '물질성'을 새롭게 인식해야 한다는 신유물론적 논의가 최근 활발하게 전개되고 있는데, 이는 물건의 영적 힘이라는 모스의 발상이 주술적·애니미즘적 사고가 지배하는 태고사회에만 적용되는 것이 아니라 현대사회에도 변형해서 적용될 수 있다는 점을 시사한다.[227] AI, 사물 인터넷(IoT), 생명공학과 같은 새로운 과학기술이 발전하고 지구생태계의 위기가 심각해짐에 따라 자연과 인간 또는 자연과 문화의 구분이 점차 의미가 없어지고, 나아가 자연과 문화의 이원론이라는 근대 서구의 존재론 자체가 비판받게 되는[228] 오늘날의 상황에서, 자연과 인간의 경계를 횡단하는 물건의 영적 힘이라는 개념은 새로운 측면에서 그 이론적 의미를 탐색할 필요가 있다.

셋째, 《선물론》은 현대의 대안적 사회운동과 어떤 관계를 갖는가? 여기서 주목하고자 하는 것은, 1980년대 이후 유럽에서 활발하게 전개되기 시작했으며 2000년대 이후 한국에도 도입되어 빠르게 확산된 '사회적 경제'라는 명칭을 갖는 대안적 경제 운동이다. 유럽의 사회적 경제는 역사적으로 협동조합 운동과 매우 긴밀하게 연관된다. 사회적 경제의 선구자로 간주되는 단체의 명칭[229]과 사회적 경제의 운영 원리[230]에 이러한 연관성이 명확하게 나타난다. 사회적 경제라는 표현은 샤를 지드가 1900년 파리 만국박람회를 위해 작성한 보고서 《사회적 경제》로부터 차용한 것인데, 그는 모스와 함께 프랑스 협동조합 운동을 이끌었던 핵심적 지도자였다. 모스 자신은 사회적 경제라는 용어를 사용하지 않았지만, 그런 점에서 현대의 사회적 경제 운동과 역사적으로 연결된다고 할 수 있을 것이다. 《선물론》의 결론에서 고용주, 노동자, 공동체 등이 조직하는 상호 부조의 결사체들이 사회적 입법에 의해 보장되던 당시 유럽의 현상을 선물도덕의 현대적 부활로 부각한 지점은 협동조합 운동가이자 결사체 사회주의자로서 모스가 《선물론》의 실천적 의미를 어떻게 인식하는지 보여 준다. 현대의 사회적 경제는 모스가 《선물론》에서 단편적으로 지적하는 데 그쳤던 이러한 움직임이 보다 체계적·조직적으로 구현되는 모습을 드러낸다고 할 수 있다.

사회적 경제의 최근 변화는 《선물론》이 사회적 경제의 중요한 이론적 자원으로 동원되기 시작했음을 시사한다. 협동조합과 같은 법적·제도적 지위를 갖춘 조직의 활동에 초점을 맞춘 사회적 경제의 운영 방식을 비판하면서 등장한 연대경제는 보다 다양한 이해당사자가 참여하는 풀뿌리 시민단체를 포함하는 형태로 사회적 경제의 재구성을 추구한다.[231] 연대경제의 핵심 가치는 호혜성이다.[232] 연대경제의 이론가들은 폴라니와 모스를 가장 중요한 이론적 자원으로 동원하는데, 이들이 《선물론》에서 주목하는 지점은 선물교환의 호혜 규범이 사회적 유대를 구축하는 데 가장 중요한 원리로 작동한다는 점이다. 연대경제는 협동조합과 같이 동질적 구성원으로 조직된 집단에서도 그 조직의 목적에 부합하게 기능하기 위해서는 구성원 사이에 호혜적 관계가 확보될 수 있는 적정한 규모로 조직이 분화될 필요가 있다고 주장한다. 또한 공정무역이나 로컬푸드 운동과 같이 생산자와 소비자라는 이질적인 이해당사자들이 포함되는 경우에도 이들을 연결하는 호혜적 관계를 구축해 생산자와 소비자가 함께 주체가 되는 참여경제를 실현시켜야 한다고 제안한다.[233] 연대경제라는 명칭 자체가 모스가 제시한 호혜의 사회성 또는 관계성을 조직의 기본 원리로 채택하고 있음을 시사한다.

연대경제는 호혜, 재분배, 시장교환이 결합된 복합경제를 지향한다.[234] 연대경제는 시장의 자원이나 국가의 자원을 동원하고 활용하는 것이 현대사회에서 전략적으로 필요하다는 점을 인정하며, 그러한 결합에서 호혜성이 중심적 위치를 차지하는 것이 연대경제의 차별성을 유지하는데 관건이라고 인식한다.[235] 연대경제는 호혜의 원리를 축으로 해서 시장경제나 국가 재분배경제와 구별되면서 동시에 이들과 결합하고 매개하고 조절하는 대안경제로 자리매김하는 것을 전략적 방향으로 설정하고 있다. 연대경제는 《선물론》으로부터 호혜의 원리와 사회적 유대를 선택적으로 채택했을 뿐 모스의 선물이론을 전면적으로 수용하고 있지는 않다. 하지만 《선물론》의 마지막 부분에서 우리가 지향해 나가야 할 사회의 모습을 기술한 다음의 문장은 연대경제 또는 사회적 경제가 추구하는 사회의 모습과 잘 부합한다.

> 선(善)과 행복을 멀리서 찾는 것은 쓸데없는 짓이다. 그것은 실현된 평화 속에, 공동체를 위한 노동과 개인을 위한 노동이 교대로 행해지는 리듬 속에, 축적되었다가 재분배되는 부 속에, 교육이 가르치는 상호 존경과 호혜적 관대함 속에 있다(모스, 이 책: 299).

모스 스스로 인정하듯이 《선물론》은 완벽한 답을 제공하기보다는 새로운 질문을 던지고 탐구할 주제를 제시한 미완성의 연구이다(모스, 이 책: 289). 자신이 제안한 연구 방향을 통해 새로운 사실들을 발견할 수 있다면 그것으로 충분하다고 말했는데, 《선물론》이 촉발한 수많은 이론적 논의와 경험적 연구를 고려하면 모스의 겸손한 희망은 기대 이상으로 충족되었다고 할 수 있다. 우리에게 너무 익숙하기 때문에 쉽게 지나쳐 버리거나 당연한 일 정도로 간주하는 선물에 대해 새로운 질문을 던지고 성찰해 보려는 지적 자극을 받는 것이 어떤 점에서는 난해하기도 한 《선물론》을 읽는 중요한 동기이자 결과이기도 하다. 이 해설서가 그러한 방향으로 《선물론》을 독해하는 데 하나의 길잡이가 될 수 있다면 그것으로 충분하다.

주

1 Wyschogrod(2002: 1).

2 Evans-Pritchard(1954: ix).

3 세네카, 에머슨, 니체와 같은 철학자들이 선물에 대한 논문과 책을 남겼으며, 기독교와 이슬람에서 자선은 신학적으로 매우 중요하게 다뤄온 주제이다.

4 Lévi-Strauss(1996: 23).

5 Godbout(1998: 11).

6 카르센티(2009: 150-151).

7 Cheal(1988: ix-x).

8 1995년 스위스 로잔에서 "어제와 오늘의 모스"라는 제목으로 학술회의가 열려 그 결과가 《유럽사회과학리뷰》(1996)에 특집으로 실렸다. 그 다음 해인 1996년 영국 옥스퍼드대학교가 "오늘의 마르셀 모스"라는 제목으로 학술회의를 개최해 그 결과가 James와 Allen이 편집한 《마르셀 모스: 백주년 헌사》(1998)라는 단행본으로 출간되었다. 또한 이 시기에 교재로 활용할 수 있는 선물이론에 대한 선집도 출간되었는데, Komter가 편집한 《선물: 학제적 관점》(1996)과 Schrift가 편집한 《선물의 논리》(1997)는 인류학자, 사회학자, 심리학자, 철학자, 문학평론가, 언어학자의 글이 실려 있는 학제적 성격의 책이다.

9 Schrift(1997: 19-20); Caillé(2020: 2-5).

10 한편 1980년대 이후 유럽에서 사회적 경제 운동이 활발하게 전개되기 시작했는데, 이는 복지국가의 위기에 수반해 나타난 새로운 사회적 필

요에 적극적으로 대응하기 위해 협동조합과 공제조합 등이 새로운 활동에 조직적으로 나선 것이다(장원봉 2006: 29). 즉, 이 시기의 사회적 경제 운동과 《선물론》에 대한 학문적 관심의 고조는 당시 시대적 상황에 대한 동일한 문제의식에 기초했다고 할 수 있다. 이에 대해서는 이 책의 결론에서 자세히 다룰 것이다.

11 Douglas(1990: viii).

12 그레이버(2009: 341).

13 '태곳적 선물'은 태고사회(archaic society)의 선물교환을 의미하는데, 여기서 태고사회는 《선물론》의 집필 당시 현존하던 아메리카 인디언 사회, 태평양의 폴리네시아와 멜라네시아 지역의 원주민 사회, 아프리카의 부족사회 등을 가리킨다. 모스는 이들 사회가 인간 사회의 원래 모습을 간직한다고 판단해서 태고사회 또는 원시사회라는 표현을 사용하고 있다.

14 카르센티(2009: 9-10).

15 1980년대 이전에도 인류학계에서 《선물론》에 대한 관심은 꾸준히 이어져 왔다. 특히 레비스트로스, 살린스, 부르디외가 이에 대한 이론적 논의를 심화시켰으며, 뉴기니를 포함한 멜라네시아 지역에서 선물교환에 대한 인류학적 연구가 활발하게 이루어졌다(Strathern 1971; Leach & Leach 1983).

16 가와는 쿨라 교환의 네트워크에 속한 한 섬이다. 쿨라 교환에 대해서는 뒤에서 자세히 다룰 것이다.

17 이 책은 *The World of the Gift*란 제목의 영역판으로 1998년에 출판되었다.

18 Caillé(2020: 23-25).

19 레비스트로스(2023: 55).

20 박정호(2009: 38).

21 모스의 책을 한국어로 처음 번역한 이상률은 책 제목을 《증여론》이라고 했다. 그 이후 한국 학계에서 이 책을 인용할 때 이 제목을 쓰고, 또한 이 책과 관련된 학술적 논의를 할 경우에도 증여라는 표현을 사용하는 것이 관행처럼 자리잡았다. 그런데 증여는 상속과 밀접하게 관련

된 법적 용어로 흔히 사용되기 때문에, 이 용어를 쓸 경우 독자에게 오해를 줄 여지가 많다. 또한 일반적 용례에서 증여는 아무런 대가를 요구하지 않는 무상의 선물을 의미하는데, 이는 선물의 호혜성을 강조하는 모스의 관점과 큰 괴리가 있다. 즉 책 제목을 《증여론》으로 번역하면 모스의 집필 의도를 크게 왜곡하는 것이다. 이런 점을 고려해서, 이 글에서는 모스의 책 제목을 《선물론》으로 번역한다. 선물이라는 용어는 무상의 선물뿐 아니라 호혜적 선물도 포함할 수 있는 의미를 담기 때문이다.

22 국사학계에서도 2000년대 이후 조선시대의 양반이 남긴 일기와 조선왕조실록을 자료로 삼아 양반층의 선물 관행을 분석한 실증적 연구가 활발하게 이루어졌다(이성임 2005; 박도식 2006; 최주희 2009; 김혁 2009). 이 연구들은 대체로 모스의 선물이론을 부분적으로만 활용했다.

23 푸르니에(2016: 262-264, 618-620).

24 Mauss(2016: 29).

25 레비스트로스는 모스의 제자가 아니지만, 프랑스 학계에서 점차 '모스의 당연한 후계자'로 인정받게 된다. 모스가 40년간 맡았던 고등연구원의 '비문명 민족들의 종교' 강의를 레비스트로스가 맡게 된 것이 이를 상징적으로 보여 준다(Sigaud 2002: 349).

26 푸르니에(2016: 794-804).

27 James(1998: 12).

28 사회학연보 학파에 속하는 학자들의 저서를 번역하는 프로젝트로 특히 모스의 작품 번역에 집중했다. 《선물론》이 1954년에, 《원시적 분류》가 1963년에, 《희생의례》가 1964년에, 《주술의 일반이론》이 1972년에, 《에스키모 사회의 계절적 변이》가 1979년에, 모스의 후기 논문 네 편을 편집한 《사회학과 심리학》이 1979년에 번역 출간되었다(James 1998: 10-16).

29 Leach(1955: 30).

30 푸르니에(2016: 589).

31 푸르니에(2016: 298-304).

32 카르센티(2009: 7).

33 '총체적 선물'은 총체적 사회적 사실로서의 선물교환을 의미한다. 그 의미는 III장 1절에서 집중적으로 다룰 것이다.

34 쿨라는 뉴기니의 동북부 마심(Massim) 지역의 섬들 사이에서 이들이 귀중품으로 간주하는 정교한 조개목걸이와 조개팔찌를 일정한 규칙과 규범을 따라 교환하는 의례적 선물 관행이다.

35 포틀래치는 캐나다의 브리디시컬럼비아주에 거주하는 아메리카 인디언 사회에서 인근 부족을 초대해 음식을 제공하고, 춤과 노래를 경연하며, 엄청난 선물을 베푸는 거대한 규모의 겨울축제이다.

36 류정아(2002: 22).

37 모스는 선물의 특징을 "자유롭고 무상(無償)인 것처럼 보이지만, 강제되고 이해타산적"이라고 정의했다(모스, 이 책: 182). 이 정의는 모스의 선물이론에 대한 이후 논의에서 크게 주목받은 핵심 주장에 해당한다.

38 Guyer(2016: 3).

39 레비스트로스(2023: 51), 번역 수정.

40 민족지(ethnography)는 인류학자가 특정 사회나 공동체에 대해 집중적으로 현지조사를 수행하고 작성한 연구보고서이다.

41 푸르니에(2016: 108-110).

42 1898년에서 1913년까지 출간된 총 12권의《사회학연보》첫 시리즈에는 18편의 연구 논문과 최소 4,880편에 달하는 서평이 실려 있다(푸르니에 2016: 173).

43 Sigaud(2002: 337-338).

44 푸르니에(2016: 264).

45 Sigaud(2002: 338).

46 Sigaud(2002: 339).

47 Sigaud(2002: 338-339).

48 프레이저(Frazer)의 대표 저작은《황금가지》(1906-1915)로, 원시사회, 고대 그리스와 로마 문명, 중세 유럽의 종교와 신화를 비교연구한 책이다.

49 푸르니에(2016: 153-159).

50 이러한 입장은 뒤르켐도 공유한다. 모스의 초기 저작인 《희생의례》에 대한 서평에서 뒤르켐은 다음과 같이 평했다. "내일의 사회가 어떻게 될지, 또 어떻게 되어야 하는지에 대해 조금 성취도 있는 의견을 제시하려면 가장 먼 과거의 사회 형태를 연구해야 한다"(푸르니에 2016: 182).

51 셰익스피어의 《베니스의 상인》에 나오는 냉혹한 유대인 고리대금업자.

52 모스는 원시사회에서의 자아 개념을 사회적 역할을 수행하는 '연극적 자아(persona)'로 해석하며, 이 점에서 진정한 내면적 자아를 전제하는 서구의 근대적 개인 개념과 차별화한다(Mauss 1979c: 63-74, 87-89).

53 1920년대에 파리의 지식인과 예술가들은 '흑인 예술'에 크게 매료되었으며, 입체파와 초현실주의는 아프리카의 조각으로부터 큰 영감을 받았다. 모스의 제자 중 레리스, 메트로, 바타유 등은 초현실주의 예술운동에 적극 참여한 경험이 있으며, 모스 자신도 '원주민 예술'을 애호했다(푸르니에 2016: 801-805).

54 Evans-Pritchard(1954: viii-ix).

55 Guyer(2016: 7).

56 모스의 추도문은 제1차 세계대전 중에 사망한 '뒤르켐 학파' 학자들을 기리는 글이다. 이 글에서 뒤르켐뿐 아니라, 뒤르켐의 아들인 앙드레, 에르츠, 다비드, 비앙코니, 레이니에, 젤리, 뵈샤, 라피트, 바셰, 위블랭, 샤이에의 연구 업적과 연구 분야를 소개하고 그 의미를 평가했다(Mauss 2016: 42-50).

57 푸르니에(2016: 542).

58 Mauss(2016: 29).

59 Durkheim(1964: 3).

60 Hyland(2009: 11).

61 카르센티(2009: 8).

62 《에스키모 사회의 계절적 변이》는 그러한 관점을 체계적으로 활용한 대표적 작품에 해당한다. 모스는 여름과 겨울의 생태적 변화가 에스

키모 사회의 사회적 형태(인구, 거주지, 집단)뿐 아니라, 종교 의례, 축제, 터부, 재산 소유권, 가족 구조, 혼인, 사회적 제재와 같은 종교적·법적·사회적 제도 전반에 미친 영향을 세밀하게 분석했다.

63 '총체적 인간(l'homme total)'은 인간을 신체적 측면, 심리적 측면, 사회적 측면이 서로 분리될 수 없는 관계로 결합된 존재로 파악하는 개념이다(Mauss 1979a: 27-28; 카르센티 2009: 102-103).

64 프랑스어의 동(don), 카도(cadeau), 프레정(présent), 라틴어의 그라티아(gratia), 기독교의 자선 개념이 그 사례이다. 서구의 법률은 아무런 대가를 요구하지 않고 주는 선물만을 법적 용어로서의 선물로 규정한다(Hyland 2009: 11). 한국의 법률 용어로서 증여의 의미도 이와 동일하다.

65 라투르의 행위자-연결망 이론은 인간행위자와 비인간행위자의 연결망을 분석한다. 비인간행위자에는 탄저병 박테리아, 가리비 조개, 오존층과 같은 자연현상과 진공펌프, 연료전지, 대륙간 탄도탄과 같은 과학기술이 포함된다(라투르 2009: 23-27).

66 Sigaud(2002: 339).

67 이 원문은 베스트의 "Maori Forest Lore, Part III"(1909: 439)에 실려 있다(살린스 2014: 217-218). 이 원문은 II장 2절에서 자세하게 다룰 것이다.

68 Mauss & Beuchat(1979: 71).

69 Frank(2016: 267).

70 Frank(2016: 269).

71 Douglas(1990: x).

72 Hart(2007: 480).

73 Hart(2007: 480).

74 Mauss(2016: 31-32).

75 그레이버(2009: 338).

76 푸르니에(2016: 567-583).

77 푸르니에(2016: 579).

78 1914년부터 1921년 사이에 프랑스 내 소비자 협동조합은 3,261개에서

4,790개로, 회원 수는 86만 명에서 약 250만 명으로 크게 늘었다(푸르니에 2016: 587).

79 푸르니에(2016: 588-595).

80 루소, 토크빌, 콩트, 생시몽, 푸리에 등이 여기에 포함된다.

81 Douglas(1990: xi).

82 예를 들어, 선물의 이중성, 즉 자유와 의무, 이기심과 이타심을 모스 선물이론의 핵심 개념으로 파악할 수 있다. MAUSS의 창립자인 까이에가 제시한 '선물 패러다임'은 이러한 측면에 기초해 구성한 사회행위 이론이다(Caillé 2020: 38-41).

83 이상률이 번역한 《증여론》에서는 'total prestation'을 '전체적 급부'로 번역했는데, 이 책에서는 '총체적 선물'로 옮겼다. 《선물론》에서는 선물을 뜻하는 프랑스어로 don, cadeau, présent, prestation이 혼용되는데(Guyer 2016: 18-19), 모스가 prestation을 사용할 때는 선물의 의무적 성격을 강조하기 위한 것이다. '급부'는 채무자의 채무 이행을 뜻하는 법률적 용어로 prestation의 사전적 의미와는 부합하지만, 선물 개념과는 거리가 있기 때문에 급부로 옮기면 혼돈을 초래할 수 있다.

84 Befu(1968: 450).

85 레비스트로스(2023: 51-52).

86 Keane(1994).

87 Titmuss(1970).

88 박정호(2011).

89 Hayden(2003); Brush(1999).

90 Boyle(1997).

91 이길호(2020).

92 폴라니(2009: 184-185).

93 카르센티(2009: 59).

94 카르센티(2009: 62).

95 패리는 증여자와 물건의 영적 결합에 대한 모스의 해석이 마오리족의 하우보다는 힌두교의 희생의례와 브라만의 다나(dana: 증여)에 대한 연구에서 착상되었을 개연성이 더 높다고 주장한다(Parry 1986: 459).

96 모스(2002: 111).

97 오명석(2010: 34-36).

98 앞서 제시한 라나이피리 진술의 배경이 되는 '완가이 하우(whangai hau: 하우를 먹이는 것)'라는 숲의 의례에서 하우는 영적 힘이 아니고 이익 또는 물질적 산물로 이해해야 한다는 것이 살린스의 주장이다(살린스 2014: 227-235). 완가이 하우에서 제물로 바쳐지는 새는 사제가 숲에 새가 번창하도록 놓아둔 마우리(mauri: 부적)의 산물이며, 마찬가지로 선물교환에서 답례품은 최초 증여자가 선물한 타옹가의 산물이다. 살린스에 의하면 라나이피리가 언급한 타옹가의 하우와 숲의 하우에서 하우는 산물 또는 이익을 의미한다.

99 김환석(2020: 129). 신유물론 내의 주요 접근으로는 라투르의 행위자-연결망 이론, 들뢰즈와 데란다의 어셈블리지 이론, 해러웨이, 바라드, 브라이도티 등으로 대표되는 페미니스트 유물론이 있다(김환석 2018: 85).

100 뉴칼레도니아 원주민에게 자아는 자신이 타자—아버지, 삼촌, 부인, 사촌, 씨족, 조상, 토템—와 맺고 있는 관계를 통해서만 인식되며, 그러한 관계의 출발점 또는 중심은 비어 있는 공간이다(Leenhardt 1979: 153-154).

101 쿨라 교환은 특정 사람들 사이에서만 이루어지는데, 그런 관계에 있는 사람을 '쿨라 파트너'라고 부른다. 쿨라 파트너 관계는 한번 성립하면 상당 기간 지속되는 성격을 갖는다.

102 박정호(2009: 15).

103 Gouldner(1960); 살린스(2014: 276-282); 그레이버(2009: 475-476). 굴드너는 균형적 호혜와 불균형적 호혜를 구분했는데, 살린스가 제시한 일반적 호혜, 균형적 호혜, 부정적 호혜에서 일반적 호혜가 굴드너의 불균형적 호혜와 겹친다. 그레이버가 제시한 제한적 호혜와 무제한적 호혜는 각각 균형적 호혜와 불균형적 호혜와 겹친다.

104 Gouldner(1960: 170).

105 그레이버(2009: 378-380).

106 Kaut(1961).

107 오명석(2020: 197).

108 Han(2012: 77-78).

109 굴드너는 호혜의 규범이 근친상간 금기에 맞먹는 인간 사회의 보편적 원리라고 주장한다(Gouldner 1960: 171). 레비스트로스 역시 호혜의 규칙이 보편적이라고 지적한다(레비스트로스 2023: 57).

110 《禮記》「曲禮 上」第1 "禮尙往來, 往而不來, 非禮也, 來而不往, 亦非禮也"(김혁 2009: 127).

111 Yan(1996: 123).

112 Yan(1996: 128).

113 Befu(1968: 450).

114 김주희(1992: 91-95).

115 모스는《선물론》의 결론에서 고대 그리스·로마 문명에서 귀족과 부자들이 공동체를 위해 공적으로 베풀었던 '고귀한 지출'의 전통도 되살려야 한다고 제안한다(모스, 이 책: 275). 이러한 고귀한 지출의 전통은 에우에르게티즘(euergetism)을 가리키는데, 부유한 시민들이 자기가 사는 도시에 사원과 극장 등 공적 기념물과 유용한 공적 사업 또는 구경거리, 축제나 향연을 제공할 의무가 있던 관습이다(에나프 2018: 396). 모스는 이 관습은 부유한 시민이 특정 개인에게 베푸는 자선이 아니라 공동체를 위해 공적으로 베푸는 지출이라는 점에서 권장한다.

116 더글러스는 선물이론을 사회보장이나 사회보험과 같은 사회민주주의 정책에 적용하려는 모스의 시도가 취약하다는 점을 지적한다. 원시사회의 선물교환 연구로부터 구축한 선물이론을 현대의 정치적 이슈에 그대로 적용하는 것은 섣부른 도약이다(Douglas 1990: xv).

117 살린스(2014: 244-245).

118 바타유(2000: 111); 레비스트로스(2023: 50-53).

119 레비스트로스의 구조주의는 영국 사회인류학과 사회학의 구조기능주의와 크게 다르다. 후자에서의 구조는 사회구조인데 반해, 전자에서의 구조는 기호논리학적 체계를 가리킨다.

120 바타유(2000: 109-120).

121 데리다 역시 순수한 선물만을 선물로 간주하며, 모스의《선물론》은 선

물이 아닌 것에 대해서만 논하고 있다고 평가한다(Derrida 1992: 24). '선물의 불가능성'에 대한 데리다의 주장은 그러한 선물 개념에 기초해 선물과 교환을 구분하고 전개된다(이승철 2019: 207-208).

122 바타유(2002: 32-35).

123 바타유는 자본주의 경제뿐 아니라 공산주의 경제도 제한경제에 해당한다고 평가한다. 특히 스탈린 통치하의 소련 공산주의 경제는 비생산적 소비를 엄격하게 금지하고 오직 생산력의 무한 증대만을 목적으로 삼았기 때문에, 제한경제의 극단적이고 비극적인 결과를 초래했다고 비판한다(바타유 2000: 199-200).

124 이 글은 《마르셀 모스 저작집 서문》이라는 제목으로 최근 우리말로 번역되었다(레비스트로스 2023).

125 레비스트로스(2023: 52).

126 인간 사회에 공통적으로 나타나는 근친상간 금기는 호혜의 규칙이다. 그것은 "나의 이웃이 자신의 딸과 자매를 포기한다면, 나 역시 그렇게 할 것이다."라는 것을 의미한다(Lévi-Strauss 1996: 23). 근친상간 금기는 다른 집단과 여자를 교환하는 인간 사회의 독특한 혼인제도를 출현하도록 만드는 보편적 규범이다.

127 일반적 교환은 A→B→C→A와 같은 형태의 열린 호혜의 형태이며, 제한적 교환은 A⇄B와 같은 닫힌 호혜의 형태이다. 일반적 교환은 세 개 이상의 집단을 필요로 하며, 이들 집단은 양자 사이에서는 여성을 주는 집단과 여성을 받는 집단으로만 기능한다. 제한적 교환은 두 집단 사이에서 이루어지며 여기에서 각 집단은 서로 간에 여성을 주고받는 집단으로 기능한다.

128 임봉길(1999: 256-257).

129 레비스트로스(2023: 75-76).

130 레비스트로스(2023: 61).

131 레비스트로스는 모스가 되갚을 의무를 하우라는 신비한 영적 힘에 의해 설명한 것에 대해 비판하면서, 구조주의적 관점에서 하우의 의미를 완전히 새롭게 해석한다. 하우 또는 마나 개념은 그 자체로는 아무런 의미가 없기 때문에 어떤 의미도 수용할 수 있는 '제로 상징가'의

기호이며, '거시기(machine)'와 같이 어디에나 쓰일 수 있는 '떠다니는 기표'이다. '떠다니는 기표'는 전체 기표와 전체 기의 사이의 부정합이라는 상징 체계의 근본적 조건에서 그 간극을 메우는 데 활용되며, 이를 통해 상징 체계가 실행되는 것을 가능케 한다(레비스트로스 2023: 80-81).

132 소쉬르, 야콥슨, 투르베츠코이가 창시한 구조언어학은 의식 수준의 언어 음운 연구에서 무의식적 하부 구조의 음운 연구로 언어학의 연구 방법론을 전환했다. 용어를 독립된 개체로 보지 않고, 용어들 사이에 존재하는 기호논리적 관계를 분석의 기초로 삼았으며, 언어 체계 자체의 내재적 법칙을 찾는 데 주력했다(임봉길 1999: 259). 레비스트로스는 이러한 구조언어학의 방법론을 자신의 구조인류학의 이론적 토대로 삼았다.

133 임봉길(1999: 260).

134 레비스트로스(2023: 60).

135 인간에게 선천적으로 주어진 무의식은 자기와 타자, 주관과 객관의 대립을 극복하는 영역이다(레비스트로스 2023: 46-48).

136 레비스트로스(2023: 76), 번역 일부 수정.

137 레비스트로스(2023: 57).

138 Sigaud(2002: 353-354).

139 Bourdieu(1977: 5).

140 Bourdieu(1977: 7).

141 부르디외의 이러한 관점은 굴드너가 선물교환의 호혜성이 "상호적으로 촉발하는 교환"의 방식으로 수행된다고 지적한 것과 일치한다(Gouldner 1960: 170).

142 Bourdieu(1977: 5).

143 Bourdieu(1997a: 197).

144 Bourdieu(1977: 15).

145 Bourdieu(1997a: 192).

146 Bourdieu(1977: 171).

147 Bourdieu(1997b: 238).

148 부르디외(1994: 214).

149 Weiner(1985: 210).

150 Weiner(1985: 215-217).

151 Best(1912: 245), Weiner(1985: 218)에서 재인용.

152 츄링가(churinga)는 호주 원주민의 토템과 관련된 신성한 물건으로, 원형, 타원형 또는 길쭉한 형태의 돌이나 나무판에 씨족의 신화와 관련된 문양을 새겨 놓은 것이다. 성년식이나 전쟁 의례와 같은 특별한 경우에만 공개되며 여성이나 성년식을 치르지 않은 남성은 볼 수 없다(Spencer 2005: 129-132).

153 "콰키우틀족에서는 두 종류의 동판이 존재했던 것 같다. 즉 집 밖으로 나오지 않으며 다시 주조할 때만 부수는 가장 중요한 동판과 파괴하지 않은 채로 유통되고 전자(前者)에 붙어 다니는 것으로 쓰이는 가치가 작은 동판이 있다"(모스 2002: 186, 각주 240).

154 Weiner(1985: 211).

155 Weiner(1980: 71).

156 Weiner(1980: 80-82).

157 Weiner(1985: 224).

158 이에 대해서는 주 131을 참조할 것.

159 고들리에(2011: 58-63).

160 고들리에(2011: 251).

161 고들리에(2011: 52-53).

162 고들리에(2011: 48-51); 박정호(2016: 185-190).

163 고들리에(2011: 248).

164 고들리에(2011: 281).

165 그레이버(2009: 98).

166 Gregory(1982: 100-101).

167 Gregory(1982: 41).

168 마르크스(2001: 93).

169 Gregory(1982: 12, 18-19).

170 Thomas(1991: 15); Castro(2015: 150).

171 Gregory(1982: 71). 그레고리는 재생산 논의에서도 마르크스의 생산적 소비(productive consumption)와 소비적 생산(consumptive production)이라는 개념을 활용한다. 생산적 소비는 생산 과정이 물질과 노동력을 소비한다는 점에서 소비이기도 하다는 것이며, 소비적 생산은 소비 과정이 사람을 생산한다는 점에서 생산이기도 하다는 것이다(Gregory 1982: 30-31).

172 Gregory(1982: 79-90).

173 가치 체제는 재화의 유통과 교환을 규제하는 일정한 경계와 특정한 규범들로 구성된 문화적 장치로, 기존의 가치 체제를 유지하려는 힘과 그것을 깨려는 힘 사이의 끊임없는 긴장과 경합을 수반한다. 아파두라이는 그 현상을 '가치의 시합(tournament of value)'이라고 명명했다(Appadurai 1986: 21). 아파두라이는 가치 체제가 시장교환에도 존재하며, 그러한 가치 체제에 대한 분석(가치의 정치학)을 통해 상품 가치의 문제에 접근해야 한다는 새로운 시각을 제공했다.

174 Appadurai(1986: 13-15).

175 Gregory(1997: 43-44).

176 Gregory(1982: 26).

177 Gell(1992: 145).

178 Parry(1986: 461).

179 Gregory(1997: 47).

180 선물교환의 대상이었던 노동, 식량, 토지의 상품화 과정을 중점적으로 다루고 있다(Gregory 1982: 118-165).

181 화폐 소득의 증대로 신부대, 교회 헌금, 마을 발전기금 모금이 더욱 활성화되는 현상을 다루고 있다(Gregory 1982: 203-209).

182 Carrier(1995).

183 '매개되지 않은 교환(unmediated exchange)'은 자신과 관계를 맺는 타자의 몸과 마음에 직접적인 영향을 미치는 것으로 자녀 양육(음식과 모유), 부부 관계, 심지어 뉴기니 사회의 남성 성인식 과정에서 연장자 소년과 신참 소년 사이에 행해지는 동성애적 행위(정액 먹이기)도 이에 해당한다(Strathern 1988: 207-219).

184 Strathern(1988: 178-179).

185 Strathern(1988: 185).

186 스트래선 부부(Andrew & Marilyn)는 뉴기니 고원지대의 하겐(Hagen)족에서의 모카 교환에 대한 민족지 연구를 수행했다. 의례적 선물 교환인 모카에서는 받은 선물보다 더 큰 선물로 답례해야 하는 것이 규범이다. 이 점에서 포틀래치와 유사한 성격을 갖는다.

187 Strathern(1988: 200).

188 에나프(2018: 187-188).

189 에나프가 선물교환을 인정 행위로 규정함으로써, 독일에서 오랜 전통을 갖고 있는 규범적 인정 개념을 둘러싼 철학적 논쟁과 연결된다(크바트플리크 2012: 16). 독일 프랑크푸르트학파의 사회연구소가 출간하는 기관지 《베스텐트(WestEnd)》가 2010년 호에서 에나프의 인정 이론을 특집으로 다루면서, 일군의 독일 학자들이 헤겔 전통의 상호주관적 인정의 이론적 관점에서 에나프의 인정 이론을 비판적으로 평가했다(베스텐트 한국판 2012).

190 에나프(2018: 223-224).

191 에나프(2018: 226).

192 에나프는 선물을 의례적 선물, 무상 선물(기부, 자선), 연대적 선물의 세 유형으로 분류하고, 이 세 유형은 근원적으로 서로 다르다고 평가한다(에나프 2012: 49). 에나프는 모스가 《선물론》에서 분석한 포틀래치와 쿨라 같은 선물교환을 의례적 선물로 규정한다.

193 에나프(2018: 214-215). 박세진에 의하면, 에나프가 의례적 선물교환을 상징물의 교환을 통한 상호 인정으로 해석함으로써, 모스가 '얼굴', '이름'이라는 표현을 쓰면서 시사했던 인정의 존재론적 함의가 사실상 축출되었다(박세진 2016: 289). 박세진은 사람들이 자기와 타인과의 관계에서 체현하는 '이름'의 의미 구조에 대한 분석을 통해 상호 인정의 존재론적 함의를 레비스트로스를 연상케 하는 구조언어학적 방법으로 탐구했다(박세진 2016: 294-302).

194 에나프(2018: 216).

195 에나프(2018: 206).

196 에나프(2018: 206).

197 에나프(2018: 219).

198 에나프(2018: 592).

199 에나프(2018: 247).

200 에나프(2012: 60).

201 에나프(2018: 595-596).

202 Cheal(1988: 5). 그레고리는 현대사회에서 시장경제와 선물경제의 관계를 대체뿐 아니라 공존과 접합을 포함하는 복합적 측면에서 설명했으며, 그런 점에서 구조적 전환을 강조하는 고전적 정치경제학 패러다임에 수정이 필요하다고 주장한다(Gregory 1982).

203 「청탁금지법」의 원명은 「부정청탁 및 금품 등 수수의 금지에 관한 법률」로 2016년 9월 28일부터 시행되었다. 이 법의 적용을 받는 대상은 공무원, 공직유관단체 임직원, 교직원, 언론사 임직원과 그 배우자이다. 이경묵은 이 법을 한국 사회의 '당대의 선물론'이라고 규정했다(이경묵 2020: 59-64).

204 Godbout(1998: 11).

205 Godbout(1998: 16-17).

206 Cheal(1988: ix-x).

207 Caplow et al.(1982); Cheal(1988); Carrier(1995).

208 Yang(1994); Yan(1996).

209 Befu(1968); Rupp(2003).

210 Raheja(1988).

211 Carrier(1995: 176).

212 Lévi-Strauss(1996: 20). 한국의 추석과 구정, 무슬림 사회에서 라마단 직후의 아이딜피트리(Aidil Fitri) 명절에 행해지는 대규모의 선물 관행도 마찬가지로 거대한 포틀래치라고 할 수 있다.

213 Yan(1996: 76-77).

214 Yang(1994: 178-179).

215 Befu(1968: 445). 선물의 종류, 선물을 포장하는 방식은 그것이 초래할 수 있는 길흉을 세심하게 고려해서 선택된다. 병문안 선물을 나비

매듭으로 묶는 것은 쾌유를 상징하나, 장례 선물이나 결혼 선물을 나비매듭으로 묶는 것은 죽음의 재발이나 이혼을 초래하는 불길한 징조로 간주된다(Rupp 2003: 56-57).

216 Rupp(2003).

217 Parry(1986: 466-467).

218 Parry(1986: 458).

219 박정호(2018).

220 박정호(2018: 88-89).

221 Silber(1998).

222 Parry(1986: 476).

223 Yan(1996: 105-114).

224 Befu(1968: 450). 이러한 전통적인 선물 관념의 변화도 감지되는데, 개인 대 개인 자격으로 선물을 주고받는 새로운 관행이 학교 친구와 직장 동료 사이에서 등장하고 있다(Befu 1968: 452).

225 Cheal(1988).

226 윤리적 소비는 구매와 소비 행위를 통해 도덕적 가치의 사회적 실천을 구현하려는 새로운 방식의 소비자 운동으로, 공정무역, 녹색소비, 로컬푸드 운동, 비윤리적 상품의 불매운동 등이 여기에 포함된다.

227 안드로이드 로봇을 개발하는 일본의 실험실을 연구한 이강원은 다음과 같은 사실을 발견했다. "과학자와 공학자가 연구하는 수많은 '비생명' 행위자들은 그 자체로 살아 움직이는 것으로 말해지고 그려진다. (…) '비생명'으로 분류되는 온갖 사물들에게 활력을 불어 넣는다는 점에서 아메리카 인디언과 과학기술자들의 실천이 더 비슷하다"(이강원 2018: 227-228).

228 인류학계에서 신유물론적 관점은 '존재론적 전환'이라는 이론틀에서 전개되는데, 이 논의를 주도하는 데스콜라와 카스트루 등은 근대 서구의 과학적, 합리적 사고를 자연과 문화의 이원론, 그리고 인간중심의 우주론에 근거한 존재론의 한 유형이라는 점에서 비판적으로 성찰한다(데스콜라 2022: 121-122).

229 1970년에 '공제조합 및 협동조합 활동의 전국위원회(CNLAMCA)'라

는 조직이 결성되었는데 프랑스의 조합 단체들의 연대를 통해 이루어졌다. 이 조직은 자신들의 활동을 사회적 경제라는 개념으로 규정하고 1980년에 '사회적 경제 헌장'을 채택했다(드푸르니 2021: 49).

230 사회적 경제의 운영 원리로 널리 받아들여지고 있는 드푸르니(Defourny)의 4원칙은 기본적으로 협동조합의 운영 원리를 계승한 것이다. 1) 이윤보다는 구성원이나 지역사회의 이익을 위한 활동이 우선적 목표, 2) 독립적 운영, 3) 민주적 의사결정 과정, 4) 자본보다는 인간과 노동을 먼저 고려한 소득 배분(김정원 2014a: 95).

231 김신양(2021: 145-147). 최근에는 사회적 경제와 연대경제를 통합해서 '사회연대경제(ESS: economie sociale et solidaire)'라는 명칭을 사용하는 것이 일반적 추세이다(드푸르니 2021: 84).

232 가르댕·라빌(2021: 285).

233 가르댕·라빌(2021: 288-289).

234 이 점에서 폴라니의 이론을 활용하는데, 그는 역사적이고 제도적인 차원에서 호혜, 재분배, 시장교환이 사회가 필요로 하는 재화와 서비스를 공급하는 세 가지 형태라고 규정했다(Polanyi 1957: 250-256). 호혜의 원리와 재분배의 원리는 각각 대칭성과 중심성의 제도적 패턴에 부응한다. 재분배는 추장, 신전, 군주, 국가와 같은 중심 권력이 있는 사회에서 재화가 수집, 저장, 분배되는 방식이다(폴라니 2009: 195). 모스와 그레고리는 선물경제와 시장경제의 이분법적 모델을 상정하는 데 반해, 폴라니는 호혜, 재분배, 시장교환의 세 유형을 제시한다는 점에서 중요한 차이가 있다.

235 가르댕·라빌(2021: 291-295); 드푸르니(2021: 84-85); 김정원(2014b: 297).

《선물론》 읽기

일러두기

1. 《선물론》 읽기는 W. D. Halls가 번역한 *The Gift*(New York & London: W. W. Norton, 1990)를 기준 판본으로 삼았다. 그리고 이상률이 옮긴 《증여론》(서울: 한길사, 2002), Ian Cunnison이 번역한 *The Gift*(London: Routledge & Kegan Paul, 1954), Jane Guyer가 번역한 *The Gift*(Chicago: HAU Books, 2016)를 참고했다.
2. 번역문에서 [ ] 부분은 역자가 추가한 것이며, ( ) 부분은 원문에 있는 것이다.
3. […]은 원문에서 번역을 생략한 부분이다.
4. 각주는 모두 역자가 추가한 것이다.
5. 원본에 있는 각주는 번역에서 제외했다.

서문

선물, 특히 선물에 답례할 의무에 대하여

연구 계획

연구 주제는 명확하다. 스칸디나비아 문명[1]과 그 밖의 많은 문명에서 교환과 계약이 선물의 형태로 행해지는데, 이 선물은 이론상으로는 자발적이지만 실제로는 의무적으로 주고받는다.

이 책은 훨씬 더 방대한 연구의 작은 일부이다. 우리는 소위 원시사회(primitive society) 또는 우리가 선호하는 표현인 태고사회(archaic society)를 구성하는 다양한 집단 또는 하위 집단 사이에 이루어지는 경제적 선물의 체계와 그곳

1 모스는 책의 첫머리를 고대 스칸디나비아의 신화적 시가집인 에다(Edda)에서 선물에 대한 구절을 인용하는 것으로 시작한다. 여기서는 이 부분을 생략했다.

의 계약법 제도에 대해 지난 몇 년 동안 관심을 기울여 왔다. 이 주제와 관련해서 엄청난 분량의 사실들이 수집되어 있는데, 그 사실들 자체는 매우 복잡하다. 멀리는 원사(原史)시대에 이르기까지 우리 사회를 선행하는 사회에서 사회적 삶을 구성하는 모든 것이 서로 뒤섞여 있다. 우리는 이를 '총체적(total)' 사회현상이라고 부르자고 제안하며, 여기에는 모든 종류의 제도가 동시에 또한 일거에 표현되어 있다. 즉 이 현상은 종교적·법적·도덕적인 동시에 정치적이고 가족적 측면과 연관된다. 또한 생산과 소비, 또는 선물과 분배의 특정한 형태를 취하는 경제적 현상이기도 하다. 이 사실들이 초래하는 심미적 현상과 이 제도들이 나타내는 형태학적 현상[2]에 대해서는 더 말할 나위도 없다.

이 모든 복잡한 주제와 끊임없이 움직이는 사회적 사태의 다양성 가운데, 우리는 아주 깊숙이 있지만 분리해낼 수 있는 한 가지 특징에만 주목하고자 한다. 즉, 겉으로는 자발적, 말하자면 자유롭고 [어떤 대가도 요구하지 않는] 무상(無償)인 것처럼 보이지만, 강제되고 이해타산적이라

2 인구, 집단, 사회생활의 시간 리듬과 공간 구조를 드러낸다는 의미에서 형태학적 현상이다(Mauss & Beuchat 1979).

는 선물의 특징에 주목하고자 한다. 선물 행위에 수반하는 제스처가 허구, 격식, 사회적 속임수에 불과하며 근본적으로는 의무와 경제적 이해가 있더라도 거의 언제나 후하게 주는 선물 형식을 취한다.

우리는 교환의 필수적 형태—즉, 노동의 사회적 분업 그 자체—에 이러한 [이중적] 성격을 가져오는 모든 다양한 원리들을 앞으로 언급하겠지만, 그중 특히 하나의 원리를 철저하게 탐구하려고 한다. 미개 또는 태고 유형의 사회에서, 받은 선물에 대해 의무적으로 되갚도록 하는 법과 이해관계의 규칙은 무엇인가? 받은 물건에는 수증자로 하여금 되갚도록 만드는 어떤 힘이 존재하는가? 바로 이것이 우리가 다른 문제들을 지적하면서도 특별히 집중하려는 질문이다. 많은 사실을 충분히 제시해서 이 질문에 답할 수 있기를 희망하며, 아울러 이와 연관된 이슈에 대한 전반적 연구를 어떤 방향으로 추진할 수 있는지도 보여 주고 싶다. 또한 우리가 어떤 새로운 문제들로 나아갈지도 볼 것이다. 그 가운데 어떤 것은 계약 윤리의 지속적 형식에 관한 것으로, 예를 들어 어떻게 오늘날까지도 물건에 대한 법이 사람에 대한 법과 여전히 결합되어 있는가와 관련된 문제이다. 또 다른 것은 적어도 부분적으로 항상 교환을 주재해 왔으며, 오늘날에도 개인 이익이라는 관념을 부분적으로 보완하고 있는 형식과 관념에 관련된 문제이다.

이렇게 함으로써 우리는 두 가지 목표를 달성할 수 있을 것이다. 첫째, 우리 사회 주변에 있거나 바로 직전에 존재했던 사회들에서 행해지는 거래의 성격에 대해서 이를테면 고고학적인 결론에 도달할 것이다. 우리는 이들 사회에서의 교환과 계약의 현상을 기술할 것이다. 이들 사회는 그동안 주장되어 왔던 것과 달리 경제적 거래가 없지 않았으며—우리 관점에서 볼 때 경제적 거래는 세상에 알려져 있는 어떤 사회에서도 낯설지 않은 인간 현상이다—다만 교환 체제가 우리 사회와 다를 뿐이다. 이들 사회에서 상인 제도, 그리고 그들의 주요 발명품인 화폐가 도입되기 이전에 존재했던 거래의 모습을 보게 될 것이다. 현대적(셈적, 고대 그리스적, 헬레니즘적, 로마적)이라고 부를 수 있는 계약과 매매의 형식이 발견되기 이전에, 그리고 주조된 화폐가 사용되기 이전에 거래가 어떻게 기능했는지 볼 수 있을 것이다. 이러한 거래에서 작동하는 도덕과 경제를 보게 될 것이다.

둘째, 우리는 현대의 법 위기와 경제적 위기가 제기하는 몇 가지 문제들에 대해서 약간의 도덕적 결론을 끌어낼 수 있을 것이다. 왜냐하면 이들 사회의 도덕과 경제가 우리 사회에서도 끊임없이, 그리고 겉으로는 잘 드러나지 않게 기능한다는 점을 확인할 수 있으며, 또한 우리 사회가 기초하고 있는 인간 반석 중 하나를 여기에서 발견했다고 믿기 때문이다. 우리는 여기서 멈출 것이다. 사회사, 이론사회학, 도덕적 결론, 정치적·경제적 실천과 관련된 이 논의는 우리로 하여금 오래되었으면서도 항상 새로운 문제를 다시 한번 새로운 방식으로 질문하도록 이끈다.

적용 방법

우리는 엄밀한 비교방법을 적용했다. 먼저 언제나 그렇게 해왔듯이 특별히 선택한 지역들에 대해서만 우리의 주제를 탐구했다. 즉, 폴리네시아, 멜라네시아, 북서부 아메리카, 그리고 [로마법, 힌두법, 게르만법과 같은] 몇 개의 중요한 법전들을 비교해 연구했다. 그리고 당연하게, 문헌 자료와 언어학적 연구 덕분에 그 사회 자체의 의식에 접근할 수 있었던 법률 체계만 선택했다. 왜냐하면 우리는 여기서 용어와 관념을 다루고 있기 때문이다. 이 조건이 우리의 비교 범위를 한층 더 제한했다. 마지막으로, 각 사회에 대한 연구는 체계에 초점을 맞추어서 전체 모습을 기술하고자 노력했으며, 그러한 연구를 사회마다 돌아가면서 진행했다. 이렇게 함으로써, [여러 사회에서 나온] 자료들을 함께 뒤섞고, 각 제도의 지역적 색채와 자료의 맛을 잃어버리게 만드는 방식의 비교방법[3]을 피했다.

선물과 포틀래치

이 책은 다비(Davy)[4]와 내가 오랫동안 계약의 태곳적 형태에 관해 연구해 왔던 조사 프로젝트의 일부이다. 이에 대한 요약이 먼저 필요하다.

원시 또는 미개라는 딱지를 붙여 부당하게 뭉뚱그려 놓은 사회에서든 현대와 꽤 가까운 시기의 사회에서든 이른바 자연경제[5]라고 불리는 것과 유사한 경제는 결코 존

3 모스가 여기서 비판하는 방식은 당시 사회진화론적 관점을 가진 인류학자들이 일반적으로 수행하던 비교방법이다.

4 다비는 모스의 제자로 북서부 아메리카 인디언의 포틀래치를 주제로 삼아 「맹세한 믿음」(1922)이란 제목으로 박사학위 논문을 받았다.

5 여기서 자연경제(natural economy)는 물물교환으로만 이루어진 경제를 의미한다.

재한 적이 없는 것 같다. [···] 우리 사회를 선행하는 경제와 법 체계에서 개인 사이의 거래를 통한 재화, 부, 생산물의 단순한 교환을 거의 관찰할 수 없다. 우선, 서로 간에 의무를 지우고 교환과 계약을 맺는 것은 개인이 아니라 집단이다. 계약 당사자는 씨족·부족·가족과 같은 도덕적 인격체이다. 이들은 집단적으로 직접 서로 맞서거나, 그들의 우두머리를 매개로 맞서거나, 두 방식을 동시에 동원하기도 한다. 또한 그들이 교환하는 것은 단지 재화와 부, 동산과 부동산 또는 경제적으로 유용한 물건만이 아니다. 교환되는 것은 예의, 향연, 의례, 군사적 봉사, 여자, 어린이, 춤, 축제, 장터 마당이며, 여기서 경제적 거래는 이 교환의 한 계기일 뿐이고, 부의 이전은 훨씬 더 일반적이고 영구적인 계약의 한 측면일 뿐이다. 마지막으로, 이러한 증여와 답례는 후한 선물의 형태로 어느 정도 자발적으로 행해지지만, 궁극적으로는 엄격하게 의무적이며, 그것을 이행하지 않을 때에는 사적이거나 공적인 싸움이 벌어진다. 우리는 이러한 교환을 총체적 선물체계(system of total prestation)[6]라고 부를 것을 제안한다. [···]

6 prestation의 번역과 관련해서는 《선물론》 해설의 주 83

북서부 아메리카 인디언 사회에서는 총체적 선물체계의 전형적이면서도 발전되고 비교적 드문 형태가 나타난다. 우리는 다른 미국 학자들과 마찬가지로 치누크족[7]의 용어를 좇아서 이를 포틀래치(potlatch)라고 부르자고 제안한다. 포틀래치는 밴쿠버에서 알래스카에 걸쳐 사는 백인과 인디언이 함께 사용하는 일상 용어가 되었다. 포틀래치는 원래 "식사를 제공하다" 또는 "소비하다"를 뜻한다. 섬, 해안가 또는 로키산맥과 해안 사이의 지역에 거주하는 부유한 인디언 부족들은, 이들이 엄숙하게 모이는 집회이기도 한 향연·장터 마당·시장의 축제를 끊임없이 열면서 겨울을 보낸다. 이 부족들은 위계적인 형제단과 비밀결사에 의해 조직되어 있는데, 비밀결사는 형제단 또는 씨족과 종종 혼동되기도 한다. 씨족, 혼인, 입회식, 샤머니즘적 강령회, 그리고 신, 토템, 씨족의 집단적 조상이나 개인적 조상에 대한 숭배를 포함하는 모든 것이 뒤섞여, 의례와 총체적 선물과 남성단체·부족·부족연합체에서의 정치적 지위가 서로 뗄 수 없이 얽혀 있는 네트워크를 만

을 참조할 것.

7 치누크(Chinook)족은 미국 북서부 컬럼비아강 유역에 사는 아메리카 인디언 부족이다.

들어 간다. 그런데 여기서 주목할 만한 것은 이 모든 행동을 지배하는 경쟁과 적대의 원리이다. 이들은 싸움을 벌이거나, 서로 맞서고 있는 추장과 귀족을 죽이기도 한다. 또는 경쟁자이면서 파트너(대개 할아버지, 장인, 사위이다)이기도 한 추장을 압도하기 위해 지금까지 모아온 모든 재산을 아낌없이 파괴해 버리기도 한다. 씨족 집단 자체가 그 구성원 모두와 그들이 소유하고 행하는 모든 것을 위해 추장을 매개로 계약을 맺는다는 의미에서 이곳에는 총체적 선물이 존재한다. 그런데 이 선물은 추장을 통해 매우 두드러지게 경쟁적인 성격을 띤다. 이 선물은 근본적으로 고리대적이고 낭비적이며, 귀족들 사이에 위계를 세우기 위해 벌이는 투쟁으로 나중에 그들의 씨족이 그 결과를 누린다. 우리는 포틀래치라는 용어를 이러한 종류의 제도, 보다 논란이 적고 정확하게 표현하면 **경쟁적(agonistic) 형태의 총체적 선물**이라고 부를 수 있는 제도를 지칭하는 데 사용하자고 제안한다.

지금까지 우리는 이 제도의 사례를 북서부 아메리카, 멜라네시아, 파푸아 뉴기니의 부족들 이외에서는 거의 발견할 수 없었다. 아프리카, 폴리네시아, 말레이시아, 남아메리카, 그리고 북아메리카의 다른 지역에서는 씨족이나 가족 사이의 선물교환이 총체적 선물의 [경쟁이 결여되어 있다는 의미에서] 기본 형태에 머물러 있는 것으로 보인다. 하지만 이제 보다 상세한 연구들이 상당히 많은 [포틀래치의] 중간 형태들, 즉 북서부 아메리카와 멜라네시아에서처럼 극심한 경쟁 및 부의 파괴가 특징인 교환과 선물 계약 당사자들이 선물을 가지고 겨루는 보다 온건한 경쟁이 특징인 교환—예를 들면 프랑스인은 연말연시에 주고받는 선물, 향연, 결혼식, 단순한 초대에서 서로 경쟁하며, 독일인들이 말하는 바와 같이 '복수하지(revanchieren)' 않으면 안 된다고 생각한다—사이에 존재하는 중간 형태들을 밝혀냈다. 우리는 고대 인도유럽어족의 세계에서, 특히 트라키아[8]에서 이러한 중간 형태를 발견했다.

이러한 형태의 법과 경제에는 다양한 주제들—여러 규칙과 관념들—이 포함된다. 이 정신적 메커니즘 중에서 가장 중요한 것은 받은 선물에 대해 의무적으로 되갚도록 하는 원리이다. 이러한 강제성의 도덕적이고 종교적인 의미가 폴리네시아보다 더 명확하게 드러난 곳은 어

8 트라키아(Thracia)는 발칸반도의 에게해 북동해안 지역이다. 마케도니아, 비잔틴제국, 오스만제국의 지배를 받았다. 모스는 「트라키아인의 계약의 고대적 형태」(1921)라는 논문을 발표하기도 했다.

디에도 없다. 따라서 폴리네시아 사례를 면밀하게 탐구하면, 과연 어떤 힘이 받은 물건에 대해 되갚도록 강요하는지, 보다 일반적으로는 물건과 관련된 계약을 이행하게 하는지를 뚜렷이 보게 될 것이다.

제1장

교환된 선물과 되갚을 의무(폴리네시아)

총체적 선물:
여성의 재산과 남성의 재산(사모아섬)

계약적 선물체계의 발전에 대한 이러한 연구에서 오랫동안 폴리네시아에는 진정한 포틀래치가 존재하지 않는다고 여겨졌다. 이와 매우 유사한 제도를 가진 폴리네시아 사회도 여자, 남자, 아이, 의례 등을 공유하는 씨족들 사이의 영속적인 선물 계약, 즉 '총체적 선물체계'의 기본 형태 단계를 넘어서지 않은 것으로 보였다. 당시 우리가 연구한 사실들, 특히 사모아섬에서 결혼식 때 추장들 사이에 문장(紋章)이 새겨진 돗자리를 교환하는 주목할 만한 관행도 우리에게는 이 단계를 넘어서지 않는 것으로 보였다. 멜라네시아와는 달리 폴리네시아에는 [포틀래치의 특징적 측면인] 경쟁, 재산 파괴, 투쟁의 요소들이 없다고 여겨졌다. 그때에는 수집된 사실들이 너무 적었다. 그러나 이제는 우리가 [포틀래치가 존재하는지에 대해] 그렇게 부정적으로 보지 않아도 될 것이다.

먼저, 사모아섬에서 계약적 선물의 이 체계는 결혼 외에도 널리 퍼져 있다. 출생, 할례, 질병, 초경, 장례, 교역과 같은 사건에서도 그러한 선물이 수반된다.

다음으로, 포틀래치의 두 가지 본질적 요소가 여기에서 분명하게 확인된다. 하나는 부가 부여하는 명예, 위신, 마나(mana: 영적 힘)이며, 또 하나는 받은 선물에 대해 되갚아야 할 절대적 의무이다. 이 의무를 이행하지 않으면 '마나', 권위, 그리고 권위 자체이기도 한 부의 부적과 원천을 잃게 된다.

한편 터너(Turner)는 다음과 같이 말한다.

> 출생 의례 이후에, '올로아(oloa: 남성의 재산)'와 '통가(tonga: 여성의 재산)'를 주고받은 이후에, 남편과 부인은 그전보다 더 부유해지지 않았다. 하지만 그들은 커다란 명예라고 생각했던 것, 즉 그들의 자식이 태어났을 때 들어온 많은 물건을 본 것에 만족을 느꼈다.

다른 한편 이 선물은 그것이 가져오는 법적 지위 외에

는 아무런 보상 없이, 의무적이고 영속적인 성격을 가질 수 있다. [입양의 경우] 여자 형제가 그녀의 남자 형제로부터 받아서 기르는 아이 자체를 통가라고 부른다.

> 그 아이는 대대로 전해지는 재산, 즉 통가가 출산한 부모로부터 입양한 가족에게 끊임없이 흘러 들어가는 통로가 된다. 다른 한편 그 아이는 출산한 부모가 입양한 가족으로부터 외래 재산, 즉 올로아를 받을 수 있는 수단이 되며, 이는 아이가 살아 있는 동안 지속된다. 따라서 이러한 (부모자식 간 자연적 유대의) 희생은 대대로 내려오는 재산과 외래 자산 사이의 교환을 체계적으로 촉진한다.

[…] 올로아와 통가라는 두 용어에 주목해 보자. 특히 통가에 초점을 맞추어 보자. 통가는 영구적 재산, 특히 혼례 돗자리—이것은 그 혼인에서 태어난 딸들이 물려받게 된다—, 장식품과 부적—이것은 아내가 새로 이룬 가족에게 가지고 오는 것으로 나중에 되돌려 줄 의무가 있다—을 가리킨다. 요컨대 이러한 것들은 일종의 고정 재산(immeubles par destination)이다. 올로아는 물품, 대개 도구를 가리키는데, 특히 남편에게 속한 것이다. 이 물건들은

본질적으로 동산(動産: meubles)이다. 올로아는 현재는 백인에게서 얻은 물건에도 적용된다. 이것은 분명히 최근에 일어난 의미의 확장이다. 터너가 올로아를 외래 재산, 통가를 토착 재산이라고 번역한 것은 무시할 수 있다. 그 번역은 부정확하고 불충분하기 때문이다. 하지만 그 번역에 관심을 끌 만한 점이 있는데, 통가라고 불리는 재산이 올로아라고 불리는 재산보다 토지·씨족·가족·사람과 더 밀접한 연관이 있다는 것을 보여 준다는 점에서 그러하다.

우리의 관찰 영역을 더 넓히면, 통가라는 개념은 곧바로 또 다른 차원을 얻는다. 마오리어, 타히티어, 통가어 및 망가레바어에서는 그 개념이 재산으로 간주되는 모든 것, 부, 권력, 위세를 가져다주는 모든 것, 교환될 수 있는 모든 것, 보상물로 사용될 수 있는 모든 것을 가리킨다. 그것들은 귀중품, 부적(talisman), 문장(紋章), 돗자리, 신성한 우상이며, 때로는 전통, 의식(儀式), 주술적 의례이기도 하다. 여기서 우리는 말레이-폴리네시아 세계, 심지어는 태평양 지역 전체에 널리 퍼져 있다고 확신하는 '부적으로서의 재산'이라는 관념과 만나게 된다.

선물로 준 물건의 영(마오리족)

적어도 마오리족[9]의 법과 종교 이론에서 타옹가(taonga)[10]는 사람, 씨족, 토지와 밀접하게 연관되어 있다. 타옹가는 마나(mana), 즉 주술적이고 종교적이며 영적인 힘의 운반체이다. 그레이(Grey) 경과 데이비스(Davis)가 수집한 [마오리족] 속담에는 타옹가를 받았던 사람을 파멸시켜 달라고 타옹가에게 간청하는 이야기가 나온다. 법, 특히 답례의 의무가 지켜지지 않았을 때, 타옹가는 그렇게 할 수 있는 힘을 그 자체에 갖고 있다는 것이다. […]

[고인이 된 모스의 동료 학자인] 에르츠(Hertz)는 나도 이미 잘 알고 있었지만 그 중요성을 간과했던 아래의 문장—그가 남긴 카드 뭉치 속에서 발견했다—을 적어 놓았다. [인류학자] 앨스던 베스트(Elsdon Best)에게 가장 훌륭한 마오리족 정보제공자였던 사람 중 한 명인 타마티 라나이피리(Tamati Ranaipiri)가 **하우(hau)**, 즉 사물의 영(spirit), 특히 숲의 하우와 그 속에 사는 사냥감[새]의 하우에 대해

9 마오리(Maori)족은 뉴질랜드의 원주민 집단이다.

10 타옹가는 통가와 같은 어군에 속한다.

설명하다가[11] [선물의 하우에 대한 예시를 통해] 아주 우연히, 그리고 어떤 선입관도 없이 우리에게 [선물을 되갚을 의무와 관련된] 문제를 해결할 수 있는 열쇠를 제공했다.

> 이제 하우에 관해 말씀드리겠습니다. … 하우는 부는 바람이 결코 아닙니다. 당신이 어떤 타옹가를 갖고 있는데, 그것에 가격을 매기지 않고 나에게 준다고 가정해 봅시다. 우리는 그것에 대해 흥정하지 않습니다. 이제 내가 그 타옹가를 제3자에게 주고, 그가 어느 정도 시간이 지난 다음 이에 대해 보답해야겠다고 마음먹고 어떤 타옹가를 나에게 주었습니다. 그가 나에게 준 이 타옹가는 내가 처음에 당신한테서 받고 그에게 주었던 타옹가의 하우입니다. 당신이 주었던 타옹가로 인해 그로부터 받게 된 타옹가를 당신에게 돌려주지 않으면 안

11 라나이피리의 아래 진술은 베스트에게 완가이 하우(whangai hau: 하우를 먹이는 것)라는 숲의 의례를 설명하기 위해, 하우의 의미를 선물교환의 예를 통해 제시한 것이다. 숲의 하우는 숲에 새가 번창하도록 만드는 영적 힘을 의미한다. 숲에서의 새 사냥이 끝난 다음, 마오리족은 수확한 새의 일부를 숲의 하우에게 바치는 희생의례를 행한다.

> 됩니다. 그 타옹가가 탐나는 것이든 불쾌한 것이든 간에, 나 자신을 위해 그것을 간직하는 행위는 옳지 않습니다. 그 타옹가는 당신이 나에게 주었던 타옹가의 하우이기 때문에, 나는 그것을 당신에게 반드시 주어야 합니다. 내가 만약 그 타옹가를 간직하려 한다면, 심각한 재앙이 나에게 떨어지거나, 심지어 죽게 될지도 모릅니다. 이러한 것이 하우, 개인 물건의 하우, 타옹가의 하우, 숲의 하우입니다. 이 주제에 관해서는 이것으로 충분합니다.

매우 중요한 이 문장에 대해 약간의 해설이 필요하다. 모호한 성격의 신학적이고 법학적인 정신과 '비밀 가옥'의 교리가 배어 있지만 때때로 놀라울 정도로 명료하기도 한 마오리족의 특징을 완벽하게 드러내는 이 문장에서, 유일하게 애매한 부분은 왜 제3자의 개입을 설정해 두느냐는 점이다. 하지만 [이 문제는 차치해 두고] 이 마오리 법학자의 의도를 잘 이해하기 위해서는 다음과 같이 말하는 것으로 충분하다.

> 타옹가, 그리고 엄밀한 의미에서 인격적 소유물이라고 칭할 수 있는 모든 물건은 하우, 즉 영적 힘을 지닌다.

> 당신이 나에게 타옹가를 주고, 나는 그것을 제3자에게 준다. 그러면 제3자는 나에게 다른 타옹가를 주는데, 내 선물이 지닌 하우에 의해 그렇게 하지 않을 수 없기 때문이다. 나 역시 그 타옹가를 당신에게 주어야만 하는데, 실제로는 당신 타옹가의 하우가 초래한 산물을 당신에게 돌려줄 수밖에 없기 때문이다.

이런 식으로 해석하면 라나이피리의 설명은 그 의미가 명료해질 뿐 아니라 거기에 담긴 관념이 마오리 법의 핵심 교리의 하나로 부각된다. 받고 교환된 선물이 [수증자에게 되갚을] 의무를 지우는 것은 받은 물건이 살아 있기 때문이다. 증여자가 내버린 경우에도 그 물건은 여전히 그에게 속한다. 도적질당한 물건을 통해 원 소유주가 도적에 대해 영향력을 행사하는 것과 마찬가지 방식으로, 증여자는 준 물건을 통해 수증자에게 영향력을 행사한다. 이는 숲, 출생지, 토지의 하우가 타옹가에게 생명력을 불어넣었기 때문이다. 타옹가는 진실로 '토착적' 개념이다. 하우는 타옹가를 소지한 사람을 쫓아다닌다.

하우는 최초의 수증자 또는 경우에 따라서는 제3자를 쫓아다닐 뿐 아니라, 타옹가를 단순히 전달해 받은 데 불과한 모든 사람도 쫓아다닌다. 기본적으로 출생지, 숲과 씨족의 성지, 원 소유자에게 돌아가기를 원하는 것은 하우이다. [타옹가를 소지하게 된] 일련의 사용자들이, 받은 물건과 동등하거나 더 큰 가치를 가진 물건을 그들 자신의 소유물이나 타옹가 또는 그들의 노동과 교역의 산물로부터 찾아서 향연, 축제, 선물의 방식으로 답례할 때까지, 타옹가와 그 하우는 그들에게 달라붙어 있다. 이 답례가 행해지면 이번에는 그 답례자가, 마지막 수증자로 위치가 바뀐 최초의 증여자에 대해 권위와 권력을 행사하게 된다. 이것이 사모아섬의 원주민과 뉴질랜드의 마오리족에서 부, 공물, 선물의 의무적 순환을 지배하는 핵심 관념이다.

이와 같은 사실은 폴리네시아에서, 또한 폴리네시아 이외의 지역에서도 발견되는 사회현상의 두 가지 중요한 체계를 밝혀 준다. 첫째, 물건의 이전이 창출하는 법적 유대의 성격을 파악할 수 있다. 우리는 나중에 이 문제로 돌아가서 이러한 사실들이 어떻게 의무에 대한 일반이론에 기여할 수 있는지 보여 줄 것이다. 그러나 우선 명백한 것은 마오리 법에서 물건을 통해 맺어지는 법적 유대는 영혼 사이의 유대라는 점이다. 왜냐하면 물건 자체가 영혼을 갖고 있으며 영적인 것이기 때문이다. 따라서 누군가에게 어떤 물건을 주는 것은 자신의 일부를 주는 것이라는 추론이 따라 나온다.

둘째, 선물교환의 성격, 우리가 총체적 선물로 부르는 모든 것의 성격, 또한 그중 일부인 포틀래치의 성격에 대해 보다 더 잘 이해할 수 있다. 이 관념 체계에서는 어떤 사람으로부터 무엇인가를 받는 것은 그의 영적 본질, 영혼의 일부를 받는 것이기 때문에, 실제로는 그의 본성 및 실체의 일부인 것을 그 사람에게 돌려주지 않으면 안 된다는 것을 분명하게 또 논리적으로 이해할 수 있다. 그러한 물건을 자신이 계속 갖고 있고자 하는 것은 위험한 짓이며 목숨이 위태로워질 수도 있다. 그런 행동이 법에 어긋나기 때문일 뿐만 아니라, 그 물건은 도덕적인 의미로나 육체적·정신적인 의미로나 어떤 사람으로부터 온 것이며, 그 영적 실체, 음식물, 동산이나 부동산의 재화, 여자 또는 자손, 의례와 영적 교감의 이벤트가 그 물건을 소지한 당신에게 주술적이고 종교적인 영향력을 미치기 때문이다. 마지막으로, 그 물건은 생명이 없는 것이 아니다. 살아 있으며, 종종 개성을 지닌 이 물건은 에르츠가 '출생의 아궁이(foyer d'origine)'라고 부른 곳으로 돌아가려 하거나, 이 물건이 유래한 씨족과 토지를 위해서 자신을 대체할 등가물을 만들어 내려고 한다.

그 밖의 주제: 줄 의무와 받을 의무

총체적 선물과 포틀래치라는 제도를 완전히 이해하려면 되갚을 의무를 보충하는 두 가지 다른 요소에 대해 설명해야 한다. 총체적 선물은 되갚을 의무만 수반하는 것이 아니라, 마찬가지로 중요한 다른 두 가지 의무, 즉 선물을 주어야 하는 의무와 선물을 받아야 하는 의무도 전제한다. 이 세 가지 의무, 다시 말해 동일한 복합체에 연관된 세 가지 주제에 대한 완전한 이론을 제시해야 폴리네시아 씨족들 사이에 이루어지는 이러한 형태의 계약에 대해 근본적이고 만족할 만한 설명을 제공할 수 있을 것이다. 일단 여기서는 이 주제를 어떻게 다룰 수 있는지 개요를 제시하는 데 그칠 것이다.

선물을 받아야 하는 의무와 관련해서는 많은 사실을 쉽게 찾을 수 있다. 왜냐하면 씨족, 가구, 단체, 손님은 환대를 요청하지 않을 수 없고, 선물을 받지 않을 수 없으며, 교역을 행하지 않을 수 없고, 여자 또는 혈연을 통해 동맹을 맺지 않을 수 없기 때문이다. 다약(Dayak)족[12]은 식

12 보르네오섬 원주민의 한 종족(ethnic) 집단이다.

사 자리에 있거나 식사 준비하는 것을 본 경우 반드시 그 식사를 함께해야 한다는 의무에 기초해서 법과 도덕의 전체 체계를 발전시키기까지 했다.[13]

선물을 주어야 하는 의무도 그에 못지않게 중요하다. 이를 탐구하면 사람들이 어떻게 재화와 서비스를 서로 교환하게 되었는지 이해할 수 있다. 여기서는 단지 몇 가지 사실을 지적하는 데 그칠 것이다. 선물 받기를 거부하는 것과 마찬가지로, 선물 주기를 거부하는 것, 초대를 소홀히 하는 것은 전쟁 선포에 해당한다. 그 행위는 동맹과 공동체의 유대를 부정하는 것이다. 또한 선물을 주는 것은 그렇게 하도록 강제되기 때문이며, 수증자가 증여자에게 속한 모든 것에 대해서 일종의 재산권을 갖고 있기 때문이다. 이 소유권은 영적인 유대라고 표현되고 인식된다. 호주 원주민 사회에서 사위가 사냥해서 얻은 모든 동물

13 모스는 이 사례를 선물을 받아야 하는 의무의 측면에서 설명했지만, 이는 수렵채집 사회에서 음식을 공유하는 관행과도 잘 들어맞는다. 수렵채집 사회에서는 사냥한 고기를 가족, 친척, 이웃뿐 아니라, 우연히 그 자리에 있는 낯선 사람에게도 분배한다(Widlok 2017: 72-74). 신체적으로 그 자리에 함께 있음은 나눔(sharing)을 촉발하는 강력한 요인이다.

고기는 장인과 장모에게 빚진 것이라고 여겨지는데, 사위는 그들이 있는 자리에서는 그 고기를 먹으려 하지 않는다. 단지 그들의 숨결만으로도 그가 먹는 고기를 유독하게 만들 수 있다고 두려워하기 때문이다. [···]

이 모든 것에는 선물을 주고받는 권리와 의무에 상응해서, 소비하고 되갚는 일련의 권리와 의무가 존재한다. 어느 정도는 영혼을 가진 물건, 상대방을 어느 정도는 물건처럼 취급하는 개인 및 집단, 이 양자 사이에 영적 유대의 혼합이 존재한다는 것을 이해한다면, 대칭적이면서 서로 대립하는 권리와 의무의 복잡한 뒤섞임이 더 이상 모순처럼 보이지 않을 것이다.

이 모든 제도는 단지 하나의 사실, 하나의 사회적 체계, 하나의 분명한 심성을 표현한다: 모든 것—음식물, 여자, 아이, 재화, 부적, 토지, 노동, 서비스, 성직자 직책, 지위—은 다른 사람에게 넘겨 주어야 하고 그것은 되갚아져야 한다. 물건과 사람을 포함하는 영적 물질이 지위, 성, 세대로 나누어진 씨족과 개인 사이에 끊임없이 교환되는 것처럼 모든 것이 오고 간다.

주석: 사람에게 주는 선물과 신에게 주는 선물

[선물을 줄 의무, 받을 의무, 되갚을 의무라는 세 주제를 넘어서서] 네 번째 주제, 즉 신과 자연을 위해 사람에게 주는 선물에 대한 주제는 선물의 경제와 도덕에서 일정한 역할을 한다. 우리는 아직 이 논의의 중요성을 충분히 드러내는 데 필요한 수준까지 연구를 진척시키지 못했다. 게다가 이 주제와 관련해 우리가 갖고 있는 모든 자료들이 본 연구가 한정해 다루는 지역들과 관련된 것은 아니다. 마지막으로, 우리가 아직 거의 이해하지 못하고 있는 신화적 요소가 이 자료들에 너무나 강력하게 나타나서 이를 무시하고는 논의를 제대로 전개할 수 없다. 따라서 여기서는 약간 언급하는 수준에 그칠 것이다.

시베리아 동북부와 서부 알래스카의 에스키모, 그리고 베링 해협의 아시아 연안 에스키모에게는 포틀래치가 서로 관대함을 경쟁하는 사람들, 이들이 선물하거나 소비하는 물건들, 여기에 참여하는 죽은 자들의 영혼뿐만 아니라, 자연에도 영향을 미친다. 사람들, '이름이 같은 사람들'—즉 같은 정령의 이름을 따서 자신의 이름을 지은 사람들—사이의 선물교환은 죽은 자의 영혼, 신, 물건, 동물, 자연이 "그들[사람들]에게 관대하게 대하도록" 부추긴

다. 선물교환은 풍족한 부를 가져다준다고 사람들은 말한다. […]

북동 시베리아의 추크치(Chuckchee)족은 장기간에 걸친 감사제(感謝祭) 동안 의무적이고 자발적인 선물교환을 가장 많이 행한다. 이 감사제는 흔히 겨울 동안 각 집마다 차례대로 돌아가면서 치러지는 감사 의례이다. 축제의 향연 때 먹다 남은 것들은 바다에 던지거나 바람에 날려 보낸다. 그것들은 그해에 잡혔던 사냥감들을 데리고 그들의 고향으로 돌아가서 다음 해에 다시 돌아온다. […]

사람들 사이의 계약·교환과 사람과 신 사이의 계약·교환의 양자 사이에 존재하는 관계는 희생의례 이론의 모든 측면을 분명하게 보여 준다. 사람들이 정령의 가면을 쓴 화신이며, 종종 샤먼적이고 그들이 이름을 따온 정령들에게 사로잡혀 있는 사회, 즉 그들이 실제로 정령의 대리인으로 행동하는 사회에서는, 이러한 [사람 간의 교환과 사람과 신 간의 교환 사이에 존재하는] 관계를 완벽하게 이해할 수 있다. 왜냐하면 이 교환과 계약은 사람과 물건뿐 아니라, 그들과 상당히 연관이 있는 신성한 존재도 그 와중에 끌어들이기 때문이다. 이는 틀링깃족[14]의 포틀래치, 하이다족[15]의 포틀래치, 에스키모의 포틀래치에서 명확하게 드러난다.

이러한 진화는 자연스러운 것이다. 인간이 계약을 맺어

야 했던 최초의 집단, 인간과 계약을 맺기 위해 당연히 존재했던 최초의 집단은 무엇보다 죽은 자들의 영혼과 신이다. 이들이야말로 이 세계의 사물과 재화의 진정한 소유자이다. 이들과 교환하는 것이 가장 필요했으며, 이들과 교환하지 않는 것이 가장 위험했다. 반대로, 이들과 교환하는 것이 가장 쉽고 안전했다. 희생의례에서 제물의 파괴는 반드시 보상을 가져오는 일종의 선물 행위라는 점에서 그 목적이 가장 분명하게 드러난다. 북서부 아메리카와 아시아 동북부 지역에서 행해지는 모든 형태의 포틀래치는 이러한 파괴의 주제를 포함한다. 노예를 죽이고, 귀중한 [고래] 기름을 태우고, 구리판을 바다에 던져 버리고, 심지어 집에 불을 지르는 일들은 권력과 부를 과시하거나 이기심으로부터 초연함을 보여 주기 위한 것만이 아니다. 이러한 파괴는 정령과 신에게 희생제물을 바치는 행위이기도 하다. 그 정령과 신은 이들의 살아 있는 화신, 즉 이들과 같은 이름을 갖고 있으며 입회 의례를 통해 [정

14 틀링깃(Tlingit)족은 알래스카 남동부의 해안 지대에 거주하는 아메리카 인디언 부족이다.

15 하이다(Haida)족은 캐나다의 서부 해안 지대와 알래스카에 거주하는 아메리카 인디언 부족이다.

령 및 신과] 동맹을 맺는 인간과 구별되지 않는다. [⋯]

또 다른 주석: 자선에 대하여

[⋯] 자선은 한편으로는 선물과 행운의 도덕적 관념과 다른 한편으로는 희생의례의 관념이 합쳐져 만들어진 산물이다. 너그러이 베푸는 것이 의무이다. 왜냐하면 네메시스(Nemesis)[16]는 행복과 부를 지나치게 많이 갖고 있으면서도 가난한 사람과 신을 위해 베풀지 않는 사람에게 복수하기 때문이다. 자선은 오래된 선물도덕이 정의의 원칙으로 자리잡은 것이다. 신과 정령은 자신에게 봉헌되고 희생의례에서 파괴되는 그들의 몫이 가난한 사람들과 아이들을 위해 쓰여야 한다는 데 동의했다. 여기서 우리는 셈족의 도덕 관념의 역사를 이야기하는 셈이다. 히브리어의 제다카(zedaqa), 그리고 이와 같은 의미인 아랍어의 사다카(sadaka)는 원래 전적으로 정의를 뜻했다. 그러다 나중에 자선을 의미하게 되었다. 우리는 기독교와 이슬람과

16 그리스신화에 나오는 인과응보와 복수의 여신이다.

함께 전 세계로 퍼져나간 자선의 교리가 탄생하는 시점을 미슈나(Mishnah)[17]가 편찬된 시대부터, 예루살렘에서의 '빈민'의 승리로 알려진 시기로부터 추정할 수 있다. 성경에서 제다카는 자선을 의미하지 않았는데, 이 시기부터 그 단어의 의미가 변했다. […]

17 유대교에서 구전 토라(Torah)로 전승되어 오던 내용을 최초로 문서로 옮긴 것으로 서기 200년경에 편찬되었다고 알려져 있다.

제2장

선물체계의 발전: 관대함, 명예, 돈

선물교환의 원칙, 동기, 그리고 강도(멜라네시아)

[…][18] 트로브리안드(Trobriand)군도의 주민들은 멜라네시아인 중에서 가장 문명이 발달한 집단이다. 오늘날에는 부유한 진주조개 채집자이며, 유럽인이 들어오기 전에는 도자기, 조개 화폐, 돌도끼, 그 밖의 귀중품을 만드는 훌륭한 제작자였던 이들은 유능한 교역자이며 대담한 항해자이기도 하다. 말리노브스키(Malinowski)[19]가 이들을 이아

18 이 앞부분에 벵골만의 안다만(Andaman)제도와 멜라네시아의 뉴칼레도니아(New Caledonia)섬에 대한 짧은 기술이 있는데 생략했다.

19 말리노브스키는 영국에서 활동한 사회인류학자로 트로브리안드군도에 대한 몇 권의 민족지를 남겼다. 특히 이 지역의 쿨라 교환에 대해 기술한《서태평양의 항해자들》

손(Jason)의 일행에 비교하면서 '서태평양의 아르고호 선원들(Argonauts)'[20]이라고 부른 것은 진정 이들에게 딱 들어맞는 이름이다. 서술적 사회학 분야에서 가장 뛰어난 연구 가운데 하나인 그의 책에서, 말리노브스키는 우리가 관심을 갖는 바로 그 주제에 초점을 맞추어 쿨라(kula)라는 명칭을 가진 부족 간 및 부족 내 교역의 전체 체계를 기술했다. [···]

쿨라는 일종의 거대한 포틀래치이다. 광범위한 부족 간 교역의 장치로서 쿨라는 트로브리안드군도의 모든 섬, 당트르카스토(D'Entrecasteaux)제도의 일부, 암플렛(Amphletts)제도에 걸쳐 행해진다.[21] 쿨라에는 이 지역의 모든 부족이 간접적으로 연관되며, 암플렛제도의 도부(Dobu)섬, 트로브리안드군도의 키리위나(Kiriwina)섬, 시나케타(Sinaketa)섬, 키타바(Kitava)섬, 그리고 우드라크(Woodlark)섬의 바쿠

(1922)은 모스가 《선물론》을 집필하는 데 큰 영향을 미쳤다.

20 그리스신화에서 신성한 황금 양털 옷을 얻기 위해 모험을 떠난 아르고(Argo)호의 영웅적 선원들이다.

21 이 섬들은 뉴기니의 남동쪽 끝에 인접한 바다에 위치한다. 현재 행정적으로 파푸아 뉴기니의 밀느베이(Milne Bay)주에 속한다.

타(Vakuta)에 거주하는 몇몇의 큰 부족들은 직접 참여한다. 말리노브스키가 쿨라의 번역어를 제시하지 않았지만, 이 단어는 의심할 여지 없이 '원(circle)'을 의미한다. 쿨라는 이 모든 부족, 항해, 귀중품과 일용품, 음식과 축제, 의례적이거나 성적인 것을 포함한 모든 종류의 서비스, 남자와 여자가 마치 하나의 원에 휘말려서 그 원 주변을 따라 시간적으로나 공간적으로나 규칙적으로 움직이는 것 같다.

쿨라 교역은 귀족적이다. 쿨라는 추장들을 위해 마련된 제도처럼 보인다. 이들은 쿨라 항해선단과 카누의 우두머리이며, 교역자이고, 또한 그들의 자식이거나 처남인 가신들과 그에게 종속된 여러 마을의 추장들로부터 선물을 받는 수증자이기도 하다. 쿨라 교역은 고결한 방식으로, 외견상으로는 아무런 사심 없이 겸손하게 행해진다.

쿨라는 김왈리(gimwali)라고 불리는, 실용품을 단순히 물물교환하는 것과 주의 깊게 구분된다. 김왈리는 부족 간 쿨라에서 열리는 큰 축제 마당이나 부족 내 쿨라에서 열리는 작은 시장에서 쿨라 교환과는 별도로 행해진다. 김왈리에서는 거래 당사자들 사이의 집요한 흥정이 두드러지는데, 이는 쿨라에서는 용납되지 않는 행동이다. 쿨라에서 요구되는 고결한 영혼의 자세로 행하지 않는 자에 대해서, 사람들은 쿨라를 "김왈리 하듯이 한다."라고 비난한다. 적어도 겉으로 보기에 쿨라는 북서부 아메리카의 포틀래치처럼 누군가가 무엇을 주고 다른 사람이 그것을 받는 방식으로 이루어져 있으며, 이번에 수증자였던 사람이 다음에는 증여자가 된다. 쿨라 중 가장 완벽하고 장엄하며 고귀하고 가장 경쟁적인 형태인, 우바라쿠(uvalaku)라고 불리는 해양 쿨라에서, 선물로 줄 조개 장식품[조개팔찌나 조개목걸이]을 전혀 준비하지 않은 채 다른 섬으로 항해를 떠나는 것이 규칙이다. […] 그들은 마치 받는 것 말고는 아무런 일도 하지 않는 것처럼 행동한다. 이들이 방문했던 부족이 다음 해에 자신들을 찾아왔을 때, 이들은 이번에는 주인이 되어 자신이 앞선 항해에서 받았던 선물[조개팔찌나 조개목걸이]에 '이자'[22]를 붙여 되갚는다. […]

선물을 주고받는 행위 자체는 매우 엄숙한 형태를 띤다. 수증자는 선물로 받은 물건을 깔보고 불신하는 태도를 보이며, 그의 발밑에 선물이 내던져진 후에야 집어 든다. 증여자는 과장되게 겸손한 태도를 취한다. 소라고둥 소리에 맞춰 엄숙하게 선물을 가져와서는, 자신에게 남아도는 물건을 주는 데 불과하다고 변명하면서 그의 경쟁자

22 더 좋은 조개목걸이나 조개팔찌를 주는 것을 의미한다.

이기도 한 파트너의 발밑에 그 선물을 던져 버린다. 하지만 그렇게 하는 사이에 소라고둥이 울리고 전령관이 이제 양도가 엄숙하게 이루어졌음을 모든 사람에게 선포한다. 이 모든 행동의 목적은 자신의 관대함, 자유, 자율, 그리고 위대함을 과시하려는 데 있다. 그러나 그 아래 깊숙이에는 의무의 메커니즘, 물건을 매개로 한 의무의 메커니즘이 작동한다.

이 선물교환에서 핵심 물건은 일종의 화폐와 같은 바이구아(vaygu'a: 귀중품)이다. 쿨라에서 두 종류의 바이구아가 교환되는데, 하나는 음왈리(mwali)이고 다른 하나는 술라바(soulava)이다. 음왈리는 예쁘게 세공하고 연마한 조개껍데기 팔찌로, 중요한 행사가 있을 때 그 소유자나 친척들이 착용한다. 술라바는 시나케타섬의 솜씨 좋은 장인들이 붉은 국화조개의 자개로 제작한 목걸이로, 여성들이 중요한 의례가 있을 때 착용하며, 남성들도 극심한 고통에 처했을 때 예외적으로 착용하기도 한다. 하지만 음왈리와 술라바 모두 보통은 사용하지 않은 채 그냥 보관되며, 소유한다는 것 자체를 즐기기 위해 간직된다. 선물교환과 위세의 대상물인 이 두 물건을 제작하고 거래하는 것은 보다 세속적이고 일상적인 물품을 교역하는 것과 함께 트로브리안드인에게 부의 원천으로 기능한다.

말리노브스키에 의하면, 이 두 바이구아는 각각 다른 원을 그리며 움직인다. 조개팔찌인 음왈리는 항상 서쪽에서 동쪽으로 이동하며, 조개목걸이인 술라바는 항상 동쪽에서 서쪽으로 이동한다. 반대 방향으로 움직이는 이 두 운동은 트로브리안드군도, 당트르카스토제도, 암플렛제도, [트로브리안드군도로부터] 멀리 떨어져 있는 섬들인 우드라크섬, 마샬 베넷(Marshall Bennett)제도, 투베투베(Tubetube)섬, 그리고 가공하지 않은 조개팔찌가 오는 뉴기니의 가장 남동쪽 끝 해안 사이에서 행해진다. [...]

원칙적으로 이 부의 기호들의 순환은 끊임없이 이어지며, 한치의 오차도 없이 정확하다. 그 물건을 지나치게 오래 간직해서는 안 되며, 다른 사람에게 넘겨주는 데 너무 느리거나 인색해서도 안 된다. 또한 '조개팔찌 방향'이나 '조개목걸이 방향'과 같이 정해진 방향에 있는 특정한 파트너 이외의 사람에게 그 물건을 주어서도 안 된다. 이번 쿨라와 다음 쿨라 사이에는 그 물건을 보존해야 하며, 그렇게 하는 것이 허용된다. 그러는 동안 커뮤니티 전체는 추장이 획득한 바이구아를 한껏 자랑스러워한다. [...] 선물을 받아서 얻게 된 이 재산은 특별한 성격을 갖는다. 현대 세계에서 우리가 면밀하게 구별하는 법 원칙들이 이 재산에서는 뭉뚱그려 나타난다. 이 재산은 소유물이자 점유물이며, 담보물이자 임대물이며, 판매물이자 구매물이며, 보증물이자 위탁물이다. 왜냐하면 당신에게 선물할 때, 그 물건을 다른 사람을 위해 사용하거나 무리무리(murimuri), 즉 '멀리 떨어져 있는 파트너'인 제3자에게 넘겨주어야 한다는 조건을 달았기 때문이다. 이러한 것이 말리노브스키가 발견하고, 되찾고, 관찰하고, 기술한 경제적·법적·도덕적 복합체, 즉 쿨라 제도의 진정 전형적인 성격이다.

이 제도는 또한 신화적·종교적·주술적 측면도 지닌다. 바이구아는 별것 아닌 물건, 단지 화폐 조각에 불과한 것이 아니다. 가장 귀하고 사람들이 탐내는 바이구아는 각각 고유한 이름, 개성, 역사와 내력을 갖는다. 심지어 어떤 사람들은 바이구아의 이름을 따서 자신의 이름을 짓기도 한다. 트로브리안드인은 그들 나름의 방식으로 실증주의자이기 때문에, 이 물건들이 실제로 숭배의 대상이라고는 말할 수 없다. 그러나 이 물건들의 탁월하고 신성한 성격을 인정하지 않을 수 없다. 그것을 소유하면 "그 자체로 신나고, 위안이 되고, 마음이 편해진다". 소유자들은 몇 시간이고 그 물건을 만지고 바라본다. 그것과 접촉하기만 해도 그 효력이 전해진다. 바이구아를 죽어가는 사람의 이마와 가슴에 올려 놓거나, 그의 배에 문지르거나, 그의 코 앞에서 달랑거리며 흔든다. 바이구아는 그에게 최고의 위안이 된다.

그뿐만이 아니다. 계약 자체가 바이구아의 이러한 성격을 반영한다. 조개팔찌와 조개목걸이뿐 아니라 모든 재화, 장식품, 무기, 그리고 파트너에게 속한 모든 것이 개인적 영혼까지는 아니더라도 감정으로 충만되어 있기 때문에, 그것들 자체가 계약에 참여한다. '소라고둥의 매혹'이라는 매우 아름다운 주문을 읊으면 자신이 얻고자 하는 상대방 파트너의 물건이 주술에 걸려 자기 쪽으로 이끌려 온다.

> 흥분 상태가 나의 파트너를 사로잡는다.
> 흥분 상태가 그의 개를 사로잡는다.
> 흥분 상태가 그의 허리띠를 사로잡는다.

이 주문은 다음과 같이 계속된다: 흥분 상태가 그의 그와라(gwara: 코코넛과 베텔에 대한 터부)를, 그의 바기도우(bagidou) 목걸이를, 그의 바기리쿠(bagiriku) 목걸이를, 그의 바기두두(bagidudu) 목걸이 등을 사로잡는다.[23] […]

23 바기도우, 바기리쿠, 바기두두는 최상급 조개목걸이를

바이구아의 최초 선물은 '개시 선물'을 뜻하는 바가(vaga)라는 이름으로 불린다. 그것은 거래를 여는 선물이며, 수증자로 하여금 요틸레(yotile)라고 불리는 답례 선물을 하도록 강제한다. 말리노브스키는 요틸레를 거래를 '매듭짓는 선물'이라고 매우 적절하게 번역했다. 이 답례 선물의 또 다른 이름은 쿠두(kudu)인데, 물고, 자르고, 자유롭게 해주는 이빨을 뜻한다. 이 선물은 의무적이고 사람들이 기대하는 것이며, 최초의 선물, 즉 바가와 대등한 가치를 가져야 한다. 필요하다면, 무력이나 기습적 공격으로 답례에 해당하는 물건을 빼앗아 올 수 있다. 기대에 못 미치는 요틸레를 받으면, 주술을 이용해서 또는 적어도 욕설이나 불만을 표함으로써 복수할 수도 있다. 수증자가 답례할 수 없는 형편이라면, 바시(basi)를 우선 제공할 수 있다. 바시는 단지 피부를 '찌를' 뿐이며, 물지 못하며, 거래를 매듭지을 수 없다. 그것은 최종 답례를 지연시키는 일종의 선불 같은 선물이다. 그 선물이 지금은 채권자가 된 원증여자의 마음을 달래 주지만, [답례를 통해] 미래에 증여자가 될 지금의 채무자[즉, 수증자]를 답례의 의무

가리키는 명칭이다.

로부터 자유롭게 해주지는 못한다.

이 모든 자세한 사항들은 흥미로우며, 이 표현에 들어있는 모든 것은 주목할 만하다. 그러나 [답례하지 않았을 때 가해지는] 제재에 대해 우리는 잘 알지 못한다. 그 제재는 순전히 도덕적이고 주술적인가? "쿨라에서 답례에 인색한" 사람은 단지 경멸받을 뿐인가 아니면 주술에 걸리는가? 신뢰를 얻지 못한 파트너는 뭔가 다른 것, 예를 들어 그의 귀족 칭호 또는 적어도 추장들 사이에서의 그의 위치를 잃게 되지 않는가? 이에 대해 우리는 여전히 더 알아 나가야 할 필요가 있다. [...]

쿨라의 근본적인 모습은 트로브리안드인의 경제적·사회적 삶의 모든 측면을 사실상 포괄하는 것으로 보이는 방대한 증여와 답례 체계의 단지 한 순간, 하지만 가장 엄숙한 순간이라고 할 수 있다. 쿨라, 특히 부족 간 쿨라는 이들 삶의 절정일 뿐이다. 쿨라는 분명히 트로브리안드인들이 삶을 영위하고 먼 항해를 떠나는 목적 중 하나이다. 그러나 따지고 보면 추장들, 더욱이 해안가 부족의 추장들만이, 그중에서도 그들의 일부만이 쿨라에 참여한다. 쿨라는 다른 많은 제도를 함께 모으면서 그 제도들에 구체적 표현을 부여할 뿐이다.

쿨라 중에 행해지는 바이구아의 교환은 교역에서 임금

지불에 이르기까지, 간청에서 순수한 예의에 이르기까지, 철저한 환대에서 과묵함과 수줍음에 이르기까지 걸쳐 있는 지극히 다양한 일련의 다른 교환들 속에 일부로 포함된다. 첫째, 온전히 의례적이고 경쟁적이며 격식을 갖춘 성대한 항해 쿨라인 우바라쿠를 제외하면, 모든 쿨라는 일상적 교역인 김왈리의 기회를 제공한다. 그 교역은 반드시 쿨라 파트너 사이에 행해질 필요는 없다. 긴밀한 협력 관계에서뿐 아니라 동맹을 맺은 부족들의 개인 사이에도 자유 시장이 존재한다. 둘째, 쿨라 파트너 사이에 의무적 선물[즉, 조개팔찌와 조개목걸이의 증여와 답례]뿐 아니라, 추가 선물이 마치 연속적 사슬처럼 끊임없이 오고 간다. 쿨라는 이러한 추가 선물을 당연한 것으로 간주한다. 쿨라에 의해 형성되고 쿨라의 원칙이기도 한 파트너 관계는 바이구아의 최초 선물인 바가에 의해 시작된다. 이를 위해 사람들은 '간청의 선물'[24]을 주면서 온 힘을 다해 바가를 받으려고 애쓴다. 일련의 예비 선물을 줌으로써 아직은 자유로운 위치에 있는 미래 파트너의 환심을 사려 한

24 잘 다듬어진 큰 돌도끼나 고래 뼈로 만든 숟가락 등이 간청의 선물로 사용된다.

다. 답례 선물인 요틸레를 받게 될 것이라는 점에 대해서는 사람들이 확신하지만, 과연 바가가 자신에게 주어질 것인지, 자신의 '간청의 선물'이 받아들여질지에 대해서는 확신할 수 없다. […]

간청의 선물이 중요한 이유는 목적지에 도착한 선단의 성원들 사이에 치열한 경쟁이 벌어지기 때문이다. 이들은 상대편 부족에서 가능한 한 가장 좋은 파트너를 찾아 나선다. 이는 중대한 일로 이들이 맺으려는 파트너십이 파트너들 사이에 일종의 친족 관계를 형성하기 때문이다. 파트너를 얻기 위해서는 상대방을 유혹하고 황홀하게 만들어야 한다. 이때 사회적 지위가 고려되긴 하지만, 다른 사람에 앞서서 상대방에게 접근해야 하고, 가장 귀중한 물건들을 다른 사람보다 더 많이 선물해야 한다. 물론 그러한 물건은 가장 부유한 사람들이 보유하고 있다. 경합, 경쟁, 과시, 위대함과 자기 이익의 추구가 이 모든 행동의 기저에 있는 다양한 동기이다. […]

우리가 보기에 부족 간 항해 쿨라는 보다 일반적인 선물교환 체계의 가장 엄숙하고 가장 극적으로 과장된 형태일 뿐이다. 그것은 부족 전체를 그 지리적 경계, 심지어 그 부족의 이해관계와 법의 좁은 한계 바깥으로 끌고 나간다. 그러나 부족 내부에서도 보통 씨족들과 마을들이

[항해 쿨라에서 나타나는 것과] 동일한 종류의 유대에 의해 결합되어 있다. 이 경우 집을 떠나고 서로 방문하며 교역하고 통혼하는 것은 부족 내부의 지역 집단 및 가족 집단과 그들의 우두머리들뿐이다. 어쩌면 이것은 더 이상 쿨라라고 부를 수 없을 것이다. 하지만 말리노브스키는 정당하게 이것을 해양 쿨라와 대비시키면서 '내지(內地) 쿨라'와 '쿨라 공동체'에 대해 논했다. '내지 쿨라' 역시 포틀래치라고 불러도 지나친 과장은 아닐 것이다. 예를 들어, 키리위나섬 사람들이 장례식 참여를 위해 [같은 트로브리안드군도의 일부인] 키타바섬을 방문하면 바이구아의 교환뿐 아니라 더 많은 일들이 행해진다. 여기에서 [포틀래치에서와 같이] 일종의 '모의 공격', 음식물 분배, 돼지와 얌의 과시적 전시가 나타난다.

게다가 바이구아와 그러한 물건[돼지, 얌 등] 모두 항상 추장 자신에 의해 취득되고, 제작되고, 교환되는 것이 아니다. 또한 그것들이 추장만을 위해 제작되고 교환되는 것도 아니라고 말할 수 있다. 그 물건 대부분은 지위가 낮은 추장의 친척, 특히 그의 가신이기도 한 처남이나 다른 곳에 토지를 소유한 아들이 주는 선물 형태로 추장에게 모인다. 추장이 항해 쿨라를 갔다 오면, 그 항해에서 얻은 바이구아의 대부분을 마을과 씨족의 우두머리와 보통 사람들에게 앞서 받았던 선물에 대한 답례로 나누어 준다. 즉 그 항해에 직접적 또는 간접적으로 참여한 모든 사람에게 주어진다. 모든 사람이 이런 식으로 보상받는다.

마지막으로, 내지 쿨라와 더불어 또는 그것의 위, 아래, 주위에서, 우리 견해로는 그 토대에서, 이러한 선물교환체계는 트로브리안드인의 경제적·부족적·도덕적 삶 전체에 퍼져 있다. 말리노브스키가 매우 잘 표현하듯이, 그것은 그들의 삶에 '스며들어' 있다. 그들의 생활은 끊임없는 '주고받기'이다. 의무적이면서 동시에 이익을 위해, 위대함 또는 봉사를 위해, 그리고 도전과 담보로서 주고, 받고, 되갚는 선물의 끊임없는 흐름이 이들의 삶을 모든 방향에서 가로지른다. 말리노브스키 자신이 아직 그 발표를 끝마치지 못했기 때문에, 우리가 모든 사실을 펼쳐 보일 수는 없다. […]

북서부 아메리카 인디언

명예와 신용

멜라네시아와 폴리네시아의 몇몇 부족에 대한 지금까지의 관찰로부터 이 선물체계의 명확한 모습이 드러나고 있다. 물질적 삶과 도덕적 삶, 그리고 교환이 거기에서는 사심 없는 동시에 의무적인 방식으로 기능한다. 게다가 그 의무는 신화적이고 상상적인 형태로 또는 상징적이고 집단적이라고도 할 수 있는 형태로 표현된다. 그것은 교환되는 물건에 대해 관심을 갖는다. 교환되는 물건은 교환 행위자로부터 결코 완전히 분리되지 않으며, 그 물건이 맺어 준 [교환 당사자 사이의] 영적 교류와 동맹 관계는 쉽게 파기할 수 없다. 실제로 사회적 삶의 이러한 상징—교환된 물건이 행사하는 영향력의 영속성—은 태곳적 형태의 분절사회[25]에서 하위 집단들이 끊임없이 서로 얽히고 또한 모든 것을 서로에게 빚지고 있다고 느끼는 방식을 상당히 직접적으로 표현한 것일 뿐이다.

북서부 아메리카의 인디언 사회는 이와 똑같은 제도를 보여 준다. 단지 그 제도가 보다 과격하고 두드러진 형태를 취한다는 점에서 다를 뿐이다. 우선 거기에서는 물물교환이 존재하지 않는다고 말할 수 있다. 유럽인과 오래 접촉한 뒤에도 부의 중요한 이전은 포틀래치라는 의례적

25 분절사회(segmented society)는 국가와 같은 통합적 정치 체계가 부재한 채 친족 집단들로 분화된 사회를 뜻한다.

방식에 의해서만 주기적으로 행해지는 것 같다. 이제 우리의 관점에서 이 제도를 기술해 보자.

이에 앞서 이들 사회에 관한 간략한 설명이 필요하다.[26] 이들은 미국의 북서부 해안가에 거주하는 부족이다. 알래스카의 틀링깃족과 하이다족, [캐나다의] 브리티시컬럼비아주의 하이다족, 침시아(Tsimshian)족, 콰키우틀(Kwakiutl)족[27]이 대표적인 부족이다. 이들은 수렵보다 바다와 강에서 어로 활동에 더 의존하며, 멜라네시아와 폴리네시아 사회와는 달리 농사를 짓지 않는다. 하지만 이들은 매우 부유하다. […] 이들의 겨울 생활은 여름 생활과 크게 다르다. 이들의 부족 생활은 두 가지 형태로 구성된다. 늦은 봄부터는 각기 흩어져서 사냥을 하고, 산에서 뿌리식물과 즙이 많은 산딸기류를 채취하며, 강에서 연어를 잡

26 《선물론》 프랑스어판 원문에서 각주에 있던 내용을 Halls의 영역본(1990)에서 본문에 포함시켰다. "이에 앞서 이들 사회에 관한 간략한 설명이 필요하다……멜라네시아에서처럼 그것은 끊임없는 '주고받기'이다." 부분이 이에 해당하며 이 번역본에서도 본문에 포함시켰다.

27 콰키우틀족은 캐나다의 밴쿠버섬에 주로 거주하는데, 이들에 대해서는 보아스(Boas) 등 미국 인류학자가 많은 연구를 진행했다. 모스는 콰키우틀족의 포틀래치에 대한 연구 자료를 크게 활용하고 있다.

고, 겨울이 되면 이들이 '도회지'라고 부르는 곳에 함께 모인다. 같은 장소에 모여 있는 이 기간 내내 이들은 영속적 흥분의 상태에 놓여 있다. 사회적 삶은 지극히 강렬해진다. [...] 부족과 부족 사이에, 씨족과 씨족 사이에, 가족과 가족 사이에 끊임없는 방문이 이루어진다. 계속 반복해서 축제가 열리며, 어떤 축제는 종종 매우 오랫동안 열린다. 세상에서 가장 풍요로운 해안에서 이들은 여름과 가을 동안에 부지런히 모았던 모든 것을 결혼식이나 다양한 의례와 성년식에서 아낌없이 소비한다. [...] 우리가 곧 언급할 증여와 답례는 멜라네시아에서와 마찬가지로 형제단에서의 지위와 연속적인 승진을 얻기 위한 목적으로 행해진다. 형제단과 씨족의 의례는 추장의 결혼식이 있을 때, '구리판 판매', 성년식, 무속 의례, 장례식이 있을 때 번갈아 가며 열린다. 이 모든 의례가 무한히 확장되는 일련의 포틀래치에 걸쳐서 행해진다. 포틀래치는 다른 포틀래치에 대응해서 어디에서나 열린다. 멜라네시아에서처럼 그것은 끊임없는 '주고받기'이다.

전형적 현상인 동시에 이들 부족의 특징이기도 한 포틀래치 그 자체는 선물교환 제도와 다름없다. 멜라네시아의 포틀래치와 다른 점은 한편으로는 이곳의 포틀래치가 폭력, 과장, 적대감을 불러일으키고, 다른 한편으로는 법 개념이 다소 부족하다는 데 있을 뿐이다. 특히 알래스카의 틀링깃족과 하이다족의 포틀래치는 단순하고 거친 구조를 가지고 있다. 또한 멜라네시아와 폴리네시아에 비해 이곳의 포틀래치 계약이 보다 분명하게 집단적 성격을 띠고 있다. 겉모습과 달리 이들 사회는 우리가 단순한 총체적 선물 유형[28]이라고 부르는 것과 더 가깝다. [마오리족의 하우와 같은 개념이 부재한다는 점에서] 법 개념과 경제 개념이 덜 명료하며, 정확하게 규정되어 있지 않다. 하지만 실제로는 공식적이며 확실한 포틀래치의 원칙들이 존재한다.

멜라네시아의 포틀래치와 비교했을 때, 또는 폴리네시아의 더 발전되거나 파편화된 포틀래치와 비교했을 때 이곳의 포틀래치에서는 두 개의 관념이 훨씬 더 뚜렷하게 나타난다. 기한(期限)을 수반하는 신용 관념과 명예 관념이 그것이다.

멜라네시아와 폴리네시아에서 우리가 관찰했던 바와 같이, 선물은 답례를 확신하며 순환한다. 보증물 자체이기도 한 선물로 준 물건의 성질[즉, 물건의 영적 힘]이 답례를

28 단순한 총체적 선물 유형이란 경쟁적 요소가 약한 총체적 선물체계의 기본 형태를 가리킨다.

보장한다. 하지만 어떤 사회에서든 [답례를 보장하는 것을 넘어서서] 답례에 기한이 부과되는데, 이는 선물 행위의 본질적 성격에서 기인한다. 당연히 공동 식사, 카바(kava)[29] 대접, 빼앗아 온 부적을 그 즉시 되갚아서는 안 된다. 모든 답례는 시간이 흐른 뒤에 행해져야 한다. 따라서 기한 관념이 논리적으로 따라오는데, 방문하거나, 결혼이나 동맹을 맺거나, 평화 협정을 체결하거나, 시합과 모의 전쟁에 참가하거나, 번갈아 열리는 축제를 개최하거나, 경의를 표하는 의례적 봉사를 하거나, 호혜적으로 존경을 표시할 때 답례의 기한을 고려한다. [⋯]

이 점에 관해서 현재의 경제사와 법제사는 엄청난 오류를 범하고 있다. 현대 사상에 물들어서, 이른바 필연적 논리를 따르는 진화라는 선험적 관념을 만들어 내고 있다. 근본적으로 그 관념은 고대 전통에 기초한다. 시미앙(Simiand)이 이름 붙인 이 '무의식의 사회학'보다 더 위험한 것은 없다. 예를 들어 퀴크(Cuq)는 다음과 같이 말한다. "원시사회에서는 물물교환만이 존재한다. 보다 진보한 사회에서는 현금 판매가 행해진다. 신용 판매는 우월

29 카바 나무의 뿌리로 만든 폴리네시아의 술이다.

한 단계의 문명을 특징짓는다. 그것은 처음에는 현금 판매와 대여를 조합한 간접적인 형태로 출현한다." 사실은 출발점이 다른 곳에 있다. 그것은 법학자와 경제학자가 흥미롭지 않다고 제쳐 놓은 권리의 어떤 범주에서 발견된다. 즉 그 출발점은 복잡한 현상인 선물이며, 특히 그것의 가장 오래된 형태인 총체적 선물이다. 선물은 필연적으로 신용 관념을 수반한다. 경제 법칙의 진화가 물물교환에서 매매로, 현금 거래에서 신용 거래로 이행한 것이 아니다. 한편으로 물물교환은 기한 관념에 따라 주고 되갚는 선물체계로부터 출현했다. 그것은 단순화의 과정, 즉 선물체계에서 자의적이던 기한을 단축시키는 방식으로 이루어졌다. 다른 한편으로 매매 역시 선물체계로부터 출현했는데, 기한을 고정시키거나 현금과 대출을 이용하는 방식으로 이루어졌다. […]

인디언 사회의 포틀래치에서 명예 관념은 신용 관념 못지않게 중요한 역할을 한다. 추장의 개인적 위세와 그의 씨족의 위세가 포틀래치에서의 소비 지출 및 받은 선물에 세심하게 이자를 붙여 되갚는 답례보다 더 긴밀하게 결부된 곳은 다른 어디에도 없다. 그 답례는 당신에게 되갚을 의무를 지게 했던 증여자를 이제는 되갚을 의무에 놓인 사람으로 바꾸어 놓는다. 물건들이 정말로 한없이 소비되고 파괴된다. 어떤 포틀래치에서는 아무것도 남기지 말고 자신이 소유한 모든 것을 써 버려야 한다. 포틀래치는 누가 가장 부유하며 가장 극도로 낭비적인가를 겨루는 경쟁이다. 모든 것이 적대감과 경쟁의 원리에 기초한다. 형제단과 씨족에서 개인의 정치적 서열, 그리고 모든 종류의 지위가 실제 전쟁에서만큼 이러한 '재산 전쟁'에서 획득되며, 또는 운, 상속, 동맹, 결혼에 의해 획득된다. 하지만 이 모든 것이 마치 '부의 투쟁'인 것처럼 인식된다. 자식의 결혼과 형제단에서의 지위는 교환되고 되갚는 포틀래치를 통해서만 얻어진다. 그 지위를 전쟁, 도박, 달리기와 레슬링 시합에서 잃을 수 있는 것처럼, 포틀래치에서 잃을 수도 있다. 어떤 포틀래치에서는 선물의 증여와 답례가 아니라 자기 재산의 파괴가 중요한데, 이는 상대방의 답례를 전혀 원치 않는다는 태도를 보여 주기 위해서이다. 생선 기름이나 고래 기름의 통을 완전히 태워 버리거나, 심지어 집과 수천 장의 담요를 태워 버린다. 경쟁자를 짓밟고 납작하게 만들기 위해서 가장 소중한 구리판을 깨고 바다에 던져 버린다. 이런 방식으로 자신뿐 아니라 자기 가족의 사회적 서열을 높이려 한다. 포틀래치는 그 안에서 많은 부가 끊임없이 소비되고 이전되는 법 체계와 경제 체계이다. 원한다면, 이러한 이전을 교환 또는 심지어 교역이나 매매라고 부를 수도 있다. 그러나 이 교역은 예의와 관대함으로 가득 찬 귀족적 성격의 교역이다. 어쨌든 그것이 즉각적인 이득을 얻고자 하는 다른 마음으로 행해진다면, 심한 경멸의 대상이 된다. […]

북서부 아메리카의 포틀래치가 지닌 계약 그 자체의 형태와 연관해서는 연구가 충분히 진행되었다. 그러나 다비와 레오나르 아당(Léonhard Adam)이 수행한 연구를 우리가 관심을 갖고 있는 주제가 속하는 보다 넓은 맥락 속에 위치시켜야 한다. 왜냐하면 포틀래치는 법률적 현상을 넘어서는 훨씬 더 큰 것이기 때문이다. 그것은 우리가 '총체적'이라고 부르자고 제안하는 현상에 해당한다. 포틀래치는 종교적이고 신화적이고 무속적인 현상이다. 포틀래치에 참여하는 추장은 그의 조상과 신을 대표하며, 그 화신이다. 추장은 조상과 신의 이름으로 이름을 짓고, 이들의 춤을 추며, 이들의 영혼에 사로잡혀 있다. 포틀래치는 또한 경제적 현상이다. 현재 유럽의 화폐 가격으로 계산할 경우에도 엄청나게 높은 이 거래의 가치, 중요성, 동기와 효과를 측정해야만 한다. 포틀래치는 사회형태학적 현상이기도 하다. 부족, 씨족, 가족의 모임, 심지어 민족의 모임은 놀랄 만한 활기와 흥분의 상태를 야기한다. 사람들은 이방인으로 남아 있으면서도 서로 친하게 대하고, 교역의 거대한 장과 끊임없는 시합 속에서 서로 소통하면서 또한 대결한다. 지극히 빈번하게 나타나는 미적 현상에 대해서는 그냥 넘어가도록 하자. 마지막으로, 법적 관점에서 포틀래치 계약의 형태와 목적, 그리고 계약 당사자의 법적 지위(씨족, 가족, 지위와 혼인 여부)와 같은 것에 추가해서 계약의 물질적 대상, 즉 교환되는 물건에 대해서도 살펴봐야 한다. 그 물건 역시 사람들로 하여금 주고 되갚게 하는 특별한 힘을 갖는다. […]

세 가지 의무: 주고 받고 되갚기

선물을 줄 의무는 포틀래치의 핵심이다. 추장은 자기 자신을 위해서, 자기 아들이나 사위, 딸을 위해서, 또는 죽은 자를 위해서 포틀래치를 열지 않으면 안 된다. 정령과 재산이 그를 계속 따라다니며 은혜를 베풀고 있으며, 그가 재산에 사로잡혀 있으면서 또한 재산을 소유한다는 것을 보여 줄 수 있어야만 그의 부족, 마을, 가족에 대한 권위를 보존할 수 있으며, 추장들 사이에서 그의 지위를 유지할 수 있다. 그리고 재산을 소비하고 나누어 주는 것에 의해, 이를 통해 다른 사람을 '그의 이름의 그림자' 안에

굴욕적으로 놓이게 하는 것에 의해 비로소 그의 재산을 증명할 수 있다. 콰키우틀족과 하이다족의 귀족은 중국의 문인이나 관료의 '체면(face)'과 완전히 똑같은 관념을 갖고 있다. 포틀래치를 전혀 열지 않았던 어떤 위대한 신화적 추장을 두고 사람들은 그가 '썩은 얼굴'을 가졌다고 말한다. 이곳에서 쓰이는 그 표현은 중국에서보다 더 정확하다. 왜냐하면 북서부 아메리카 인디언에게 위신을 잃는 것은 정말로 자신의 영혼을 잃는 것이기 때문이다. 그 영혼은 문자 그대로 '얼굴'이며, 무용 가면이며, 정령을 구현하고 토템 문장(紋章)을 착용할 권리이며, 정확히 그의 페르소나(persona)[30]이다. 그것을 전쟁이나 의례에서 저지른 실수 때문에 잃어버릴 수 있는 것처럼, 포틀래치나 선물의 게임에서 잃어버릴 수 있다. 이러한 사회에서 사람들은 서로 주려고 안달한다. 겨울 동안 열리는 의례와 집회뿐만 아니라 어떤 기회에서든 친구를 초대해서 신이나 토템이 보낸 사냥물과 채집물을 나누어야만 하고, 자신이 참석했던 포틀래치에서 받은 모든 것을 분배해야만 하며,

30 라틴어 페르소나는 어원적으로 연극, 무용, 의례에 사용되는 가면을 의미하는데, 자아를 표현하는 용어로 사용하게 되었다.

또한 자신이 받은 서비스—추장에게 받은 것이든, 가신에게 받은 것이든, 친족에게 받은 것이든—에 대해 선물로 감사 표시를 해야만 한다. 이러한 의무를 행하지 않으면 적어도 귀족에게는 예의에 어긋나는 짓이 되며, 심지어 지위를 잃을 수도 있다.

초대의 의무는 씨족과 씨족 사이에 또는 부족과 부족 사이에서 특히 명확하게 드러난다. 초대는 자신의 가족이나 씨족에 속하지 않는 사람에게 제공될 때에만 그 의미를 갖는다. 축제나 포틀래치에 올 수 있거나 오기를 원하는 사람은 모두 초대하는 것이 필수이다. 이를 소홀히 하면 치명적인 결과가 생긴다. [⋯] 포틀래치는 군사적·법적·경제적·종교적 의미에서, 그리고 그 단어가 갖는 모든 의미에서 '인정'의 근본적인 행위이다. 사람들은 [자신이 초대받았던 포틀래치의] 추장이나 그의 아들을 '알아보며' 감사하게 여긴다. [⋯]

선물을 받을 의무도 선물을 줄 의무 못지않게 강제적이다. 선물 받기를 거부하거나, 초대받은 포틀래치에 참석을 거부할 권리는 없다. 거부 행위는 답례해야 할 것을 두려워하고, 답례할 때까지 자신이 '납작해지는' 것을 두려워하고 있음을 드러내는 꼴이다. 실제로 거부하면 이미 자신은 '납작해지며', '자기 이름의 무게를 잃는다'. 거부는 자신이 졌음을 미리 인정하는 것이거나, 그와 반대로 자신이 승자이며 무적이라고 선포하는 것이다. 적어도 콰키우틀족에서는 위계서열상 높은 지위를 갖고 있고 이전에 있었던 여러 번의 포틀래치에서 승리한 사람은 포틀래치 초대에 응하지 않을 수 있으며, 또는 포틀래치에 참석하더라도 선물 받기를 거부할—그로 인한 전쟁이 뒤따르지 않고—수 있는 것 같다. 하지만 거부한 사람에게는 다른 포틀래치를 열어야 할 의무가 부과된다. 특히 더 성대한 기름 축제[31]를 개최해야만 한다. […]

그러나 원칙적으로 모든 선물은 항상 받아들여지고 칭찬된다. 당신을 위해 준비한 음식에 대해서 반드시 감사를 표해야 한다. 하지만 사람들은 선물을 받음으로써 자신이 무엇인가에 착수하게 된다는 것을 알고 있다. 선물은 그것에 부착된 부담과 함께 받아들여진다. 선물을 받는 것은 물건이나 축제로부터 이익을 얻는 것 이상의 일이다. 그것은 도전을 받아들이는 일이다. 답례할 수 있다고 확신하기 때문에, 자기가 그에 못지않다는 것을 증명

31 기름 축제는 추장이 소유한 모든 것을 불태워 버리는 파괴적 형태의 포틀래치이다.

할 자신이 있기 때문에 도전을 받아들일 수 있다. 이런 식으로 서로 맞서면서 추장들은 스스로도 그렇게 인식하는 희극적인 상황에 놓인다. 고대의 갈리아(Gaul)족[32]이나 게르만족에서와 마찬가지로, 또한 오늘날 프랑스의 학생, 군인, 농민의 향연에서와 마찬가지로, 초대한 주인에게 기괴한 방식으로 경의를 표하기 위해 엄청난 양의 음식을 게걸스럽게 먹어 치우는 모습이 벌어진다. 그 도전을 받아들였던 사람의 후계자에 불과할지라도 이 의무는 이행된다. 주지 않는 것과 마찬가지로 받지 않는 것은 자신의 지위를 상실하는 짓이다. 이는 선물을 되갚지 않는 경우에도 마찬가지이다.

되갚을 의무는 포틀래치의 전부이다. 순전히 파괴만 행해지는 포틀래치는 예외인데, 이 경우 파괴 행위는 정령에게 제물을 바치는 희생의례 같은 성격을 갖는다. 그러한 행동이 씨족 내에서 탁월한 추장이나 씨족들 사이에서 탁월한 지위를 인정받은 씨족의 추장에 의해 행해졌을 때에는, 이에 대해 무조건 답례해야 할 필요가 없는 것 같다.

32 고대 로마인들이 갈리아인이라고 부르던 켈트족으로 북이탈리아, 프랑스, 벨기에에 거주했다.

하지만 일반적으로 포틀래치는 높은 이자를 더해 되갚아야 하며, 모든 선물도 이와 마찬가지이다. 이자율은 보통 연 30%에서 100%에 이른다. 추장에게서 봉사에 대한 대가로 담요 한 장을 받았을지라도, 추장 가족이 결혼하거나 추장 아들이 즉위할 때에는 담요 두 장으로 갚아야 한다. [즉위식 포틀래치에 참석했던] 서로 경쟁 관계인 씨족들이 이 초대에 대한 답례로 포틀래치를 열면, 이번에는 추장 아들이 거기에서 얻게 되는 재화를 담요를 주었던 그에게 다시 돌려주어야 하는 것도 사실이다.

적절하게 되갚을 의무는 반드시 준수해야 한다. 되갚지 않거나, 받은 선물과 동등한 가치를 지닌 물건을 파괴하지 않는다면 '체면'을 영원히 잃어버린다. 적어도 콰키우틀족, 하이다족, 침시아족에서는 되갚지 않은 데 대한 처벌은 채무 노예가 되는 것이다. 이 제도는 로마의 넥숨(nexum)[33]과 성격과 기능면에서 비교할 만하다. 융자를 갚지 못하거나 포틀래치에 답례하지 못하는 사람은 자신의 지위, 심지어 자유인으로서의 신분을 잃는다. 콰키우틀족

33 넥숨은 채무자가 빚을 갚지 못하면 채권자의 노예가 된다는 것을 약속하는 대출 계약이다. 이에 대해서는 3장에서 자세하게 다루고 있다.

에서 신용이 불량한 사람이 빌릴 때에는 그가 "노예로 팔린다."라고 말한다. 이 표현이 로마의 표현과 동일하다는 것은 여기서 지적할 필요도 없다. [⋯]

물건의 〔영적〕 힘

분석을 좀 더 밀고 나아가면, 포틀래치에서 교환되는 물건 속에는 선물을 돌아다니게 하고, 주게 하고, 되돌아가게 하는 힘이 존재한다는 것을 보여 줄 수 있다.

먼저 적어도 콰키우틀족과 침시아족은 로마인, 트로브리안드인, 사모아인과 같은 방식으로 재산 유형을 구분한다. 콰키우틀족과 침시아족에게는 한편으로는 소비하고 함께 나누는 일상 재화가 존재한다. 다른 한편으로는 부적, 문장이 새겨진 구리판, 모피 담요, 문장으로 수놓은 직물과 같은 가족 귀중품이 존재한다. 후자의 유형에 속하는 물건은 혼인에서 여자가 [남편의 친족 집단으로] 인도되고, 특권이 사위에게 주어지고, 이름과 지위가 자식과 사위에게 주어질 때처럼 엄숙하게 넘겨진다. 이를 양도(alienation)라고 표현하는 것은 적절치 않다. 왜냐하면 그 물건은 팔리거나 소유권을 포기하는 것이라기보다는 빌려주는 것이기 때문이다. 콰키우틀족에서는 포틀래치 때 이런 유형의 물건 일부가 등장하더라도 그것을 다른 사람에게 줄 수 없다. 근본적으로 이 재산은 신성한 물건이며, 이를 소유한 가족은 무척 망설인 뒤에나 그것을 주며, 때로는 결코 주지 않는다. […]

이 귀중품 전체가 [조상과 정령으로부터 물려받은] 주술적 상속물을 구성한다. 그것들은 종종 그 물건의 증여자와 수증자 모두와 동일시되며, 씨족에게 이러한 귀중품을 제공한 정령 또는 그 정령한테서 이를 받은 씨족의 시조 영웅과 동일시된다. 어떤 경우든 이 물건은 모든 부족에게 항상 영적 기원과 영적 성격을 갖는다. 게다가 이 물건은 상자, 더 정확하게는 문장이 새겨진 큰 궤에 보관된다. 이 궤 자체가 강력한 인격을 지니고 있으며, 그 소유자와 대화하고 교감하며, 그의 영혼을 담고 있다.

부의 기호인 이 귀중품의 각각은 트로브리안드군도의 조개팔찌와 조개목걸이와 마찬가지로 개성, 이름, 성질, 힘을 소유한다. 큰 전복 껍데기, 그것으로 덮은 방패와 그것으로 장식한 허리띠, 문장이 새겨져 있고 동물과 인간의 얼굴과 눈을 수놓은 담요, 이 모든 것은 살아 있는 존재이다. 집, 기둥, 장식된 벽 역시 살아 있는 존재이다. 지붕, 난롯불, 조각품, 벽화, 이 모든 것이 말을 한다. 왜냐하면 이 주술적인 집은 추장이나 그의 씨족에 의해서뿐 아니라 그들의 신과 조상에 의해 세워진 것이기 때문이다. 정령과 그의 젊은 추종자들을 받아들이고 토해 내는 것이 바로 이 집이다.

각 귀중품은 생산적 힘도 지닌다. 그것은 생명의 기호와 보증일 뿐 아니라 부의 기호와 보증이며, 지위와 풍요의 주술적이고 종교적인 원동력이다. 의례적 식사에 사용되며, 씨족 토템이나 지위 토템으로 장식되고 새겨진 그릇과 숟가락은 생명을 가진 물건이다. 그것은 정령이 조상에게 준, 음식물을 한없이 만들어 내는 도구의 복제품이다. 그 도구들 자체가 신비한 것으로 여겨진다. 이와 같이 물건은 그것을 처음 만든 정령과 뒤섞여 있고, 식사 도구는 음식물과 뒤섞여 있다. 따라서 콰키우틀족의 그릇과 하이다족의 숟가락은 엄격한 규칙에 따라 순환되며, 추장의 씨족과 가족 사이에 신중하게 나누어지는 극히 중요한 물건이다.

명성의 화폐

하지만 다른 어떤 귀중품보다도 중요한 믿음과 심지어 숭배의 초점이 되는 대상은, 포틀래치의 필수적인 재화에 해당하는 문장이 새겨진 구리판이다. 먼저, 살아 있는 존재로 간주되는 구리판에 관한 의례와 신화를 이들 부족은 모두 갖고 있다. 적어도 하이다족과 콰키우틀족에서 구리판은 그 자체가 숭배 대상인 연어와 동일시된다. 그러나 신화의 이러한 형이상학적이고 기술적(技術的)인 요소를 제하면 모든 구리판은 각각 개별적이고 특수한 믿음의 대상이다. 씨족 추장의 가족에 속하는 중요한 구리판은 개별 이름과 개성을 가지며, 그 자체의 고유한 가치, 완전한 의미에서 주술적이고 경제적인 가치를 가진다. 이 가치는 그 구리판이 통과한 포틀래치의 우여곡절에도 불구하고, 심지어 그 구리판이 겪은 부분적 또는 전면적 파괴를 넘어서서 영속한다.

구리판은 마치 부가 부를 끌어당기듯이, 위엄이 명예·정령의 소유·만족스러운 동맹을 가져오듯이, 다른 구리판을 불러서 끌어당기는 성질을 갖고 있다. 그것은 살아 있으며, 자율적으로 움직이고, 다른 구리판을 끌어당긴다. 콰키우틀족에 있는 한 이야기는 어떤 구리판이 '구리판을 끌어오는 자'라고 불리며, 다른 구리판들이 어떻게 그 구리판 주위에 모여들었는지를 묘사하고 있다. 그 구리판 소유자의 이름은 '재산이 나에게 흘러온다'이다. 구리판에 종종 붙여지는 또 다른 이름은 '재산을 가져오는 자'이다. 하이다족과 틀링깃족에서 구리판은 그것을 몸에 지닌 공주의 주위를 둘러싸는 요새이다. 다른 부족에서는 구리판을 소유한 추장은 누구에게도 지지 않는 자가 된다. 구리판은 집안의 '납작하게 생긴 신성한 물건'이다. 종종 신화는 구리판을 준 정령과 구리판의 소유자와 구리판 자체를 동일시한다. 구리판에 이러한 힘을 부여한 것이 정령인지 물건 그 자체인지를 구별하기는 불가능하다. 구리판은 말을 하며 투덜거린다. 그것은 자기를 다른 사람에게 주라고 또는 자기를 파괴하라고 요구한다. 죽은 추장이 담요에 싸여 땅에 묻히듯이, 구리판도 따뜻하게 보존되기 위해서 담요에 덮여 있다.

한편, 이전되는 것은 재화인 동시에 부와 행운이다. 새로 입문식을 거친 자에게 구리판과 부적의 소유권을 주는 것은 그의 정령과 보조 정령이다. 이 구리판과 부적은 다른 구리판, 부, 지위, 최종적으로 다른 정령—이것들은 모두 동등한 가치를 지닌다—을 획득하기 위한 수단이다. 구리판과 다른 형태의 영구적 재산들, 즉 구리판과 마찬가지로 비축의 대상이며 또한 번갈아 열리는 포틀래치의 대상인 가면과 부적 등을 함께 고려하면, 모든 것이 그 사용과 효과에 있어서 서로 뒤섞여 있음을 알게 된다. 사람들은 그것들을 통해 지위를 획득한다. 왜냐하면 부를 획득함으로써 정령을 획득하기 때문인데, 이 정령이 이번에는 그를 사로잡아서 모든 장애를 극복하는 영웅으로 만든다. 그러면 이 영웅은 무속적 신들림의 연행, 의례적 춤, 통치 서비스로 정령에게 보답한다. 모든 것이 연관되어 있으며 서로 뒤섞인다. 물건들이 각자 인격을 가지며, 그 인격들은 어느 면에서 씨족의 영구적 소유물이다. 칭호, 부적, 구리판, 추장의 정령은 동일한 성격과 기능을 갖는 동음이의어(同音異議語)이자 동의어이다. 물건은 남자, 여자, 아이, 축제, 의례, 춤, 심지어 농담과 모욕적인 말을 따라서 순환한다. 근본적으로 그 순환은 동일한 것이다. 선물을 주고 되갚는 것은 존경—우리는 이것을 여전히 '예의'라고 부른다—을 서로 주고받기 위해서이다. 또한 선물을 주는 것은 자기 자신을 주는 것이며, 그렇게 하는 이유는 그 자신과 그의 재산이 다른 사람에게 은혜를 입고 있기 때문이다. […]

제3장

고대의 법과 경제에서 선물 원리의 잔존

지금까지 서술한 사실들은 민족지[34]라고 불리는 분야에서 모은 것이다. 또한 이 사실들은 태평양 연안에 있는 사회에 국한되어 있다. 흔히 이런 종류의 사실들은 호기심거리로 이용되거나, 잘해야 우리 사회가 '원시적' 제도로부터 얼마나 멀리 떨어져 있는지 또는 닮았는지를 가늠하기 위한 목적으로 비교하는 대상 정도에 머물렀다.

하지만 이 사실들은 일반적인 사회학적 가치를 지니는데, 그 이유는 이를 통해 사회진화에서의 한 단계를 이해할 수 있기 때문이다. 그뿐 아니라 이 사실들은 사회사적으로도 의미가 있다. 왜냐하면 선물교환 제도가 현재 우

34 특정 사회에서의 집중적 현지조사를 바탕으로 그 사회의 문화를 기술한 학술 저서나 보고서를 민족지(ethnography)라고 한다.

리가 갖고 있는 법과 경제 형태로의 이행을 가능케 한 발판이었으며, 우리 사회를 역사적으로 설명하는 데 도움이 되기 때문이다. 우리 사회를 바로 앞선 사회들[35]에서 보이는 교환의 도덕과 실천은 우리가 지금까지 분석했던 모든 원칙의 중요한 흔적들을 여전히 간직하고 있다. 우리 자신의 법과 경제 체계가 앞에서 살펴본 것과 유사한 제도로부터 출현했음을 보여 줄 수 있다고 믿는다.

우리는 물건에 관한 법과 사람에 관한 법, 물건과 사람을 엄격하게 구분하는 사회에 살고 있다(이러한 대립은 현재 법학자들 스스로에 의해서 비판받고 있다). 이 구분은 근본적인 것으로 우리의 재산, 양도, 교환 체계를 이루는 필수 조건이다. 하지만 이 구분은 우리가 연구해 온 법에서는 낯선 것이었다. 또한 셈족, 그리스, 로마 문명 이래로 우리 문명은 채무 및 대가가 수반하는 서비스와 [무상(無償)의] 선물을 분명하게 구별해 왔다.

하지만 이 위대한 문명들의 법에서 이러한 구분이 생긴 것은 꽤 최근의 일이지 않은가? 이들 문명은 [현재 우리 사회의] 차갑고 계산적인 심성이 없었던 초기 단계를 거치

35 이 장에서 분석하는 로마, 인도, 게르만 사회를 가리킨다.

지 않았나? 이들 문명도 사람과 물건이 혼합되는 선물교환의 관습을 마찬가지로 실행한 적이 없는가? 인도유럽어족 법의 몇몇 특징을 분석하면, 이들 문명도 실제로 이러한 변화를 겪었음을 보여 줄 수 있을 것이다. 로마법에서 그 흔적을 찾을 수 있다. 인도와 고대 게르만 사회에서는 이러한 법 자체가 비교적 최근까지도 작동했다는 것을 확인할 수 있다.

사람에 관한 법과 물건에 관한 법(아주 오래된 로마법)

태고사회의 법과 역사시대에 접어들기 전의 오래된 로마법과 역사시대의 게르만법을 비교하면, 사람에 관한 법과 물건에 관한 법에 대해 새롭게 설명할 수 있는 실마리를 얻게 된다. 특히 그 비교는 법제사에서 가장 논란이 된 문제 중의 하나인 넥숨(nexum) 이론을 새롭게 제기할 수 있게 해준다.

이 주제를 깊게 다룬 연구에서 위블랭(Huvelin)은 넥숨[36]을

36 넥숨을 설정할 때 채권자가 채무자에게 동괴를 준다. 채

게르만의 바디움(wadium: 담보) 및 일반적으로 계약을 맺을 때 주어지는 '추가적 담보'(토고·코카서스 지방 등)와 비교했다. 그리고 이 담보를 공감주술[37] 및 계약 당사자와 접촉한 물건이 [그것을 받는] 상대방에게 미치는 [주술적] 힘과 비교했다. 하지만 마지막 설명은 부분적으로만 타당할 뿐이다. 주술적 제재는 단지 가능성으로만 존재하며, [그 제재의 실현 여부와 효과는] 준 물건의 성격과 영적 특질에 달려 있다. 우선 추가적 담보와 바디움은 담보물의 교환 이상의 의미를 가지며, 또한 [계약 상대방에게] 주술적 영향을 가할 수 있기 위해 고안된 생명의 담보 이상의 의미를 갖는다. 추가적 담보와 바디움으로 제공되는 물건들은 보통 아무런 가치가 없다. 예를 들어, 로마법 계약에서는 스팁스(stips: 막대기)가 사용될 수 있고, 게르만법의 바디움 계

무자는 물건뿐 아니라 동괴를 받음으로써 채권자에게 구속된다. 채무자가 넥숨으로부터 해방되려면 대금을 인도할 뿐 아니라 동괴도 반환해야 한다(모스 2002: 200, 각주 10 참조).

37 공감주술(sympathetic magic)은 프레이저(Frazer)가 주술적 사고의 원리로 제시한 개념으로, 유사한 것이 유사한 것에 영향을 미친다는 '모방주술'과 접촉한 사물이 떨어져 있어도 영향을 미친다는 '감염주술'의 두 가지 형태가 있다.

약에서는 페스투카 노타타(festuca notata: 상징으로서의 꽃줄기)가 사용될 수 있다. 셈족에서 유래하는 아르(arrhes: 계약금)도 선불 이상의 의미를 갖는다. 하지만 이 물건들은 그 자체로 살아 있다. 무엇보다 이 물건들은 호혜성(réciprocité)에 기초한 오래된 의무적 선물의 잔존물이다. 계약 당사자들은 그 물건들에 의해 서로 얽매인다. 이런 점에서, 이러한 담보물의 교환은 영혼과 물건이 서로 뒤섞인 채로 계약 당사자들 사이에 오고 가는 것을 허구적으로 표현한다. 넥숨, 즉 법적 '구속(lien)'은 사람뿐 아니라 물건으로부터도 유래한다.

[거래의] 매우 형식적인 절차도 물건을 중요하게 대하는 태도를 보여 준다. 로마 시민법에서 재화—핵심 재화는 노예와 가축이며 나중에 부동산이 더해졌다—의 양도는 결코 평범하게, 세속적이고 단순하게 행해지지 않았다. 그 양도는 항상 엄숙하고 상호적인 방식으로 이루어졌다. 적어도 친구 관계인 증인 다섯 명과 '무게를 재는 사람' 한 명을 포함한 집단이 참여한 가운데 양도가 행해졌다. 우리의 순전히 법적이고 경제적인 현대 관념에서 보면 낯선 사항들이 양도 절차에서 고려된다. 위블랭이 감지했듯이, 넥숨은 종교적 표상으로 가득 차 있다. 하지만 그는 그 종교적 표상을 지나치게 주술적인 것으로만 인식했다.

로마법의 가장 오래된 계약 형태인 넥숨이 집단적 계약과 고대의 의무적 선물체계에서 이미 벗어나 있다는 것은 분명하다. 또한 역사시대 이전 로마의 채무 제도에 대해 확신을 갖고 기술하기란 아마도 불가능할 것이다. 하지만 이 작업을 위해 탐색의 지점을 가리킬 수는 있다고 믿는다.

주술적이고 종교적인 구속, 그리고 법률적 형식에 따른 말과 행동의 구속 이외에도, 물건 자체에 의한 구속이 있다. 이 구속은 라틴계 민족과 이탈리아 민족의 아주 오래된 몇몇 법률 용어들에 의해 표시된다. 이 용어들에 대한 어원학적 연구가 그런 방향을 지시하는 것 같다. 아래 논평은 일종의 가설로 제시된 것이다.

원래 물건은 그 자체의 인격과 덕목을 갖는다. 물건은 유스티니아누스법[38]과 우리의 법에서처럼 생명 없는 물체가 아니다. 먼저 그것은 가족의 일부일 수 있다. 로마의 파밀리아(familia)는 사람뿐만 아니라 물건(res)도 포함한다. 이러한 정의는 [사람에 관한 법과 물건에 관한 법을 엄격하게

38 서기 6세기 동로마 황제인 유스티니아누스 1세는 로마법을 전면 개정했다.

구분하기 시작한]《유스티니아누스 법전》에도 여전히 존재한다. 더 고대로 올라갈수록 파밀리아의 의미는 보다 더 물건을 지칭하는데, 여기에 음식물과 가족의 생계 수단까지 포함하기에 이른다. 파밀리아에 대한 가장 훌륭한 어원 연구는 의심할 여지 없이 그것을 산스크리트어의 다만(dhaman), 즉 집과 연관시키고 있다.

물건에는 두 종류가 있었다. 먼저 파밀리아와 페쿠니아(pecunia)로 구분되었다. 전자는 노예와 [외양간에 가두어 키우는] 말, 노새, 당나귀와 같이 집에 속한 물건을 지칭하며, 후자는 집에서 멀리 떨어진 들판에 사는 가축을 지칭한다. 또한 판매 형식의 차이에 따라 '수중에 있는 물건(res mancipi)'과 '수중에 있지 않은 물건(res nec mancipi)'을 구분했다. '수중에 있는 물건'은 부동산과 심지어 아이를 포함한 귀중품으로 구성되며, 그것을 양도할 때에는 손으로 움켜잡는 만키파티오(mancipatio) 수칙을 반드시 따라야 한다. 파밀리아와 페쿠니아의 구분이 '수중에 있는 물건'과 '수중에 있지 않은 물건'의 구분과 중첩되는지에 대해서는 많은 논쟁이 있었다. 우리가 보기에는 애초에 양자의 구분이 일치했다는 점에 대해 일말의 의심도 할 필요가 없다. 양도할 때 만키파티오 수칙을 따를 필요가 없는 물건은 바로 들판에 사는 가축과 화폐이다. 화폐 자체가 페쿠니아라고 불리게 되는데, 그 명칭, 관념, 형태가 들판의 가축으로부터 유래했다. 로마의 원로 법학자들이 우리가 침시아족과 콰키우틀족에서 확인한 것과 동일한 방식으로 물건을 구분했다고 할 수 있다. 즉 '집'에 속하는 영구적이고 본질적인 재화와 식량, 들판의 가축, 금속, 화폐와 같은 일시적인 재화를 구분한다—후자는 독립하지 않은 아들이라도 판매할 수 있다.

다음으로, 원래 레스(res)는 감지할 수 있는 형태를 갖춘 물건이나 지금처럼 거래에서의 단순하고 수동적인 대상만을 지칭하는 것이 아니었다. 레스에 대한 가장 훌륭한 어원 연구는 그 용어를 선물 또는 마음에 드는 물건이라는 뜻을 지닌 산스크리트어의 라(rah)와 라티흐(ratih)에 비교하는 것인 듯하다. 레스는 무엇보다 다른 사람을 즐겁게 하는 물건이었음이 분명하다. 또한 그것은 가족의 소유물임을 나타내는 봉인으로 항상 표시되었다. 따라서 만키파티오의 엄숙한 방식으로 '수중에 있는 물건'을 양도하는 행위가 법적 유대를 창출한다는 점을 이해할 수 있다. 왜냐하면 그 물건이 수령자의 손에 있더라도 원소유자 가족에 부분적으로나 일시적으로 여전히 속해 있기 때문이다. 수령자인 현재의 소유자가 계약을 이행할 때까지, 즉 받은 물건에 대한 보상으로 다른 물건, 돈 또는 서비스를 인도할 때까지, 그 물건은 원소유자 가족에 묶여 있으며 또한 현재의 소유자를 묶어 둔다. 한편 보상을 위해 인도된 물건이 이번에는 원소유자를 다시 묶는다. [···]

아주 오래된 로마법에 대한 이러한 가설은 선사시대의 체제와 관련된다고 할 수 있다. 라틴 민족의 법, 도덕, 경제가 이런 형태를 취했음은 틀림없지만, 역사시대에 들어서면서 그 형태는 잊혔다. 왜냐하면 아마도 북부와 서부의 셈족을 좇아서 로마인과 그리스인이 사람에 관한 법과 물건에 관한 법의 구분을 만들어 냈으며, 매매를 선물과 교환으로부터 분리했으며, 도덕적 의무와 계약을 갈라놓았고, 무엇보다 의례와 법과 경제적 이해 사이의 차이를 인정했기 때문이다. 이들은 위대하고 존경스러운 진정한 혁명을 통해 선물체계의 낡은 도덕과 경제, 즉 지나치게 불확실하며, 비용이 너무 많이 들고 낭비적이며, 사람에 대한 과도한 고려로 지장을 받는, 그래서 시장, 상업, 생산의 발전과 양립할 수 없으며, 요컨대 당시에는 반(反)경제적이었던 선물체계를 넘어섰다.

[선물체계의 역사에 대한] 우리의 재구성은 그럴듯한 가설에 불과하다. 하지만 그 가설의 개연성은 다음과 같은 사실에 의해 강화된다. 로마법 이외의 다른 인도유럽어족의 성문법들은 원시사회 또는 태고사회로 불리는 오세아

니아와 북미 인디언 사회에 대해 우리가 서술해 왔던 것과 동일한 종류의 제도를 현대에 비교적 가까운 역사시대에도 분명하게 보여 준다. 그렇다면 우리는 좀 더 확신을 갖고 그 가설을 일반화할 수 있다. 이러한 흔적을 가장 잘 보존하고 있는 인도유럽어족 법 체계는 게르만법과 힌두법이다. 이 두 법은 우리가 수많은 문헌자료를 갖고 있는 사례이기도 하다.

고전 힌두법: 선물이론

힌두법과 관련된 문헌을 사용하는 데에는 상당히 심각한 문제가 따른다. 힌두법의 권위를 입증하는 법전들[39]과 서사문학 작품들[40]은 브라만에 의해 쓰였으며, 그들이 지배했던 시기에 자신들에게 유리하게 서술되었다. 그 문헌들

39 고대 힌두법에는 다르마수트라(Dharmasutra) 계열과 다르마사스트라(Dharmasastra) 계열의 법전이 있는데, 잘 알려진 마누(Manu) 법전은 후자의 계열에 속한다(모스 2002: 216-217, 각주 52 참조).

40 대표적인 서사문학 작품은 《마하바라타(Mahabharata)》와 《라마야나(Ramayana)》이다.

은 단지 이론적인 법 체계를 보여 줄 뿐이다. 크샤트리아와 바이샤 카스트에게는 어떤 종류의 법과 경제가 작동했는지 간략하게라도 알기 위해서는 그 문헌들에 산재해 있는 이들 카스트에 대한 많은 언급으로부터 그것을 재구성하는 작업이 필요하다. 우리가 여기서 기술하려는 다나다르마(danadharma),[41] 즉 '선물법' 또는 선물이론은 실제로는 오직 브라만 카스트에만 적용된다. 그 법은 브라만이 선물을 요구하고 받는 방식—이들은 종교적 서비스를 제공하는 것 말고는 선물에 답례하지 않는다—에 대해, 그리고 선물이 그들의 권리가 되는 방식에 대해 규정한다. 당연하게도 이들 규정이 주로 다루는 주제가 브라만에게 선물을 주어야 할 의무에 관한 것이다. 한편 귀족들 사이에, 왕족들 사이에, 여러 카스트들 사이에, 그리고 보통 사람들 사이에는 이와 전혀 다른 관계가 존재했을 개연성이 높다. 우리는 이에 대해서 거의 알지 못한다. 하지만 상관없다. [우리의 주제와 관련해서] 이들 문헌이 상당히 폭넓은 증거를 제공하기 때문이다. […]

서사문학과 브라만법은 고대적 분위기, 즉 의무적으

41 다나(dana)는 선물을, 다르마(dharma)는 법을 의미한다.

로 선물하고, 물건이 특별한 성질을 가지며 사람의 일부를 구성하는 분위기 속에서 지속된다. 사회적 삶의 이러한 형태를 기술하고 그 이유를 탐구하는 데 우리의 작업을 한정하자. 단도직입적인 기술만으로도 충분한 시사점을 얻을 수 있을 것이다.

선물로 준 물건은 현세와 내세에서 보상을 가져온다. 그 물건은 현세에서 자신과 똑같은 물건을 증여자에게 자동적으로 가져다준다. 그것은 사라지지 않고 재생한다. 내세에서도 증여자는 똑같은 물건을 더 많이 받게 된다. 선물로 준 음식물은 현세에서 증여자에게 되돌아온다. 또한 그는 다음 세상에서 똑같은 음식물을 받고, 나아가 일련의 윤회 속에서도 똑같은 음식을 받는다. 선물로 준 물, 우물, 샘은 증여자가 목마를 때 갈증에서 벗어날 수 있도록 보장한다. 선물로 준 옷, 금, 양산, 신발은 현세와 내세에서 증여자에게 돌아온다. 다른 사람이 수확물을 거둬들일 수 있도록 증여한 토지는 증여자가 현세와 내세에서 번창하게 한다. "달이 매일매일 차오르듯이, 증여한 토지가 주는 선물은 매해(추수 때마다) 늘어난다." 토지는 곡물, 지대와 세금, 광물, 가축을 낳는다. 증여한 토지는 이러한 산물들로 증여자와 수증자를 모두 부유하게 만든다. 이러한 법적·경제적 신학은 한없이 계속되는 화려한 문장과 무수한 시구 속에 전개되며, 법전과 서사문학은 지치지 않고 끊임없이 이 주제를 다룬다.

게다가 선물로 준 토지, 음식물, 그리고 모든 것은 의인화된다. 그것들은 살아 있는 존재로 사람과 대화를 나누며 계약에 참여한다. 그것들은 선물로 주어지기를 요구한다. 언젠가 토지가 자마다그니의 아들이며 태양의 영웅인 라마(Rama)[42]에게 말을 건넸다. 라마는 토지의 이야기를 듣고 나서 자신의 토지 전부를 카샤파왕에게 증여했다. 토지는 라마에게 명백히 오래된 고대의 언어로 다음과 같이 말했다.

> (수증자에게) 나를 받으세요.
> (증여자에게) 나를 주세요.
> 나를 주면 당신은 나를 다시 얻게 될 것입니다.

여기에 덧붙여, 이번에는 약간 단조로운 브라만 말투로 "현세와 내세에서 지금 주어지는 것은 다시 얻어진다."라

42 라마는 힌두교의 세 주신(主神) 중 하나인 비슈누(Vishnu)의 일곱 번째 화신으로, 서사문학 라마야나의 주인공이다.

고 말했다. 매우 오래된 한 법전은 신격화된 음식물인 안나(Anna)가 다음과 같은 시를 읊었다고 전한다.

> 신이나 정령, 하인, 손님에게 주지 않으면서 나를 먹는 자, 따라서 어리석게도 독을 삼키는 자, 나는 그 사람을 먹어 버릴 것이다. 나는 그의 죽음이다. 반면 불의 희생 의례인 아그니호트라(agnihotra)를 열고, 바이슈바데바(vaishwadeva) 의례를 행한 후에, 다른 사람을 먹이고 남은 것을 기쁨 속에서 정결하게 또 신앙심을 갖고 먹는 자를 위해서는 내가 맛있는 음식이 된다. 그 사람은 나를 즐긴다.

나누어 먹는 것이 음식의 본성이다. 다른 사람과 음식을 나누지 않는 것은 "음식의 본질을 죽이는" 것이며, 그 자신과 다른 사람 모두에 대해 그 본질을 파괴하는 것이다. 이것이 브라만교가 자선과 환대에 대해 내린 유물론적인 동시에 관념론적인 해석이다. 부는 주기 위해서 모으는 것이다. 그 부를 받을 브라만이 없다면, "부자들의 재산도 헛된 것이 된다." "그것을 모르면서 먹는 자는 음식을 죽이며, 또한 그렇게 먹은 음식이 그를 죽인다." 탐욕은 차례차례로 영원히 재생하는 권리·공덕·음식물의

순환을 차단한다. […]

선물로 준 물건과 증여자의 연계 또는 재산과 소유주의 연계가 암소의 증여에 관한 규칙에서만큼 긴밀하게 드러나는 곳은 어디에도 없다. 그 규칙은 매우 잘 알려져 있다. 서사문학[마하바라타]의 주요 인물인 법왕(法王) 유디스티라(Yudhishthira)는 그 규칙을 준수하며, 보리와 소똥을 먹고, 땅바닥에서 자는 것에 의해 왕들 사이에서 '황소'로 받들어졌다. 암소를 증여하려는 주인은 사흘 낮과 사흘 밤 동안 그 왕을 모방하고 '암소의 서약'을 준수한다. 그는 사흘 중 하룻밤 동안 오로지 '암소의 즙', 즉 땀·똥·오줌만을 먹고(오줌에는 행운의 여신이 머물러 있다) 암소와 함께 땅바닥에서 자며, "자기 몸을 긁지 않고 벌레에 신경 쓰지 않으면서" "암소와 하나의 영혼"이 된다. 암소를 신성한 이름으로 부르고 외양간에 들어서면서, 그는 "암소는 나의 어머니이고 황소는 나의 아버지이다."라고 말한다. 암소를 증여할 때에도 이 구절을 되풀이한다. 양도하는 엄숙한 순간에 증여자는 암소를 칭송하고 나서 다음과 같이 말한다.

> 당신이라고 하는 것은 바로 나이다. 이제 나는 당신의 본질이 되며, 당신을 줌으로써 나 자신을 준다.

암소의 수증자는 (프라티그라하나[pratigrahana] 의례를 행하면서) 다음과 같이 말한다.

> 정령으로 변하고(양도되고) 정령으로 받아들여진 당신이시여. 소마(Soma: 달)와 우그라(Ugra: 태양)의 모습을 하고 있는 당신이시여. 우리 두 사람을 영광되게 하소서.

[…] 브라만의 선물이론은 상당히 희극적이다. 브라만 카스트 전체는 선물에 의존해 살아가면서도 선물을 거부한다고 주장한다. 그러고는 자발적으로 제공된 선물은 받는다고 타협한다. 그다음에는 그들이 어떤 사람들로부터 선물을 받아도 되는지, 어떤 상황에서 선물을 받을 수 있는지, 어떤 물건을 선물로 받아도 되는지에 대한 긴 목록을 만들었다. 이에 따르면, 기근이 닥쳤을 때에는 간단한 정화 의례를 행한다는 조건 아래 거의 모든 것을 선물로 받을 수 있다.

[브라만의 선물이론에 이러한 복잡한 논리가 존재하는 이유는] 증여자와 수증자 사이에 형성되는 유대가 양자 모두에게 너무나 강력하기 때문이다. 우리가 탐구해 온 모든 제도에서처럼, 아마도 그것보다 더 강하게, 증여자와 수증자는 서로 간에 너무나 밀접하게 묶여 있다. 수증자는 증여자

에게 종속된 위치에 놓인다. 이런 이유로 브라만은 왕으로부터 선물을 '받아서는' 안 되며, 선물을 요청해서는 더더욱 안 된다. 가장 신성한 존재로서 브라만은 왕보다 우월하며, [왕으로부터] 어떤 물건을 그냥 가져가는 것이 아닌 다른 행동을 취한다면 위신이 떨어진다. 다른 한편 왕의 입장에서는 선물을 주는 방식이 선물을 준다는 사실만큼이나 중요하다.

선물은 주지 않으면 안 되고 받지 않으면 안 되지만, 받는 데에는 위험이 따른다. 그 이유는 선물로 준 물건 자체가 증여자와 수증자 사이에 쌍방향적이며 파기할 수 없는 유대를 형성하기 때문이다. 음식을 선물하는 경우에는 더욱 그러하다. 수증자는 증여자의 분노에 좌우되며, 양자는 서로에게 의존한다. 그래서 적의 집에서 식사해서는 절대 안 된다.

선물에 대해 모든 종류의 고풍스러운 경고가 취해진다. 법전과 서사문학은 힌두학자 특유의 태도를 지니고 이 주제를 상세히 논한다. 즉 선물 행위, 증여자, 선물로 준 물건을 이들 사이의 관계 속에서 정확하고 신중하게 고려해야 하며, 그렇게 함으로써 선물을 주고받는 방식에서 실수가 발생하지 않아야 한다. 모든 것은 예의범절에 따라 행해진다. 객관적으로 가격을 지불하고 물건을 취득하는 시장의 방식과 선물의 방식은 다르다. 무엇 하나 무심하게 넘어갈 수 없다. 이러한 [선물의] 경제적 도덕은 계약, 동맹, 물건의 양도, 이전되는 물건에 의해 증여자와 수증자 사이에 형성되는 유대, 이 모든 것을 고려해야 한다. 선물 계약을 맺는 당사자들의 성격과 의도는 선물로 준 물건의 성격과 분리되지 않는다. 어느 법학자이자 시인은 우리가 기술하고 싶은 것을 다음과 같이 완벽하게 표현했다.

> 여기에 (한쪽으로만 도는) 하나의 바퀴만 있는 것은 아니다.

게르만법: 담보와 선물

게르만 사회는 인도만큼 오래되고 완전한 선물이론의 흔적을 우리에게 남기지는 않았지만, 그곳에는 자발적이면서 또한 강제적으로 주고, 받고, 되갚는 선물 형태의 교환 제도가 명확한 모습으로 매우 발달했다. 그처럼 전형적인 선물체계는 별로 없다.

게르만 문명은 오랫동안 시장 없이 존속해 왔다. 이 문명은 기본적으로 봉건적인 농민사회로 남아 있었으며, '구매 가격'이나 '판매 가격'이라는 개념, 심지어 그 용어도 최근에 와서야 생겨난 듯하다. 이 문명의 이른 시기에 포틀래치가 발달했으며, 특히 선물체계가 극단적인 수준으로까지 발전했다. 부족 내부의 씨족들, 씨족 내부의 미분화된 대가족들, 부족들 사이에서의 부족, 추장들 사이에서의 추장, 왕들 사이에서의 왕은 개별 가족의 폐쇄적 영역 밖에서 경제적이면서 도덕적으로 생활을 영위했다. 이들은 선물과 동맹의 형태를 통해, 담보와 인질을 통해, 관대한 향연을 통해 서로 소통하고 돕고 제휴했다. [⋯]

얼마 전까지도 존속한 한 제도가 있는데, 그것은 현재 독일 촌락의 도덕과 경제적 관습 속에 여전히 남아 있으며, 경제적으로도 매우 큰 중요성을 지닌다. 그 제도는 가벤(Gaben)으로, 힌두의 아다남(adanam)과 정확히 일치한다. 세례식, 최초의 성찬식, 약혼식, 결혼식이 열릴 때 가벤이 행해지는데, 예를 들어 결혼식의 경우 손님들은—종종 마을 주민 전체가 손님이다—결혼 피로연 직후 또는 그 전날이나 그다음 날에 일반적으로 결혼식 비용을 훨씬 초과하는 가치를 지닌 선물을 준다. 독일의 어느 지방에서는 가벤이 신부 지참금의 일부를 구성하며, 결혼식날 아침에 신부에게 주는 방식으로 행해진다. 이 관행은 모르겐가베(Morgengabe: 아침 선물)로 불린다. 또 몇몇 지역에서는 이러한 선물이 많으면 그것은 젊은 부부가 많은 자녀를 낳을 증거로 여긴다. 약혼을 통해 맺어진 계약, 그리고 대부(代父)와 대모(代母)가 손주를 돕기 위해 생애의 여러 순간에 주는 다양한 선물도 마찬가지로 중요하다. 이러한 주제들은 우리 프랑스의 관습, 민간설화, 초대와 관련된 전설, 즉 초대받지 못한 사람들의 저주와 초대받은 사람들의 축복과 후한 선물—특히 그들이 요정일 경우—에 대한 전설을 통해서도 잘 알려져 있다.

[선물체계에 기반을 둔다는 점에서] 동일한 기원을 갖는 두 번째 제도는 모든 게르만 계약에서 요구되는 바디움으로, 프랑스어의 가주(gage: 담보)는 이 용어에서 유래했다. 위블랭은 바디움이 계약의 구속적 성격을 이해하는 하나의 수단을 제공한다면서 그것을 로마의 넥숨과 비교한 바 있다. 위블랭이 해석한 것처럼 게르만법에서 담보물은 계약 당사자들이 서로에게 영향을 미치는 것을 가능케 한다. 왜냐하면 담보물을 받은 사람은 담보 제공자의 중요한 무엇인가를 소유하는 반면, 담보물 소유주였던 담보 제공자는 그것에 주문을 걸었을 수 있기 때문이다. 종종 담보물을 둘로 나눠서 각 계약 당사자가 반씩 갖고 있다. [...] 게르만법에서 판매나 구매, 대여나 예탁 등 모든 계약은 담보를 설정한다. 계약 상대방에게 주는 담보물은 장갑, 동전, 칼, 그리고 (오늘날 프랑스에서처럼) 핀과 같이 일반적으

로 별 가치가 없는 물건이다. 이 담보물은 계약에서 인도되었던 물건에 대한 대금이 지불되면 반환된다. […] 이 담보물은 증여자[즉 담보 제공자]의 개성으로 가득 차 있다. 그 물건이 계약 상대방 수중에 있다는 사실은 담보 제공자로 하여금 계약을 이행하도록 압박한다. 그는 [계약 이행을 통해] 그 물건을 반환받음으로써 자기 자신을 되찾는다. 따라서 넥숨은 담보물 자체에도 있으며, [위블랭이 주장하듯이] 단지 주술적 행위 또는 계약의 의례적 형태, 즉 계약할 때 행하는 말·서약·물건 인도의 의식·악수에만 있는 것이 아니다. […]

바디움을 실행하는 데 있어 나타나는 두 가지 특징은 물건에 내재하는 이러한 힘을 입증한다. 첫째, 담보물은 의무를 창출하고 구속할 뿐만 아니라, 담보 제공자의 명예, 권위, 마나(mana)를 연루시킨다. 담보 제공자는 내기를 거는 물건인 이 담보물을 되찾지 못하는 한 [담보물을 받은 계약 상대방에 대해] 열등한 위치에 머무르게 된다. 바디움의 법률적 번역어인 베테(Wette)는 담보라는 의미뿐 아니라 내기에 건 물건이라는 의미를 담고 있다. 그것은 채무자를 강제하는 수단이라는 의미 이상으로 시합에서의 포상과 도전의 승인을 뜻한다. 그가 계약을 이행하지 못한다면, 그는 내기에서 진 사람이 된다. 그는 계약상 약속했던 것보다 더 많은 것, 그가 지불해야 하는 것보다 더 많은 것[즉 그의 명예, 권위, 마나]을 잃게 된다. [···]

둘째, 담보물을 받는 데에 따르는 위험이다. 왜냐하면 담보물을 주는 사람뿐 아니라 담보물을 받는 사람도 그 물건에 얽매이기 때문이다. 트로브리안드군도에서 조개 장식품을 받는 사람의 태도와 마찬가지로 담보물을 받는 사람은 그 물건을 경계한다. 담보물이 룬(Rune) 문자[43]와 눈금으로 새겨져 있는 페스투카 노타타(상징으로서의 꽃줄기)인 경우 그것은 수증자의 발밑에 던져지며, 부신(符信)인 경우 그것을 땅에 놓고 집거나 가슴으로 받아야 하지 손으로 받지 않는다. [담보물을 받는 방식과 관련된] 모든 의례적 행위는 도전과 불신의 형태를 취할 뿐 아니라 그러한 감정을 표현한다. [···] 그 이유는 선물로 준 물건과 마찬가지로 담보물도 담보를 주고받는 사람 모두에게 위험하기 때문이다.

마지막으로, 선물로 준 물건에 의해 표상되는 위험을 고대 게르만법과 언어보다 더 잘 표현한 경우는 아마 없을 것이다. 이 점이 게르만 언어에서 'Gift'라는 단어가 선

43 북유럽의 고대 문자이다.

물과 독이라는 이중적 의미를 갖는 이유를 설명해 준다. 우리는 이 단어의 의미론적 역사를 다른 글에서 다룬 바 있다.[44] 치명적인 선물, 독으로 바뀐 선물이라는 주제는 게르만의 민간설화에서 핵심적으로 다루어지는 주제이다. '라인의 황금'[45]은 그것을 획득하는 자를 파멸로 이끌었으며, 하겐(Hagen)의 컵은 그것으로 마시는 영웅에게 재앙을 가져왔다. 게르만족과 켈트족의 이러한 수많은 이야기와 모험담은 아직도 우리의 감성을 끊임없이 자극한다. 에다(Edda)에 나오는 한 영웅, 흐라이드마르(Hreidmar)가 로키(Loki)의 저주에 대해 다음과 같이 반응한 한 구절만 인용해 보자.

> 너는 나에게 선물을 주었다.
> 하지만 그것은 사랑의 선물이 아니었다.
> 또한 너는 친절한 마음으로 선물하지도 않았다.
> 내가 좀 더 일찍 그 위험을 알았더라면,

---

44 "Gift, gift," Strasbourg 1924. 이 글은 Schrift(1997)가 편집한 책에 실려 있다.

45 중세 독일의 영웅서사시 「니벨룽겐의 노래」에 나온다. 라인의 황금으로 만든 반지는 마법적 힘을 갖고 있다. 바그너는 이 소재를 갖고 오페라 '라인의 황금'을 작곡했다.

너는 이미 목숨을 잃어버렸을 것이다.

[…][46]

46 이후 켈트법과 중국법에 대한 매우 짧은 기술이 나오는데 생략했다.

제4장

결론

도덕적 결론

지금까지의 관찰을 우리 사회로 확장하는 것이 가능하다. 우리의 도덕과 삶의 상당 부분에는 의무와 자유가 뒤섞인 선물의 이러한 분위기가 여전히 스며들어 있다. 다행히 지금도 모든 것이 판매와 구매의 측면으로만 분류되지는 않는다. 순전히 감정적 성격으로만 이루어진 가치가 있다고 전제한다면, 물건들은 여전히 화폐 가치뿐 아니라 감정 가치를 갖고 있다. 우리의 도덕이 단지 상업적이지만은 않다. 우리 중에는 과거의 풍습을 지키는 사람들과 계급이 아직도 있으며, 적어도 일 년 중 어느 시기나 어떤 상황에서 우리 대부분은 그 풍습을 따른다.

되갚지 못한 선물은 그 선물을 받은 사람을 증여자에 대해 열등한 위치에 놓이게 만든다. 특히 되갚을 생각이 전혀 없이 선물을 받은 경우에는 더욱 그러하다. 에머슨[47]의 매우 흥미로운 에세이 「선물」을 상기하면, 우리는 여전히 게르만적 도덕의 영역에 머물러 있음을 알 수 있다. 자선은 그것을 받은 사람에게 마음의 상처를 입힌다. 그래서 무심결에 상처를 주는 부유한 자선가의 후원을 없애는 방향으로 우리의 모든 도덕적 노력이 나아가고 있다.

'예의'에 대해서와 마찬가지로, 초대에 대해서도 반드시 [역(逆)초대로] 되갚지 않으면 안 된다. 여기서 우리는 오래된 전통적인 기반의 흔적, 즉 옛날의 귀족적 포틀래치의 흔적을 볼 수 있으며, 또한 동성(同性)의 개인 간 경쟁, 남자들 사이의 '제국주의'와 같은 인간 행동의 근본적 동기가 표출되는 것을 볼 수 있다. 그 동기는 한편으로는 사회적인 것에 기반을 두고 있고, 다른 한편으로는 동물적이고 심리적인 것에 기반을 두고 있다. 우리의 사회적 삶을 구성하는 이 영역에서 우리는 결코 다른 사람에게 '뒤떨어져서는' 안 된다. 받은 것보다 더 많이 돌려주어야만 한다. 다음 차례가 되면 항상 비용을 더 많이 쓰고 규모를

47 에머슨(Emerson)은 19세기 미국의 철학자이자 수필가이다.

키워야 한다. 내 어린 시절에 로렌(Lorraine)[48] 지방의 어떤 농촌 가족은 평소에는 매우 검소하게 살다가 수호성인 축제일, 결혼식, 최초의 성찬식, 장례식에 손님을 접대하느라 재산을 탕진했다. 그런 특별한 날에는 마치 '위대한 귀족'처럼 행세해야 한다. 우리 중 일부는 끊임없이 이와 같이 행동하며, 손님 접대, 축제, 새해 선물에 엄청 헤프게 돈을 쓴다.

사람들을 초대해야 하고, 초대받으면 이에 응해야 한다. 우리의 자유사회에서도 이 관행은 여전히 지켜지고 있다. 50년 전만 해도, 아마 그보다 더 최근까지도, 프랑스와 독일의 일부 지역에서는 마을 주민 전체가 결혼식 날 아침 식사에 참석했다. 누군가 오지 않은 사람이 있으면, 그것은 매우 불길한 징조이자 질투와 '저주'의 조짐 또는 표시로 여겨졌다. 프랑스의 많은 지역에서 아직도 모든 사람이 이러한 의례에 참여한다. 프로방스(Provence)[49] 지방에서는 아이가 태어나면 사람들이 각자 달걀과 그 밖의 상징적 선물을 가지고 온다.

48 독일과 접경한 북동부 프랑스 지역으로 모스가 태어난 곳이다.

49 이탈리아와 접경한 남동부 프랑스 지역이다.

팔린 물건은 여전히 영혼을 지닌다. 물건의 전 주인이 그 물건을 따라오며, 그 물건이 전 주인을 따라다닌다. 보주산맥(Vosges)[50]의 계곡에 있는 코르니몽(Cornimont)에서는 얼마 전까지도 다음과 같은 관습이 일반적으로 행해졌으며, 몇몇 가족은 지금도 따르고 있다. 새로 산 가축이 전 주인을 잊게 하기 위해서, 또한 '자기 집'으로 돌아가고 싶은 마음이 들지 않도록 하기 위해서, 외양간 문의 가로대에 십자표를 긋고, 판매자의 고삐를 보관하고, 그 가축에게 소금을 손으로 먹였다. 라옹 오 부아(Raon-aux-Bois)에서는 버터 바른 빵을 [부엌 화덕 위에] 냄비를 거는 쇠갈고리 주위에서 세 번 돌린 다음 오른손으로 가축에게 주었다. 물론 이것은 큰 가축에게만 적용되며 그 가축은 집의 일부인 외양간에서 지내기 때문에 가족의 일부로 간주된다. 프랑스의 다른 많은 관습은 팔린 물건을 전 주인인 판매자로부터 떼어 놓는 행위를 보여 준다. 예를 들어 팔린 물건을 두들기거나, 팔린 양을 채찍으로 친다. [···]

오늘날에 옛 원칙들이 우리 법률의 엄격함, 추상성, 비정함에 반발하고 있다. 이런 관점에서 보면, 가장 최근의

50 로렌 지방에 있는 산맥이다.

관행과 함께 현재 출현하는 우리 법률의 새로운 부분들은 과거로 돌아가고 있다. 우리 법률 체계의 로마적이고 색슨(Saxon)[51]적인 불감증에 대한 이러한 반발은 지극히 건강한 것이자 충분한 근거를 갖는다. 몇몇 새로운 법 원리와 관행을 이렇게 해석할 수 있다. […]

국가 사회주의를 실행한 사례인 프랑스의 사회보험법은 다음과 같은 원리에 고무되었다. 노동자는 그의 삶과 노동을 고용주뿐만 아니라 공동체를 위해 바쳤다. 노동자들이 자신의 보험에 분담금을 내지만, 그들의 노동으로 이익을 얻은 고용주가 임금 지불만으로 그들에게 진 빚을 다 갚은 것은 아니다. 공동체를 대표하는 국가도 고용주 및 노동자 자신의 분담금과 함께 노동자의 실업, 질병, 노령, 사망을 대비해서 그들에게 일정 수준의 생활을 보장해야 한다.

최근 등장한 기발한 전략들, 예를 들어 프랑스의 기업가들이 가족을 부양하는 노동자에게 혜택을 주기 위해 스스로, 그리고 열정적으로 발전시킨 가족지원기금은 기업가가 노동자 개인과 연계를 맺어야 하고, 기업가가 감당

51 북독일에 거주하던 게르만족의 한 집단이다.

해야 할 책임과 그 책임에 수반하는 물질적이고 도덕적인 이해관계를 고려해야 한다는 필요에 자발적으로 대응한 것이다. 이와 유사한 제도가 독일과 벨기에에서도 성공적으로 운영되고 있다. 영국에서는 수백만 명의 노동자에게 영향을 끼친 끔찍하고 길었던 실업의 시대 동안, 기업이 조직한 의무적 실업보험을 도입하기 위한 운동이 출현했다. 산업과 시장의 조건에 따라 발생하는 실업자에게 드는 막대한 지출을 부담하는 것에 대해 지방정부와 국가는 지쳐 있었다. 이런 이유로, 피버스와 린든 매캐시 경과 같은 유명한 경제학자와 산업계 수장들은 기업 자체가 회사 차원의 실업기금을 설립하고 그에 기여할 것을 촉구했다. 요컨대 그들은 노동자의 생계 보장이나 실업 보상에 드는 비용을 개별 기업이 일반 경비 속에 포함시키기를 원했다.

우리 관점에서 볼 때, 이러한 모든 도덕적 사고와 법률 제정은 법을 혼란에 빠뜨리는 것이 아니라 [정의로운] 법으로의 복귀를 의미한다. 한편으로 우리는 직업윤리와 법인(法人) 법의 출현과 실현을 목격하고 있다. 기업연합회가 기업의 특정 목적을 위해 설립하고 있는 보상기금과 공제회는 순수한 도덕적 견지에서 보면—그것들이 전적으로 고용주에 의해 운영되고 있다는 점을 제외하면—어떤 결점도 없다. 게다가 여기서 행위 주체는 집단이다. 즉 국가,

지방정부, 공공 구호단체, 연금 기금, 저축은행, 공제회, 고용주, 임금노동자이다. 독일과 알자스-로렌(Alsace-Lorraine)의 사회입법에서 볼 수 있듯이, 이들 모두는 서로 연합해 있다. 프랑스에서도 사회보장제도를 통해 이러한 연합이 조만간 실현될 것이다. 이처럼 우리는 지금 집단도덕으로 되돌아가고 있다.

다른 한편 국가와 그 안의 하위 집단들이 보살피려는 대상은 개인이다. 사회는 그 자신의 세포를 재발견하고자 한다. 사회는 개인을 찾아 나서는데, 개인 권리에 대한 인식과 자선·사회적 서비스·유대와 같은 순수한 감정이 서로 뒤섞인 기묘한 마음 상태 속에서 이를 추구한다. 선물의 주제, 즉 선물에 내재된 자유와 의무, 관대함과 이해타산의 주제가 마치 오랫동안 잊혔던 중요한 선율처럼 우리에게 다시 돌아오고 있다.

하지만 [현재 발생하고 있는] 사실들을 확인하는 것만으로는 충분치 않다. 우리는 그것으로부터 실천과 도덕적 원칙을 추론해 내야 한다. 현재 법 내부에서, 물건에 관한 법과 사람에 관한 법의 구분과 같은 몇몇 추상적 원리를 제거하거나, 매매와 임금을 규정하는 차가운 법률에 다른 권리를 추가하는 작업이 진행되고 있음을 지적하는 것만으로는 충분치 않다. 이 혁명은 좋은 것이라고 말하지 않으면 안 된다.

먼저 우리는 '고귀한 지출'의 관습으로 돌아가고 있으며 또한 그래야만 한다. 앵글로색슨 국가들과 현대의 많은 사회들—원시적이거나 고도로 문명화된 사회를 모두 포함해서—에서 나타나듯이, 부자들은 자발적으로 또 의무적으로도 그 자신을 동료 시민의 재정 후원자라고 생각하는 자세로 돌아가야 한다. 우리 문명이 기원한 고대문명에 50년절(jubilee)[52], 공공봉사(liturgy)[53], 합창단, 삼단노선(三段櫓船: 전함)의 유지 의무(trierarchy), 공동회식(syussitia), 조영관(造營官)[54]과 집정관의 의무적 지출과 같은 관행이 있었다. 우리는 이러한 종류의 관습으로 돌아가야 한다. 그리고 개인, 그의 삶·건강·교육·가족·미래에 대한 더 많은 돌봄이 있어야 한다. 노동 고용, 건물 임대, 필수품 판매를 다루는 계약에서 더 큰 공정함과 세심함과 관대함이 있어야 한다. 또한 투기와 고리대로 얻는 이익을 제약

52 유대교 성경에서 유래한 용어로 50년마다 채무 노예를 해방하고, 자신이 소유한 토지를 휴경한다.

53 고대 그리스 시대에 부유한 시민들이 도시 공동체를 위해 기부하는 관행이다.

54 고대 로마에서 공공건물, 도로, 시장 등을 관리하는 공무원이다.

하는 방안을 찾아야만 한다.

하지만 개인은 일해야 한다. 다른 사람에게 기대기보다 자기 자신에게 더 의지해야 한다. 다른 한편, 개인적으로 동시에 집단의 일원으로서 자신들의 이익을 방어해야 한다. 우리 사회의 이기주의와 우리 법의 개인주의가 개인과 사회 둘 다에게 해가 되듯이, 과도한 관대함이나 공산주의도 마찬가지 결과를 초래한다. 《마하바라타》에서 숲의 악령은 분별없이 지나치게 많이 주는 브라만에게 "당신이 야위고 창백한 이유가 그것 때문이다."라고 설명한다. 수도승의 삶과 샤일록[55]의 삶은 똑같이 피해야 한다. 이 새로운 도덕은 현실과 이상의 적절한 배합으로 이루어져야 할 것이다.

우리는 태곳적이고 기본적인 것으로 돌아갈 수 있으며 또한 돌아가야만 한다. 여전히 많은 사회와 계급에 퍼져 있는 삶과 행동의 동기, 즉 공공 기부의 기쁨, 예술을 위해 쓰는 관대한 지출의 즐거움, 손님의 환대와 사적이거나 공적인 축제에서의 기쁨을 재발견할 수 있다. 사회보

55 샤일록(Shylock)은 셰익스피어의 《베니스의 상인》에 등장하는 냉혹한 유대인 고리대금업자이다.

장, 호혜와 협동에서 나오는 배려, 직업 단체와 영국법에서 '공제회(Friendly Societies)'로 명명된 법인체에서의 배려는, 영주가 그의 소작인에게 베푸는 개인적 후원이나, 고용주가 지급하는 일당으로 영위하는 빈약한 생활이나, 변하기 쉬운 신용에만 의존하는 자본가의 저축보다 더 큰 가치를 지닌다.

이러한 원리가 지배하는 사회가 어떤 모습일지 마음속에 그려 볼 수 있다. 우리 위대한 국가들의 자유업에서 이런 종류의 도덕과 경제가 이미 어느 정도 번창하고 있다. 이 직업에서 명예, 무사무욕, 집단적 연대감은 공허한 단어가 아니며, 노동의 필요를 부정하는 것도 아니다. 다른 직업군도 같은 방식으로 인간화하고 개선하도록 하자. 이는 뒤르켐이 자주 주창했던 위대한 진보에 해당한다.

이렇게 함으로써, 우리는 법의 항구적 기초, 정상적인 사회적 삶의 기본 원리로 돌아가야 한다고 생각한다. 우리는 시민들이 지나치게 선하거나 지나치게 개인주의적이기를 바라서는 안 되며, 또한 지나치게 무심하거나 지나치게 현실주의적이기를 바라서도 안 된다. 시민은 자기 자신뿐 아니라 다른 사람과 사회적 현실(도덕적 사안에서 이와 다른 현실이 과연 존재하겠는가?)에 대해서도 예민한 의식을 갖고 있어야 한다. 시민은 자신의 이익과 사회 및 하위 집단의 이익을 동시에 고려하면서 행동해야 한다. 이 도덕은 영원한 것이다. 그것은 가장 진보한 사회에도, 가까운 미래의 사회에도, 그리고 우리의 상상이 허용하는 한 가장 저급한 사회에도 공통적으로 적용된다. 여기서 우리는 인간 사회의 반석을 건드리고 있다. 우리는 더 이상 법에 대해 말하고 있지 않다. 우리는 사람과 사람들의 집단에 대해 말하고 있는데, 왜냐하면 언제나 어디에서나 행동하는 것은 그들이며, 사회이며, 영혼과 살과 피로 이루어진 사람의 감정이기 때문이다.

이 점을 보여 주도록 하자. 우리가 총체적 선물체계로 부르자고 제안한 것—씨족 간에 개인과 집단이 모든 것을 선물로 서로 교환하는 체계—은 우리가 발견할 수 있고 상상할 수 있는 가장 오래된 경제 및 법 체계를 구성한다. 그것은[즉 총체적 선물체계는] 선물-교환의 도덕이 출현하는 토대를 형성한다. 또한 그것은 우리 사회가 그 방향으로 나아가기를 바라는 체계와 정도의 차이는 있어도 정확히 똑같은 유형이다. […]

경제사회학적·정치경제학적 결론

[…] 우리는 선물교환의 경제가 이른바 자연경제 또는 공리주의의 틀에 전혀 맞지 않는다는 것을 여러 차례에 걸쳐 보았다. 지금까지 언급한 모든 [태곳적] 민족들—명확하게 하기 위해서 그들이 위대한 신석기 문명의 훌륭한 대표자라고 말해 보자—의 경제생활에서 중요한 이 현상, 그리고 우리와 역사적으로 가까운 사회 또는 우리 자신의 관습에 남아 있는 이러한 전통의 중요한 잔존물은, 우리에게 알려진 다양한 형태의 경제를 비교연구하는 극히 소수의 경제학자들이 흔히 제안하는 [자연경제 또는 공리주의를 인간 경제생활의 출발점으로 간주하는] 도식에 맞아떨어지지 않는다. 그래서 '원시경제'에 관해 현재 통용되고 있는 학설을 '폭파하는 데' 자신의 모든 연구를 바친 말리노브스키의 관찰에 우리가 지금까지 반복적으로 언급했던 논지를 덧붙이고자 한다.

먼저, 의심할 바 없이 명확한 사실이 있다. 이들 사회에서도 가치 개념이 작동한다. 분명하게 매우 큰 잉여물이 축적되며, 종종 그것은 상업성이 없는 엄청난 사치를 동반하면서 순수한 낭비를 위해 쓰인다. 교환되는 물건 중에는 부의 징표, 즉 일종의 화폐가 존재한다. 하지만 이

풍요로운 경제 전체는 종교적 요소로 가득 차 있다. 화폐는 여전히 주술적 힘을 지니며 씨족이나 개인과 연결되어 있다. 시장을 포함한 다양한 경제활동에는 의례와 신화가 배어 있다. 그 활동들은 의례적이고 의무적이고 효험적인 성질을 지닌다. 그것들은 의례와 권리로 가득 차 있다. 이렇게 볼 때, 우리는 뒤르켐이 경제적 가치 관념의 종교적 기원에 관해 제기했던 질문에 이미 답한 셈이다. 또한 이 사실들은 '물물교환', 즉 유용한 물건의 교환이라는 용어로 부적절하게 지칭되고 있는 [선물교환과 같은] 현상의 형태 및 동기와 관련된 많은 질문에 대해서도 답한다. 그런데 아리스토텔레스를 추종하는 라틴계 학자들의 뒤를 좇아 경제사학자들은 물물교환을 노동 분업의 기원이라고 선험적으로 규정한다. 그러나 무척 다양하고 이미 상당히 개화된 이들 사회에서 물건을 순환하게 만드는 것은 유용성과 다른 그 무엇이다. 씨족, 연령 집단, 그리고 일반적으로 성별 집단은 그들 간의 접촉에서 생기는 다양한 관계 때문에 끊임없는 경제적 흥분 상태에 놓이는데, 이 흥분 상태는 물질주의적인 것과는 거리가 멀다. 그것은 우리의 매매, 노동 고용, 증권거래소에서의 [투자]게임보다 훨씬 덜 단조로우며 복잡한 현상이다.

하지만 지금까지 우리가 해온 것보다 더 나아갈 수 있

다. 우리가 사용해 왔던 주요 개념들을 분해하고, 뒤섞고, 지금과는 다르게 색칠하고, 정의할 수 있다. 이 글에서 사용한 프레정(présent), 카도(cadeau), 동(don)과 같은 [프랑스어로 선물을 의미하는] 용어 자체는 완전히 정확한 것이 아니다. 다른 대안적 용어를 찾을 수가 없을 뿐이다. 우리가 서로 대조시키기를 즐기는 법과 경제의 개념들, 즉 자유와 의무, 그리고 관대함, 사치, 절약, 이익, 효용과 같은 개념들을 용광로 속에 다시 집어넣는 것이 좋을 듯하다. 이 주제에 대해서는 단지 몇 가지 단서를 줄 수 있을 뿐이다. 트로브리안드 사회를 예로 들어 보자. 그들은 우리가 기술해 온 모든 경제 행위를 고취시키는 복잡한 관념을 갖고 있다. 그런데 이 관념은 완전히 자발적이고 대가를 전혀 바라지 않는 선물의 관념도 아니고, 오로지 유용한 것에만 관심을 갖는 생산과 교환의 관념도 아니다. 그곳에서 만발한 관념은 일종의 혼합물이다.

말리노브스키는 트로브리안드군도에서 관찰한 모든 거래 행위를 이해타산과 무사무욕이라는 동기의 측면에서 분류하기 위해 진지한 노력을 기울였다. 그는 그 행위들을 [아무런 대가를 바라지 않는] 순수한 선물과 흥정이 따르는 순수한 물물교환 사이에 배열했다. 이러한 분류는 현실에 적용할 수 없는 것이다. 말리노브스키에 의하면 순수한 선물의 전형은 부부간의 선물이다. 하지만 우리의 관점에서 볼 때, 그가 발견한 가장 중요한 사실 가운데 하나이자 모든 인간 사회의 성적 관계를 이해할 수 있는 탁월한 실마리를 던져 준 것은, 마풀라(mapula),[56] 즉 남편이 부인에게 '끊임없이' 주는 지불을 성적 봉사에 대한 일종의 임금과 연관시켰다는 데 있다. 마찬가지로 추장에게 주는 선물은 공물(貢物)이며, 사갈리(sagali)라고 불리는 [의례적] 음식 분배는 예를 들어 장례식 때 수행된 노동과 의례에 대한 보상이다. 기본적으로 이러한 선물들은 자발적으로 주어지는 것이 아니며, 또한 아무런 이해타산 없이 행해지는 것도 아니다. 대부분의 경우에 이러한 선물들은 이미 답례라고 할 수 있는데, 받은 물건이나 봉사를 갚기 위해서뿐 아니라 유익한 동맹을 유지하기 위해서도 행해진다. 그 동맹은 예를 들어 어로 부족과 농경 부족 또는 도자기 제작 부족 사이의 동맹과 같이 파기될 수 없다. 이러한 사실은 다른 사회에도 널리 퍼져 있는 것으로, 마오리족과 침시아족 등에서도 우리가 관찰한 바 있다.

56 마풀라는 일반적으로 어떤 서비스에 대한 지불이나 답례 선물을 지칭한다. 예를 들어 주술사나 전문가의 서비스에 대한 지불을 마풀라라고 한다.

우리는 씨족들을 결합할 뿐 아니라 분열시키며, 노동 분업을 가져오는 동시에 교환을 강요하기도 하는 이 신비하면서도 현실적인 힘이 어디에 있는지 알 수 있다. 이들 사회에서도 개인과 집단 또는 하위 집단이 [선물교환에서 의무적 성격의] 계약을 거부할 수 있는 자율적 권리를 갖고 있다고 느끼고 있다. 이 점이 물건의 순환에 대가를 요구하지 않는 관대함의 외피를 [선물 행위에] 가져다준다. 그러나 다른 한편 그들은 대개 계약을 거부할 권리를 갖지 않으며, 또한 계약을 거부하는 데 아무런 관심이 없다. 이 점이 우리와 동떨어진 이들 사회를 우리 자신의 사회와 연결시켜 준다. […]

부의 순수한 파괴도 우리가 예상하는 것처럼 이해타산으로부터 완전히 초연한 상태를 의미하지 않는다. 이 행위도 이기심으로부터 자유롭지 않다. 특히 포틀래치의 경우 오랜 시간에 걸쳐 축적한 상당한 양의 물건을 일시에 다른 사람에게 주거나 심지어 파괴해 버리는, 항상 과장되고 때로는 파괴적인 이러한 사치스러운 소비 형태는 이 제도에 낭비적 소모와 유치한 방탕함의 모습을 부여한다. 실제로 이들은 유용한 물건을 무심하게 줘 버리고 음식을 과도하게 소비할 뿐 아니라, 파괴의 즐거움 자체를 위해 파괴하기도 한다. 예를 들면 침시아족, 틀링깃족, 하이다족의 추장들은 소중한 구리판을 바다에 던져 버리며, 콰키우틀족과 그 동맹 부족의 추장들은 구리판을 부서뜨린다. 그러나 이 과도한 선물과 소비의 동기, 또는 이 미친 듯한 재산 상실과 파괴의 동기는 포틀래치를 행하는 사회에서 결코 무사무욕한 것이 아니다. 이러한 선물을 통해 추장과 그의 가신 사이에, 가신과 그의 추종자 사이에 위계서열이 확립된다. 선물을 주는 것은 자신의 우월함을 보여 주는 것이며, 위대해지고 더 높은 지위에 오르는 것이다. 답례하지 않거나 더 많이 답례하지 못하면서 받는 것은 종속되는 것이며, 증여자의 부하나 하인이 되는 것이고, 작아지고 더 낮은 지위로 떨어지는 것이다. [...]

무사무욕의 관념과 대비시킨 이익의 관념, 즉 유용한 것의 개인적 추구라는 관념을 검토해 보자. 이 관념 역시 우리가 생각하는 방식으로 이들 사회에서 기능하지 않는다. 이익의 동기가 트로브리안드군도나 북미 인디언의 추장, 안다만제도의 씨족, 그리고 힌두인, 게르만족, 켈트족의 귀족들이 선물과 지출을 하도록 부추겼더라도 그것은 상인, 은행가, 자본가의 차가운 동기와는 다르다. 이들 역시 자신의 이익에 관심을 갖지만 우리 시대와는 다른 방식을 취한다. 이들은 재산을 축적하지만, 그 목적은 쓰기 위해서, 다른 사람을 의무 아래 놓이게 하기 위해서, 자신의 '충복'을 만들기 위해서이다. 다른 한편 이들은 교환하지만, 그 대상물은 무엇보다 사치품, 장식품, 의복 또는 축제에서 즉시 소비되는 물건이다. 이들 역시 받은 것 이상으로 되갚지만, 그것은 [경제학자들이 설명하듯이] '지연된 소비'로 인한 손해를 보상하기 위한 것만이 아니고, 애초에 선물을 준 사람의 자만심을 꺾기 위해서이다. 이들 사회에서도 이익 동기가 작동하지만, 그것은 우리 사회를 지배하는 이익 동기와는 단지 비슷할 뿐이다. […]

'이익(intérêt)'이라는 단어 자체는 최근에 등장한 것으로, 그것은 부기용어(簿記用語), 즉 회계 장부에서 들어올 수입 옆에 기재한 라틴어 'interest'에서 유래한다. 가장 향락주의적인 고대 도덕[57]에서도 추구하는 것은 행복과 즐거움이지 물질적 효용이 아니다. 이윤과 개인이라는 개념이 도입되고 그것이 [보편적] 원리의 수준으로까지 오르기 위해서는 합리주의와 중상주의의 승리가 필요했다. 개인적 이익이라는 개념이 주도적 위치를 차지하게 된 시기를 맨드빌(Mandeville)의 《벌의 우화》[58] 출간 이후라고 추정해

57 고대 그리스의 철학자 에피쿠로스의 도덕 개념을 의미한다.

58 맨드빌이 1714년에 쓴 책이다. 벌들이 개인적 이익을 포

볼 수 있다. 개인적 이익이라는 용어를 라틴어나 그리스어 또는 아랍어로 번역하기란 쉽지 않으며, 우회적 표현으로나 가능하다. 고전 산스크리트어를 쓰는 사람들은 우리의 이익 개념과 꽤 가까운 용어인 아르타(artha)를 사용하지만, 거기에 우리와는 여전히 다른 의미를 부여한다. 고전시대 인도의 경전들은 인간의 행동을 법(dharma), 이익(artha), 욕망(kama)으로 분류한다. 하지만 여기서 아르타는 무엇보다 정치적 이익, 즉 왕, 브라만, 대신, 왕국, 각 카스트의 정치적 이익을 가리킨다. 《니티샤스트라(Nitiçastra)》[59]라는 중요한 문헌은 경제에 관한 것이 아니다.

최근 들어 인간을 '경제적 동물'로 규정한 것은 서구사회이다. 하지만 우리 모두가 이런 종류의 존재이지는 않다. 우리 사회의 민중과 엘리트 속에서 완전히 비합리적인 지출이 흔히 행해진다. 그것은 아직도 우리 귀족 계급에게 남아 있는 약간의 풍습을 특징짓는다. 호모 에코노

기하고 덕만 추구하기로 결정하자, 벌 공동체의 경제가 몰락했다는 우화를 담고 있다. 이타심만을 강조하는 기독교적 도덕관에 도전한 것이다.

59 처세술부터 국가를 통치하는 방식에 이르기까지 베다의 현실 사회생활에 관한 부분을 정리한 문헌이다.

미쿠스(homo oeconomicus: 경제적 인간)는 우리 뒤에 있는 것이 아니라, 도덕과 책임의 인간, 과학과 이성의 인간과 마찬가지로 우리 앞[미래]에 놓여 있다. 매우 오랜 기간 동안 인간은 경제적 동물과는 다른 존재였으며, 계산기라는 복잡한 기계가 된 것은 그리 오래되지 않았다.

다행스럽게도 우리는 변함없고 냉담한 공리적 계산에서 여전히 멀리 떨어져 있다. 알박스(Halbwachs)가 노동자 계급 연구에서 수행한 것처럼, 서구 중산층의 소비와 지출에 대해 통계를 활용해서 깊이 있게 분석할 필요가 있다. 우리는 어느 정도 욕구를 충족시키고 있는가? 우리는 유용성이 궁극적 목적이 아닌 욕구를 얼마나 충족시키지 못하고 있는가? 부자들은 소득 중 어느 정도를 개인적 유용성을 위해 할당하고 있고 또는 할당할 수 있는가? 부자들이 사치품, 예술, 오락, 하인에 쓰는 지출을 보면, 그들은 우리가 그 관습에 대해 기술해 온 옛날 귀족이나 야만적 추장을 닮지 않았는가?

사정이 이렇다는 것이 좋은가 어떤가는 별개의 문제이다. 실용적 욕구만을 위한 지출 이외에 다른 목적의 지출과 교환 방식이 존재한다는 것은 아마도 좋은 일일 것이다. 하지만 우리 관점에서 볼 때 최적의 경제를 위한 방법은 [실용적 욕구와 비실용적 욕구를 포함한] 개인적 욕구를 계산하는 것에서 찾을 수 없다. 부를 늘리기 원하더라도, 재산을 잘 다루는 유능한 회계원이나 관리자처럼 되어 가더라도, 우리는 금융업자와는 다른 존재로 남아 있어야 한다고 생각한다. 개인적 목적을 야수같이 추구하는 것은 공동체 전체의 목적과 평화, 일과 즐거움의 리듬에 해로울 뿐 아니라, 결국에는 개인 자신에게도 해가 된다.

우리가 보아 왔듯이, 사회의 중요한 집단인 자본가 기업들의 협회 자체가 [사회보장을 위해] 그들의 고용인을 한데 모아 조직화하는 데 나서고 있다. 또한 고용주조합 또는 노동자조합은 그들의 성원이나 기업의 개별 이익만큼 일반 이익[즉 사회 전체의 이익]을 열정적으로 옹호하고 대표한다고 주장하고 있다. 이런 멋진 말들이 은유적 표현으로 장식되어 있음은 사실이다. 그렇지만 도덕과 철학뿐 아니라 여론과 경제 관행 자체도 이 정도의 '사회적' 수준으로 올라서기 시작했다고 분명하게 말해야 한다. 자기 자신과 다른 사람을 위해 수행한 노동에 대해 평생 동안 정당한 보상을 받을 것이라고 확신시키는 것보다 사람을 더 잘 일하게 만드는 방법은 없다는 인식이 나타나고 있다. 교환에 나선 생산자는 단지 생산물이나 그의 노동시간을 교환하는 것이 아니라 자기 자신의 일부, 그의 시간과 삶을 주는 것이라고 느끼고 있다. 그는 항상 이렇게 느껴 왔지만 이제는 더 강렬하게 느끼고 있다. 그래서 그는 이 선물에 대해 적절하게 보상받기를 원한다. 그에게 이런 보상을 주기를 거부하는 것은 게으름과 생산성 저하를 가져온다. […]

일반사회학과 윤리에 관한 결론

우리가 사용해 온 방법에 대해 좀 더 논의를 진척시켜 보자. 우리는 이 연구를 따라야 할 모델처럼 제시할 의도는 없으며, 단지 앞으로의 연구 방향을 가리키는 데 불과하다. 이 연구 자체는 미완성으로, 분석을 더 멀리 밀고 나갈 수 있을 것이다. 우리는 어떤 문제를 해결하고 완벽한 답을 제공하기보다는 역사학자와 인류학자에게 질문을 던지고 탐구할 주제를 제안해 왔다. 이러한 연구 방향을 통해 많은 새로운 사실을 발견할 수 있다고 확신한다면 지금 당장은 그것으로 충분하다.

우리가 그러한 확신을 갖는다면 그것은 문제를 다루는 이러한 방식에서 우리가 원하던 발견적 원리를 찾았기 때문이다. 이런 표현을 사용하는 게 허용된다면, 우리가 연구해 온 사실들 모두는 총체적 사회적 사실이며, 또는—우리는 탐탁지 않게 여기는 표현이지만—일반적 사회적 사실이다. 즉 이들 사실은 어떤 경우에는, 예를 들어 씨족이 서로 경쟁하고 부족이 서로 방문하는 포틀래치 같은 경우에는 사회와 그 제도 전체를 움직이게 하며, 또 어떤 경우에는 특히 교환과 계약이 주로 개인과 관련된 경우에는 다수의 제도만 움직이게 한다.

이러한 모든 현상은 동시에 법적이고, 경제적이고, 종교적이며, 또한 심미적이고 형태학적이다. 이 현상은 개인적 권리와 집단적 권리, 그리고 사회 전체에 퍼져 있는 체계적 도덕과 관련된다는 점에서 법적이다. 그것은 전적으로 의무적이거나 단지 칭찬이나 비난만 받는 것일 수도 있다. 이 현상은 가족과 씨족뿐 아니라 사회 계급과도 관련된다는 점에서 친족적이면서 정치적이다. 이 현상은 주술, 애니미즘, 종교적 심성과 관련된다는 점에서 정확하게 종교적이다. 또한 이 현상은 경제적이다. 비록 현대적 의미와는 다를지라도 한편으로는 가치, 효용, 이익, 사치, 부, 재화의 획득과 축적에 대한 관념, 다른 한편으로는 소비의 관념, 심지어 소비 그 자체를 위한 완전히 사치스러운 순수한 지출의 관념이 이 현상 어디에서나 나타난다. 우리가 이 연구에서는 의도적으로 생략했지만, 이 현상은 중요한 심미적 측면도 지닌다. 교대로 추는 춤, 갖가지 종류의 노래와 행렬, 캠프와 파트너 사이에 행해지는 공연, 이들이 만들고 사용하고 장식하고 다듬고 모으고 애정 어린 마음으로 양도하는 모든 종류의 물건들, 기쁘게 받고 의기양양하게 주는 모든 것, 모든 사람이 참가하는 향연—이 모든 음식, 물건, 서비스, 심지어 틀링깃족이 말하는 '존경'은 심미적 감정을 불러일으키며, 단지 도덕 감정이나 개인 이익에만 연관되지 않는다. 이러한 [심미적] 양상은 멜라네시아에서 나타날 뿐 아니라 특히 북서부 아메리카 인디언의 포틀래치에서 두드러지며, 또한 인도유럽어족 세계의 축제-시장에서 더욱 두드러진다. 마지막으로 이 현상은 형태학적이다. 집회, 축제, 시장 또는 적어도 그 시장에서 열리는 축제에서 벌어지는 이 현상은 사람들이 집단으로 모이는 것을 전제하는데, 그 모임은 콰키우틀족의 겨울 포틀래치에서처럼 한 계절을 넘도록 지속되기도 하고, 멜라네시아의 쿨라 항해에서처럼 몇 주간 지속되기도 한다. 여기에는 사람들이 안전하게 이동할 수 있는 도로 또는 적어도 오솔길, 바다, 호수가 있어야 한다. 또한 부족 내부 또는 부족 사이의 교역 동맹과 혼인 동맹이 있어야 한다.

따라서 [총체적 사회적 사실로서] 이 현상은 연구 주제의 항목들 이상의 것이며, 제도의 기본 요소나 복잡한 제도들

이상의 것이며, 종교, 법, 경제 등으로 구분된 제도적 체계들 이상의 것이다. 그것은 우리가 그 기능을 기술하려고 노력해 온 총체적 '실체', 즉 사회체계 전체이다. 우리는 다양한 사회들을 역동적 상태 또는 생리학적 상태의 측면에서 관찰해 왔다. 그 사회들이 마치 얼어붙고 정체된 상태에 있는 것처럼, 또는 시체인 것처럼 연구하지 않았다. 더더욱 사회를 법률, 신화, 가치, 가격으로 분해하고 해부하지 않았다. 총체적 실체를 고찰함으로써 우리는 사회의 본질적인 것, 전체의 움직임, 살아 있는 측면, 사회가 변화하는 순간, 사람들이 그들 자신에 대해 그리고 다른 사람과 관계를 맺는 상황에 대해 정서적으로 인지하는 순간을 파악할 수 있다. 우리가 이제 간신히 감지하기 시작한 새로운 사실들을 발견할 수 있는 방법은 사회적 삶에 대한 이러한 구체적 관찰에서 찾을 수 있다. 총체적 사회적 사실에 대한 연구보다 더 시급하고 좋은 결과를 가져올 수 있는 연구는 없다는 것이 우리 견해이다.

이 연구방법은 두 가지 이점을 지닌다. 첫째, 일반성의 이점이 있다. 사회의 일반적 기능과 연관된 사실들은 여러 제도나 그 제도와 연관된 다양한 주제들보다 더 보편적 성격을 가질 가능성이 높다. 후자는 항상 불가피하게 지역적 색채에 물들어 있기 때문이다. 둘째, 현실성의 이

점이 있다. 그래서 사회적 사실들을 그 구체적 형태에서, 실제로 존재하는 모습에서 관찰할 수 있다. 우리는 관념이나 규칙 이상의 것, 즉 사람, 집단, 그들의 행동을 포착한다. 기계학에서 기계의 몸통과 체계를 관찰할 때 그 움직임을 보듯이, 바다에서 문어와 말미잘을 관찰할 때 그 움직임을 보듯이, 우리는 사회에서 사람들이 움직이는 것을 관찰한다. 우리는 그들의 환경 속에서, 그들의 감정 속에서 떠도는 수많은 사람과 움직이고 있는 힘을 관찰한다.

역사학자들은 사회학자들이 지나치게 추상화하고, 사회의 여러 요소를 과도하게 분리시킨다고 느끼고 있으며, 정당하게 그것에 반대하고 있다. 우리는 역사학자들이 하듯이 해야 한다. 즉 현실에 실제로 존재하는 것을 관찰해야 한다. 그것은 로마이거나 아테네이며, 평범한 프랑스인이거나 이러저러한 섬에 사는 멜라네시아인이지, 기도나 법 자체가 아니다. 사회학자들은 그동안 지나치게 현실을 분해하고 추상하는 작업을 해야 했는데, 이제는 전체를 재구성하는 데 진력해야 한다. 그렇게 함으로써 가치있는 사실들을 발견할 수 있을 것이다. 또한 심리학자들을 만족시킬 수 있는 방법도 찾게 될 것이다. 심리학자들은 자신이 특별한 위치에 있다고 강하게 느끼고 있으며, 특히 정신병리학자들은 구체적인 것을 연구할 수 있다고 확신한다. 심리학자들은 [신체적, 심리적, 사회적 능력과 같은] 상이한 능력들로 분화되지 않는 총체적 존재로서 인간[60]의 행동을 연구하며, 그렇게 해야 한다고 여긴다. 우리는 이들을 본받아야 한다. 총체에 대한 연구는 곧 구체적인 것에 대한 연구인데, 그러한 연구는 가능하며 사회학을 더 흥미롭고 설득력 있게 만들 것이다. 우리 자신도 [즉 사회학자] 총체적이고 복합적인 존재인 인간의 반응, 숫자로 확인할 수 있는 이들 다수가 행하는 복잡한 모든 반응을 관찰한다. 우리는 인간을 신체적인 측면과 심리적인 측면에서도 기술한다. 인간 집단의 행동과 이에 수반하는 심리, 즉 군중 또는 조직된 사회와 그 하위 집단의 감정, 생각, 의지를 기술한다. 또한 우리는 신체와 신체의 반응을 관찰하는데, 그 반응에 담긴 생각과 감정은 대개 [주어진 상황에 대한] 해석이며 드물게는 그 반응의 동기이다. 사회학의 원리와 목적은 집단 전체와 그것의 행동 전체를

60 총체적 존재로서의 인간이라는 개념을 모스는 다른 글에서 '총체적 인간(l'homme total)'이란 용어로 표현하고 있다(카르센티 2009: 102-103). 인간을 신체적 측면, 심리적 측면, 사회적 측면이 서로 분리될 수 없는 관계로 결합된 존재로 파악하는 개념이다.

파악하는 것이다. […]

현대 유럽 사회를 제외하고 우리가 지금까지 기술해 온 사회는 모두 분절사회이다. 심지어 인도유럽어족 사회, 예를 들어 「12동판법」 이전의 로마 사회, 에다 전설이 편찬되기 이전의 게르만 사회, 주요 문학작품들이 등장하기 이전의 아일랜드 사회도 여전히 씨족이나 적어도 대가족에 기반하고 있었으며, 그 친족 집단들은 내부적으로는 거의 분화되지 않았고 외부적으로는 어느 정도 서로 고립되어 있었다. 이들 사회 모두는 현대사회의 통합 상태와는 거리가 멀며, 역사학자들이 이들 사회에 잘못 부여하는 통일성과도 거리가 멀다. 이 집단 내에서 개인, 심지어 영향력이 큰 개인도 우리보다 덜 우울하고, 덜 근엄하며, 덜 인색하고, 덜 이기적이다. 적어도 외견상으로 그들은 우리보다 다른 사람에게 더 관대하고, 주기를 더 좋아한다. 부족 축제가 열리는 동안에, 경쟁하는 씨족들과 가족들이 동맹을 맺는 의례나 상호 간에 [성인식과 같은] 입회 의례를 여는 동안에, 이들 집단은 서로 방문한다. 보다 진보한 사회에서도 '환대의 법'이 발전함에 따라, 우애의 법과 신과의 계약이 시장과 도시의 평화를 보장하게 되었다. 아주 오랜 역사 기간 동안, 그리고 매우 많은 사회에서, 우리 눈에는 어리석게만 보이지만, 사람들은 과장된 두려움과 적대감, 그리고 마찬가지로 과장된 관대함이 뒤섞인 묘한 마음 상태에서 서로를 대했다. 우리 사회보다 바로 앞섰거나 지금 우리 주위에 있는 사회들에서, 그리고 우리의 현재 민중적 관습의 많은 부분에서도 중간의 길은 존재하지 않는다. 다른 사람을 완전히 신뢰하거나 완전히 불신하거나 둘 중 하나이다. 또는 [상대편에게 굴복한다는 의미에서] 무기를 버리고 주술적 힘을 포기하거나, [상대편에게 관대함을 과시하기 위해] 일시적 환대부터 딸과 재산에 이르기까지 모든 것을 선물로 주거나 둘 중 하나이다. 사람들이 이기심을 포기하고 선물을 주고 되갚는데 몰두하는 것은 이러한 마음 상태에서 비롯된다.

그들에게는 다른 선택의 여지가 없었다. 두 집단의 사람이 만났을 때, 이들은 서로 거리를 두거나—만약 다른 사람이 불신을 드러내고 도전한다면 싸워야 한다—또는 서로 잘 대하거나이다. 우리 사회와 유사한 법적·경제적 체계가 발전하기 전에는, 사람들이 '거래하는' 상대방은 비록 동맹을 맺은 사람일지라도 항상 이방인이었다. 키리위나섬 사람들이 말리노브스키에게 말하기를 "도부섬[61]

61 키리위나섬과 도부섬 사이에 항해 쿨라가 행해진다.

사람들은 우리처럼 착하지 않습니다. 그들은 사납고, 식인종입니다! 우리가 도부섬에 도착했을 때 그들이 우리를 죽이지 않을까 두렵습니다. 하지만 보세요! 내가 주술을 건 생강을 씹어서 뱉으면 그들 마음이 돌아섭니다. 그들은 창을 내려놓고 우리를 잘 대접합니다". 축제와 전쟁이 서로 오락가락하는 것을 이보다 잘 보여 주는 표현은 없다. […]

이성과 감정을 대립시키고, 광기의 갑작스런 분출에 대해 평화의 의지를 세워 놓음으로써, 사람들은 전쟁, 고립, 정체를 동맹, 선물, 교역으로 대체하는 데 성공했다.

이것이 우리의 연구가 도달한 결론이라고 할 수 있다. 사회 자체, 그 하위 집단들, 그리고 개인들이 그들의 관계를 안정시키고 선물을 주고 받고 되갚을 수 있는 한, 사회는 진보한다. 교역을 하려면 먼저 창을 내려놓아야 한다. 그러고 나서야 재화와 사람을 씨족 사이에서뿐 아니라 부족, 민족, 그리고 무엇보다 개인 사이에서 교환할 수 있다. 이것이 이루어진 다음에야 사람들은 상호 이익을 창출하고 충족시킬 수 있으며, 마침내는 무기에 의존하지 않고도 자신의 이익을 지킬 수 있다. 이렇게 씨족·부족·민족은 서로 살육하지 않으면서 대립하는 법, 자신을 희생하지 않으면서도 다른 사람에게 주는 법을 배워 왔다. 우리의 이른바 문명 세계의 계급, 국가, 개인도 앞으로 이 점을 배워야 할 것이다. 이것이야말로 그들의 지혜와 연대가 지닌 영원한 비밀 가운데 하나이다.

이것 외에는 다른 도덕, 다른 경제, 다른 사회적 관행이 존재하지 않는다. 영국의《아서왕 전설》은 아서왕이 콘월(Cornwall) 지방 출신인 목수의 도움을 받아 어떻게 기적의 원탁(圓卓)을 만들었는지에 대해 전하고 있다. 그 원탁 주위에 앉은 기사들은 더 이상 서로 싸우지 않게 되었다. 그 전에는 기사들 사이의 '추악한 시기심' 때문에 어리석은 싸움, 결투, 살인이 벌어져 성대한 향연이 피로 물들곤 했다. 그 목수는 아서왕에게 다음과 같이 말했다. "1,600명 이상이 동시에 앉고 돌아다닐 수 있는 아름다운 식탁을 만들어 드리겠습니다. 그러면 배제되는 사람은 아무도 없을 것입니다. … 이 원탁에서는 지위가 높은 사람도 지위가 낮은 사람과 똑같은 위상의 자리에 앉게 되니까 어떤 기사도 싸움을 걸지 않을 것입니다." 더 이상 '높은 자리'도 없으며, 그 결과 더 이상의 다툼도 일어나지 않았다. 아서왕이 이 원탁을 가져가는 곳이면 어디에서나 그의 원탁기사단은 화기애애했고 무적이었다.

이런 식으로 하면 오늘날에도 국가들은 강하고 부유하면서도 행복하고 선량해질 수 있다. 민족, 계급, 가족, 개인은 부유해질 수는 있지만, 공동의 부(富) 주위에 원탁의 기사들처럼 앉는 방법을 배울 때에만 행복해질 수 있다. 선(善)과 행복을 멀리서 찾는 것은 쓸데없는 짓이다. 그것은 실현된 평화 속에, 공동체를 위한 노동과 개인을 위한 노동이 교대로 행해지는 리듬 속에, 축적되었다가 재분배되는 부 속에, 교육이 가르치는 상호 존경과 호혜적 관대함 속에 있다.

우리는 어떻게 인간 행동과 사회적 삶 전체를 연구할 수 있는지를 알 수 있다. 또한 이러한 구체적 연구가 어떻게 관습의 과학, 부분적 사회과학뿐 아니라 도덕적 결론, 오래된 용어를 다시 쓴다면 '예의(civilité)' 또는 '시민정신(civisme)'에 도달할 수 있는지 알 수 있다. 진정 이러한 연구를 통해서 우리는 다양한 심미적·도덕적·종교적·경제적 동기와 다양한 물질적·인구학적 요소들을 파악하고, 측정하고, 평가할 수 있다. 이러한 동기들과 요소들의 합이 사회의 토대이며 공동의 삶을 구성하는데, 그 동기와 요인의 의식적인 관리가 최고의 기술, 즉 소크라테스적 의미에서의 정치이다.

| 참고문헌 |

가르댕, 로랑·라빌, 장-루이, 2021, "연대경제", 자끄 드푸르니·마르뜨 니센 외, 《사회연대경제 1: 토대》, 김신양·엄형식 역, 서울: 착한책가게, pp.269-315.

고들리에, 모리스, 2011, 《증여의 수수께끼》, 오창현 역, 서울: 문학동네.

그레이버, 데이비드, 2009, 《가치이론에 대한 인류학적 접근》, 서정은 역, 서울: 그린비.

김성례, 2005, "증여론과 증여의 윤리", 《비교문화연구》 11(1): 153-186.

김신양, 2021, "사회적경제는 어떻게 사회연대경제가 되었나?", 장원봉 외, 《한국 사회적 경제의 거듭남을 위하여》, 서울: 착한책가게, pp.128-154.

김왕배, 2011, "호혜경제의 탐색과 전망", 《사회와 이론》 19(2): 177-213.

김정원, 2014a, "한국의 사회적경제 현황 및 전망", 김성기 외, 《사회적경제의 이해와 전망》, 도서출판 아르케, pp.91-124.

______, 2014b, "사회적경제와 호혜: 경제 행위를 통한 사회의 재구성", 《지역사회연구》 22(2): 285-308.

김주환, 2018, "선물(gift) 교환에서 물신과 주술 그리고 적대와 사회적인 것의 문제", 《한국사회학》 52(3): 33-79.

김주희, 1992, 《품앗이와 정의 인간관계》, 서울: 집문당.

김혁, 2009, "조선시대 지방관의 선물정치와 부채(扇)", 《영남학》 15: 97-142.

김환석, 2018, "사회과학의 새로운 패러다임, 신유물론", 《지식의 지평》 25: 81-89.

______, 2020, "사회과학과 신유물론 패러다임: 사회학 분야를 중심으로", 《안과 밖: 영미문학연구》 48: 121-140.

데스콜라, 필리프, 2022, 《타자들의 생태학: 자연과 문화의 이원론을 넘어서는 인류학》, 차은정 옮김, 서울: 포도밭.

드푸르니, 자끄, 2021, "사회적 경제", 자끄 드푸르니·마르뜨 니센 외, 《사회연대경제 1: 토대》, 김신양·엄형식 역, 서울: 착한책가게, pp.31-99.

라투르, 브뤼노, 2009, 《우리는 결코 근대인이었던 적이 없다》, 홍철기 역, 서울: 갈무리.

레비스트로스, 클로드, 2023, 《마르셀 모스 저작집 서문》, 박정호·박세진 역, 서울: 파이돈.

류징아, 2002, "선물 주고받기와 인간의 실체", 마르셀 모스, 《증여론》, 이상률 역, 서울: 한길사, pp.21-39.

마르크스, 칼, 2001, 《자본론》, 김수행 역, 서울: 비봉출판사.

말리노브스키, 브로니스라브, 2013, 《서태평양의 항해자들》, 최협 역, 광주: 전남대학교출판부.

모스, 마르셀, 2002, 《증여론》, 이상률 역, 서울: 한길사.

바타이유, 조르주, 2000, 《저주의 몫》, 조한경 역, 서울: 문학동네.

박도식, 2006, "조선전기 수령의 私贈 관행", 《경희사학》 24: 59-88.

박세진, 2016, "선물과 이름: 근본적인 인정 행위로서의 증여", 《비교문화연구》 22(1): 265-309.

______, 2020, "증여와 사회/공동체: 이론적 접합의 모색", 《비교문화연구》 26(1): 35-97.

______, 2021, "호혜성을 관찰하기", 《한국문화인류학》 54(1): 261-306.

박정호, 2009, "마르셀 모스의 《증여론》: 증여의 사회학적 본질과 기능 그리고 호혜성의 원리에 대하여", 《문화와 사회》 7: 7-49.

______, 2011, "사후 장기기증: 증여와 희생제의의 관점에서", 《한국사회학》 45(2): 203-231.

______, 2016, "증여와 집단적 기만: 모리스 고들리에의 《증여의 수수께끼》를 중심으로", 《문화와 사회》 20: 173-208.

______, 2018, "태고사회의 증여와 현대사회의 증여", 《사회와 이론》 32: 61-100.

부르디외, 피에르, 1994, 《실천이성》, 김웅권 역, 서울: 동문선.

살린스, 마셜, 2014, 《석기시대 경제학》, 박충환 역, 서울: 한울아카데미.

에나프, 마르셀, 2012, "거래의 세계와 선물의 세계-진리와 인정", 연구

모임 사회비판과대안 편저,《2012 베스텐트 한국판》, 서울: 사월의책, pp.44-62.
_____, 2018,《진리의 가격: 증여와 계약의 계보학, 진리와 돈의 인류학》, 김혁 역, 서울: 눌민.
오명석, 2010, "선물의 혼과 신화적 상상력: 모스《증여론》의 재해석", 《한국문화인류학》 43(1): 3-46.
_____, 2020, "동남아의 증여와 호혜성",《동남아시아연구》 30(4): 191-237.
이강원, 2018, "센스 & 센서빌리티: 안드로이드(로봇)의 관점과 나름의 인간",《한국문화인류학》 51(2): 221-279.
이경묵, 2020, "선물, 뇌물, 기식의 절합: 「청탁금지법」과 선물의 역-발명",《비교문화연구》 26(2): 43-79.
이길호, 2020, "익명적 교환: 선물-교환 형식의 분할, 확장, 변형",《한국문화인류학》 53(3): 385-443.
이성임, 2005, "16세기 양반사회의 '膳物經濟'",《한국사연구》 130: 53-82.
이승철, 2019, "불가능한 증여, 기생의 사회: 자크 데리다와 미셸 세르의 상호성 비판",《비교문화연구》 25(2): 191-229.
이재혁, 2011, "선물의 hau: 증답경제의 정치경제학과 관계자본",《한국사회학》 45(1): 37-72.
임봉길, 1999, "사회통합이론으로서의 모쓰의 선물론과 레비-스트로스의 교환이론",《민족과 문화》 8: 237-275.
장원봉, 2006,《사회적 경제의 이론과 실제》, 서울: 나눔의집.
정헌목, 2018, "증여의 네 번째 의무: 희생제의와 선물교환, 그리고 사회 혹은 공동체의 형성",《비교문화연구》 24(2): 471-501.
정헌목·박세진·이경묵·양영균·염찬희·오창현, 2022,《호혜와 협동에 대한 인류학적 접근》, 한국학중앙연구원출판부.
최주희, 2009, "16세기 양반관료의 선물관행과 경제적 성격",《역사와 현실》 71: 245-289.
카르센티, 브뤼노, 2009,《마르셀 모스, 총체적인 사회적 사실》, 김웅권 역, 서울: 동문선.
크바트플리크, 디르크, 2012, "비대칭적 상호성-마르셀 에나프의 선물과 인정의 연관에 대하여", 연구모임 사회비판과대안 편저, 《2012 베스트텐트 한국판》, 서울: 사월의책, pp.100-121.

폴라니, 칼, 2009, 《거대한 전환》, 홍기빈 역, 서울: 길.

푸르니에, 마르셀, 2016, 《프랑스 인류학의 아버지, 마르셀 모스》, 변광배 역, 서울: 그린비.

Appadurai, Arjun, 1986, "Introduction: Commodities and the Politics of Value," in Arjun Appadurai(ed.), *The Social Life of Things: Commodities in Cultural Perspective*, Cambridge: Cambridge University Press, pp.3-63.

Befu, Harumi, 1968, "Gift-Giving in a Modernizing Japan," *Monumenta Nipponica* 23(3/4): 445-456.

Bourdieu, Pierre, 1977, *Outline of a Theory of Practice*, Cambridge: Cambridge University Press.

________, 1997a, "Selections from The Logic of Practice," in Alan Schrift(ed.), *The Logic of the Gift: Toward an Ethic of Generosity*, London: Routledge, pp.190-230.

________, 1997b, "Marginalia-Some Additional Notes on the Gift," in Alan Schrift(ed.), *The Logic of the Gift: Toward an Ethic of Generosity*, London: Routledge, pp.231-241.

Boyle, James, 1997, *Shamans, Software and Spleens: Law and the Construction of the Information Society*, Cambridge: Harvard University Press.

Brush, Stephan, 1999, "Bioprospecting the Public Domain," *Cultural Anthropology* 14(4): 535-555.

Caillé, Alain, 2000, *Anthropologie du Don: Le Tiers Paradigme,* Paris: Desclée de Brouwer.

________, 2020, *The Gift Paradigm: A Short Introduction to the Anti-Utilitarian Movement in the Social Sciences*, Chicago: Prickly Paradigm Press.

Caplow, T., Bahr, H., Chadwick, B., & Hill, R., 1982, *Middletown Fami-*

lies: Fifty Years of Change and Continuity, Minneapolis: University of Minnesota Press.

Carrier, James, 1995, *Gifts and Commodities: Exchange and Western Capitalism Since 1700*, London: Routledge.

Castro de, Eduardo Viveiros, 2015, *The Relative Native: Essays on Indigenous Conceptual Worlds*, Chicago: HAU Books.

Cheal, David, 1988, *The Gift Economy*, London & New York: Routledge.

Derrida, Jacques, 1992, *Given Time: I. Counterfeit Money*, Chicago: The University of Chicago Press.

Douglas, Mary, 1990, "Foreword: No Free Gifts," in Marcel Mauss, *The Gift*, translated by W. D. Halls, New York & London: W. W. Norton, pp.vii-xviii.

Durkheim, Emile, 1964, *The Rules of Sociological Method,* New York: The Free Press.

Evans-Pritchard, E. E., 1954, "Introduction," in Marcel Mauss, *The Gift*, translated by Ian Cunnison, London: Routledge & Kegan Paul.

Frank, Stephanie, 2016, "The 'Force in the Thing': Mauss' Nonauthoritarian Sociality in the Gift," *Hau: Journal of Ethnographic Theory* 6(2): 255-277.

Gell, Alfred, 1992, "Inter-tribal Commodity Barter and Reproductive Gift-exchange in Old Melanesia," in Caroline Humphrey & Stephen Hugh-Jones(eds.), *Barter, Exchange and Value: An Anthropological Approach,* Cambridge: Cambridge University, pp.142-168.

Godbout, Jacques, 1998, *The World of the Gift*, Québec: McGill-Queen's University Press.

Gouldner, Alvin, 1960, "The Norm of Reciprocity," *American Sociological Review* 25(2): 161-178.

Gregory, C. A., 1982, *Gifts and Commodities*, London: Academic Press.

_______, 1997, *Savage Money*, London: Routledge.

Guyer, Jane, 2016, "Introduction: The Gift that Keeps on Giving," in Marcel Mauss, *The Gift: Expanded Edition*, selected, annotated and translated by Jane Guyer, Chicago: HAU Books, pp.1-25.

Han, Clara, 2012, *Life in Debt: Times of Care and Violence in Neoliberal Chile*, Berkeley: University of California Press.

Hart, Keith, 2007, "Marcel Mauss: In Pursuit of the Whole," *Comparative Studies in Society and History* 49(2): 473-485.

Hayden, Cori, 2003, *When Nature Goes Public: The Making and Unmaking of Bioprospecting in Mexico*, Princeton: Princeton University Press.

Hyland, Richard, 2009, *Gifts: A Study in Comparative Law*, Oxford: Oxford University Press.

James, Wendy, 1998, "'One of Us': Marcel Mauss and 'English' Anthropology," in Wendy James & N. J. Allen(eds.), *Marcel Mauss: A Centenary Tribute*, New York: Berghan Books, pp.3-26.

James, Wendy & Allen, N. J., 1998, *Marcel Mauss: A Centenary Tribute*, New York: Berghan Books.

Kaut, Charles, 1961, "Utang Na Loob: A System of Contractual Obligation among Tagalogs," *Southwestern Journal of Anthropology* 17(3): 256-272.

Keane, Webb, 1994, "The Value of Words and the Meaning of Things in Eastern Indonesian Exchange," *Man(N.S.)* 29(3): 605-629.

Komter, Aafke(ed.), 1996, *The Gift: An Interdisciplinary Perspective*, Amsterdam: Amsterdam University Press.

Leach, Edmund, 1955, "Review: *The Gift* translated by Ian Cunnison," *Man* 55: 30.

Leach, Jerry & Leach, Edmund, 1983, *The Kula: New Perspectives on Massim Exchange*, Cambridge: Cambridge University Press.

Leenhardt, Maurice, 1979, *Do Kamo: Person and Myth in the Melanesian World*, Chicago: The University of Chicago Press.

Lévi-Strauss, Claude, 1971[1949], *The Elementary Structures of Kinship*, Boston: Beacon Press.

________, 1996, "The Principle of Reciprocity," in Aafke Komter(ed.), *The Gift: An Interdisciplinary Perspective*, Amsterdam: Amsterdam

University Press, pp.18-25.

Mauss, Marcel, 1954[1925], *The Gift*, translated by Ian Cunnison, London: Routledge & Kegan Paul.

_______, 1990[1925], *The Gift*, translated by W. D. Halls, New York & London: W. W. Norton.

_______, 1979a[1924], "Real and Practical Relations between Psychology and Sociology," in Marcel Mauss, *Sociology and Psychology*, London: Routledge & Kegan Paul, pp.1-33.

_______, 1979b[1926], "The Physical Effect on the Individual of the Idea of Death Suggested by the Collectivity," in Marcel Mauss, *Sociology and Psychology*, London: Routledge & Kegan Paul, pp.35-56.

_______, 1979c[1938], "A Category of the Human Mind: the Notion of Person; the Notion of 'Self'," in Marcel Mauss, *Sociology and Psychology*, London: Routledge & Kegan Paul, pp.57-94.

_______, 1979d[1934], "Body Techniques," in Marcel Mauss, *Sociology and Psychology*, London: Routledge & Kegan Paul, pp.95-123.

_______, 2016[1925], "In Memoriam: The Unpublished Work of Durkheim and His Collaborators," in Marcel Mauss, *The Gift: Expanded Edition*, selected, annotated and translated by Jane Guyer, Chicago: HAU Books, pp.29-51.

Mauss, Marcel & Durkheim, Emile, 1963[1903], *Primitive Classification*, Chicago: The University of Chicago Press.

Mauss, Marcel & Hubert, Henri, 1964[1899], *Sacrifice: its Nature and Functions*, Chicago: The University of Chicago Press.

Mauss, Marcel & Hubert, Henri, 1972[1904], *A General Theory of Magic*, London: Routledge & Kegan Paul.

Mauss, Marcel & Beuchat, Henri, 1979[1906], *Seasonal Variations of the Eskimo: A Study in Social Morphology*, London: Routledge & Kegan Paul.

Munn, Nancy, 1986, *The Fame of Gawa: A Symbolic Study of Value*

Transformation in a Massim Society, Durham: Duke University Press.

Parry, Jonathan, 1986, "The Gift, the Indian Gift and the 'Indian Gift'," *Man(N.S.)* 21(3): 453-473.

Polanyi, Karl, 1957, "The Economy As Instituted Process," in K. Polanyi, C. Arensberg, & H. Pearson(eds.), *Trade and Market in the Early Empires*, Chicago: Henry Regnery Company, pp.243-270.

Raheja, Gloria Goodwin, 1988, *The Poison in the Gift: Ritual, Prestation and the Dominant Caste in a North Indian Village*, Chicago: The University of Chicago Press.

Rupp, Katherine, 2003, *Gift-Giving in Japan: Cash, Connections, Cosmologies*, Stanford: Stanford University Press.

Schrift, Alan, 1997, "Introduction: Why Gift?" in Alan Schrift(ed.), *The Logic of the Gift: Toward an Ethic of Generosity*, London & New York: Routledge, pp.1-22.

Schrift, Alan(ed.), 1997, *The Logic of the Gift: Toward an Ethic of Generosity*, London & New York: Routledge.

Sigaud, Lygia, 2002, "The Vicissitudes of The Gift," *Social Anthropology* 10(3): 335-358.

Silber, Ilana, 1998, "Modern Philanthropy: Reassessing the Viability of a Maussian Perspective," in Wendy James & N. J. Allen(eds.), *Marcel Mauss: A Centenary Tribute*, New York: Berghan Books, pp.134-150.

Spencer, Baldwin, 2005[1899], *The Native Tribes of Central Australia*, London: Elibron Classics.

Strathern, Andrew, 1971, *The Rope of Moka*, Cambridge: Cambridge University Press.

Strathern, Marilyn, 1988, *The Gender of the Gift*, Berkeley: University of California Press.

Thomas, Nicholas, 1991, *Entangled Objects: Exchange, Material Culture and Colonialism in the Pacific*, Cambridge: Harvard University Press.

Titmuss, Richard, 1970, *The Gift Relationship: From Human Blood to Social Policy*, London: Allen & Unwin.

Weiner, Annette, 1980, "Reproduction: A Replacement for Reciprocity," *American Ethnologist* 7(1): 71-85.

_______, 1985, "Inalienable Wealth," *American Ethnologist* 12(2): 210-227.

_______, 1992, *Inalienable Possessions: The Paradox of Keeping-While Giving*, Berkeley: University of California Press.

Widlok, Thomas, 2017, *Anthropology and the Economy of Sharing*, London: Routledge.

Wyschogrod, Edith, 2002, "Introduction," in Edith Wyschogrod, Jean-Joseph Goux, & Eric Boynton(eds.), *The Enigma of Gift and Sacrifice*, New York: Fordham University Press, pp.1-16.

Yan, Yunxiang, 1996, *The Flow of Gifts: Reciprocity and Social Networks in a Chinese Village*, Stanford: Stanford University Press.

Yang, Mayfair Mei-hui, 1994, *Gifts, Favors* and *Banquets: The Art of Social Relationships in China*, Ithaca: Cornell University Press.